楚国简史

chu guo jian shi

王伟 著

江西人民出版社
Jiangxi People's Publishing House
全国百佳出版社

图书在版编目（CIP）数据

楚国简史 / 王伟著. -- 南昌：江西人民出版社，
2017.9

ISBN 978-7-210-09530-9

Ⅰ．①楚… Ⅱ．①王… Ⅲ．①中国历史－楚国（?-前
223） Ⅳ．①K231

中国版本图书馆CIP数据核字（2017）第147740号

楚国简史

王　伟/著

责任编辑/辛康南

出版发行/江西人民出版社

印刷/北京彩虹伟业印刷有限公司

版次/2017年9月第1版

2019年12月第2次印刷

710毫米×960毫米　1/16　15印张

字数/206千字

ISBN 978-7-210-09530-9

定价/39.80元

赣版权登字－01－2017－503

前　言

历史的卷轴，滚滚向前，一代又一代的人们踩着先人的臂膀，孜孜不倦，谋求发展。而在他们身后，那些鲜活的故事被时间封印在过往，年深日久，渐渐累积成厚重的历史。如今的人们，沐浴在科技信息时代，在享受物质文明飞速发展带来的便利的同时，也开始了静默的思考，越来越多的人们开始回眸过往，渴望在先人的智慧中，寻找一种精神的韧力。

几千年来，中华大地上孕育过无数灿烂的文明。秦始皇的名号响彻千年历史，秦国大一统的故事更是深入人心。然而，在秦统一中国之前，楚国的历史一度也曾熠熠生辉。她幅员辽阔，曾是世界第一大国。而中国历史上的第一支毛笔、第一把铁剑、第一个县……都出现在楚文化里，楚国的先人们用自己的勤劳与智慧创造出了无数举世瞩目的文化。

彼时正是春秋战国时期，一个纷争不断又格外辉煌的时代。历史风云变幻，演绎着灿烂与破碎，传奇也在这激烈的碰撞中应运而生。

楚国自立国起，将士们一路开疆拓土，从最初的五十里城池，征服南越民族，后又挥师北上，与中原霸主们争斗厮杀。楚国的王者，更是威风凛凛，或机智勇武，或争雄称霸。

在其八百年的发展历史中，经过四十几代君王的努力，历尽起伏兴亡，疆土不断扩张，使得楚国一度发展成为疆域最大、人口最多、势力最强的国家。时至今日，楚国实行的文化吸收、融合和创新，对我国长江流域以及东南和西南地区影响依旧存在，它不仅是华夏大地上文化最灿烂辉煌的诸侯国，也曾经是世界文明的最高峰。

可是，随着秦国的统一、中央集权制度的实行，楚国被秦国所灭，史料文献遭到毁灭，博大精深的楚文化，融入中华文化的大熔炉。而那段曾经鲜活辉煌的历史，便成了灰烬中的点点星火。今天的人们，只能在《春秋》和《诗经》中寻觅一些痕迹。

本书，将以厚重的笔墨为读者还原楚国兴衰的八百年历史，在每个历史阶段中，聚焦重要人物的命运和楚国历史发展的走向。让灿烂的楚国历史文化，在文字里复苏，为读者重现一幅壮阔华美的历史图腾……

目 录

第一章
信使·筚路蓝缕，开辟山林

　　从中原走出去的楚人，并没有如愿以偿地回到这片土地。相反地，他们被认为是"蛮夷"，只配在会盟仪式上主持火事。既然不被承认，楚人只好开疆拓土，他们迅速地壮大了自己的国力。而面对楚国的威胁，周朝天子直接率军攻楚。令人意想不到的是，这场力量悬殊的战争，竟以楚人的大获全胜告终。楚武王三次伐随，楚人终于得到了梦寐以求的铜资源。此后，楚国的发展更是一日千里，而摇摇欲坠的周王朝对此根本没有能力再加以干涉。

开疆拓土，楚国的信使

在中华民族的历史上，有一种神鸟——凤凰，它是"四灵"之一，百禽之王。这种鸟又被称为"火鸟"。而这"火"与"凤凰"都与一个伟大的国家有关，那就是——楚国。

楚人的祖先最早活动在黄河流域的中原地区。据司马迁《史记·楚世家》记载，楚的祖先是三皇五帝中五帝之一颛顼高阳氏的后代。高阳是黄帝的孙子、昌意的儿子。高阳生称，称生卷章，卷章生重黎。重黎氏是帝喾高辛氏手下的一名火正，即传说中的火神。重黎掌管民事有功，因他能使天下遍布光明，使人间温暖喜乐，故被命名为祝融。后来有共工氏作乱，帝喾派重黎去诛杀他们。然而重黎有负使命，没能圆满解决此事，帝喾大怒，遂将重黎处死，同时让重黎的弟弟吴回继承重黎的职务，亦称为"祝融"。因此，楚人的祖先就是祝融，因其擅长点火，被楚人奉为"火神"。

火神祝融

祝融隶属炎帝系统，祝融八姓的代表人物是黎和重，二人熟知天文地理，长期从事历数研究。祝融之子叫作陆终，陆终生有六子，老大名叫昆吾，老二叫参胡，老三叫彭祖，老四叫会人，老五叫曹姓，老六叫季连。这季连属芈姓，楚人就是季连的后代。

据各种史料记载，楚灵王北上攻郑时曾说他们的祖先就居住在许地（今河南许昌东）。之后是郑国人将他们的土地霸占，楚人只能用武力来夺回这片肥沃的土地。这种说法说明，楚人自始至终都认为自己来自于中原。他们北上讨伐，是名正言顺的寻根。

尽管种种证据显示，楚人出自中原，是名副其实的炎黄子孙。然而，多年来仍有诸多说法对此进行反驳。中国历史上有一种风俗，即"以死者头向从其初"。祖先在哪个方向，人死后安葬时头就朝着哪个方向。然而，从多年来对楚墓的发掘来看，并没有统一的朝向。在楚墓中，死者的头向各个方向的都有，因此许多人开始对楚人的来源问题提出质疑。对于这个问题，也有学者认为，楚人有的来自北方，也有一部分人来自其他地区，只不过来自北方的数量占绝大多数。

三千多年前，刚刚建立的商王朝，在中原大地上逐渐扩张势力。据考证，楚族部落最早的活动区域亦是在黄河流域的中原地区。但楚人的祖先却始终不被认为是商王朝的血脉家族，不断被商王朝的势力打压，最后不得不向南方迁徙。离开自己的家乡，在生产力极其低下的当时，楚人在南迁的过程中，遭遇了常人无法想象的磨难与困苦。距离中原越远，自然环境越恶劣。楚国除了要与恶劣的自然环境和各种疾病做斗争，还要面对商王朝部队的穷追猛打。楚人每迁至一处，还没安定多久，就会被随后赶来的商王朝部队驱逐。正是因为经历了这诸多的苦难，楚人才逐渐养成了坚韧不拔的品质。他们吃苦耐劳，不畏艰难。最终，楚人在今天湖北附近的荆山一代，定居下来。

两千多年前由楚国史官所著的《楚居》一书，很明确地记载了楚人的迁徙路线，即河南新郑—桐柏山—丹阳—湖北荆山。从寒冷又干燥的北方迁徙过来，楚人发现南方气候湿润温暖，且土地肥沃，十分适宜生存。聪明坚韧的楚人，日复一日、年复一年地辛勤劳作，用他们的聪明才智和吃苦耐劳的精神逐渐征服了这片土地。他们砍伐了苍天树木，开垦了荒凉草地，种上了适应当地气候的农作物。同时，楚人也发现，这一地区物产十分丰富。这真是上天给楚人最好的礼物！

几百年来的颠沛流离，无休无止的灾荒与战乱，终于在这里画上句号，这片土地包容地接纳了楚人。充足的雨水，炙热的阳光，楚人仿佛步入了一个全新的世界。命运也似乎停止了对他们的打击与捉弄，变得温和起来。曾经荒凉的荆山地区经过楚人勤劳的双手，生出一派生机勃勃的景象。至于为何在这里没有受到商兵的驱逐，那是因为此地地势特殊，易守难攻，使得商兵无从下手。

关于为何命名为"楚"的原因，历史上一直众说纷纭。一种说法是，楚人当时的居住地生长着许多荆条，而这种荆条被称为"楚"。另外一种说法是"楚"字的形态就像是一个人行走在布满荆条的林子里。

在《楚居》一书中，还有另一种说法。传说火神祝融的后裔后来分成了八个不同姓的部落，这其中的一个部落有个人叫鬻熊，他娶了一位妻子名叫妣厉。妣厉在生产时痛苦万分，坚强的她最终保住了孩子，自己却难产而死。在妣厉下葬时，巫师用荆条捆住了妣厉因难产而破裂的肚子。后人为了纪念这位为了繁衍后代而牺牲自己的坚强女性，便将部落取名为楚，即荆条的意思。这种说法充分显示了楚人对安定生活的渴望，他们太期望能够平安富足地生活下去了！

从中原而来的楚人，在这里一代代繁衍生息。他们在中原地区养成的文化生活习惯，通过对天气和地势的逐渐适应而发生了一些改变。然而，尽管他们已经习惯了南方的天地，但始终不曾忘记自己是火神祝融的后裔。每一代人都不断地提醒自己，也提醒他们的下一代，不要忘记他们来自中原，他们是华夏民族的子孙！在汉水流域，同样杂居着诸多部落。这些部落各自而居，形成了不同的语言、文化、习惯。楚人和这些部落相处融洽，在文化上交流不断。从最开始努力学习他们的语言，到相互了解风俗习惯。他们尝试着与不同的部落通婚，和他们学习各种生存技巧。在这个过程中，楚人心中始终藏着无奈与不甘。因为无论怎样融合，他们都能强烈地感觉到，那些部落的文化与先进的中原文化不能相提并论。楚人并没有因此洋洋自得，相反，这种文化优势刺激着他们更怀念中原，因为他们不想被人称为"蛮夷"。

虽然南方的土地接受了多劫多难的楚人，但这里文化落后，生产力低下。楚人心里清楚，要想再回到中原，可以说是一个梦。在这个梦实现以前，他们唯一能做的，就是告诉自己的子孙，他们来自中原，自己是中原人的后裔，是伟大的火神祝融的后代。他们时常在夜里围着火堆坐在一起，交流着逐渐消失的对祖先的记忆。那些口口相传的故事，成了唯一能够慰藉他们心灵的东西。同时，楚人也一直期望着，有一天能够再次回到中原故乡。楚人多么想知道，他们日思夜想的中原故乡，如今变成什么样子了。让楚人不愿接受的是，就在这心心念念之中，以中原人自诩的楚人，在生活习惯、衣着口音等方面不知不觉中向南方部落越靠越近。即便楚人有着中原人的血统，但因为离开中原的时间太久的缘故，楚人部族的中原气息越来越淡。要知道，中原人评判一个部落是否是华夏民族，不是看血统，而是看他们的文化和习俗。因此，当商朝的使者来到楚族部落，看到他们手里拿着落后的工具，身上穿着有明显南蛮特点的衣服，口中说着方言浓重的南方话，直接认定他们是蛮夷之族。

尽管楚人始终强调自己的中原血统，但他们却被中原人看不起。商王朝要求楚人像其他蛮夷部落一样，定期来朝，将部落里最好的物品献于商王。可悲的是，楚人做到了这些，却没能换来太平的生活。对于商王朝来说，楚人是落后的蛮夷，不配与中原人分享世间的任何资源。他们将所有南方的蛮夷部落看成是低等种族，商王朝的部队更是像驱赶动物一样随意猎杀他们。另一方面，商王朝也担心这些部落发展壮大到一定规模，对中原地区产生威胁。因此对于楚人来说，他们想回中原，不仅仅是想自己的血统被认可，也是想要结束这种任人宰割的局面。

在商朝末年，楚人的部落首领叫鬻熊，此时的楚族部落已经在南方发展得相当壮大。而商王朝此时是帝辛在位，我们都知道，他就是商朝的最后一位君主——商纣王。历史上对这位君王褒贬不一，争议很大。有的说他荒淫无度，暴虐成性。正是因为他的这些暴行，才导致商王朝的灭亡。还有一部分史料记载，商纣王年幼时天资聪颖，是一位能文能武的全才，并且，他英勇神武，能徒手与野兽搏斗。他自小能说会道，很得父王的欢心。但他却因为自己的这些优势，傲慢自大起来。相传他喜欢溜须拍马之辈，善用阿谀奉承之人。商纣王在位时期，十分重视领土的稳定与扩张。到了商朝后期，中原地区民不聊生，商纣王的不断侵犯激怒了许多部族。加上商纣王派兵镇压东夷叛乱后，国力更是大不如前。

就在这时，一位周国的使者受周文王姬昌的派遣来到了楚族部落。这位周文王当时已经被商纣王囚禁了七年之久。这位使者见到鬻熊，所要传达的事情，便是周文王的反商大计。他们要联合起来，推翻商王朝的暴虐统治！

如果说鬻熊或者说楚人心中有一个重回中原的小火苗，那么这个消息无疑是将这个小火苗瞬间炸裂成了熊熊烈火。楚人被商王朝驱赶了这么多年，一直在南方的土地上作为蛮夷生存着。如今受到周文王的邀请，与他们一起瓦解商王朝的统治，楚人当人拍手叫好。如果计划成功，他们不但可以重回中原，还能借此机会重击商王朝，一雪前耻！

当然，对于这场对决，谁也不敢保证一定能以胜利告终。鬻熊内心也是忐忑难安，但是这种不安始终被期望压制着。这一天越是临近，这种期望越是强烈。鬻熊想，或许那真的会是历史性的一天，楚人也许真的可以回到阔别已久的中原大地，并且得到中原人的认可，彻底摆脱蛮夷身份。而且，一旦此次成功推翻商王朝，周文王势必会建立一个新的王朝，到那时，楚人一定会受到重视。

周文王邀请楚人一同出击，自然也是有他的考虑。当时的鬻熊在楚人之中可以说是"聚众南蛮，呼民荆沙"的人物，一呼百应不成问题。况且流亡多年的楚人，迫切地需要这个能证明自己身份的机会。就这样，鬻熊带着楚人，开始向中原挺进。他们没有想过后退，也没想过是否会后悔。因为，他们已经等了太久。

除了楚人，周文王也邀请了另外十几个对商王朝不满的小国。这一次的战争，对商王朝产生了巨大打击。不幸的是，楚人的伟大领袖鬻熊在这场战争中英年早逝，没有等到胜利的那一天。当楚人得知这一噩耗，悲痛万分。他们永远不会忘记这个为了楚族兴衰而拼尽最后一丝力气的首领。他的名字，书写在楚人的历史中，永远被后人铭记！

战争胜利后，周王对在战争中出力的诸小国进行了奖赏。受赏的楚人代表，是鬻熊的儿子熊丽。熊丽此时还陷在丧父的悲痛中，但是他的眼神里多了一些期待。包括其他的楚人也都是同样的想法，这一次，他们终于能够被世人认可了。熊丽想，此次周王攻打商朝，楚人立下了赫赫战功，而父亲也是由于战争所累积劳成疾，早早地过世了。这一切周王都看在眼里，会封赏他什么呢？是伯？是侯？至少也会是子爵吧？想到这里，他短促地呼了一口气。虽然父亲没有等到这一天，但他一定会代替父亲，代表楚人部族，迎接这份荣耀。

然而，事情并没有如预料的那样发展。周王的分封名单上，并没有楚人。周王将同姓的王室成员封在了最重要的位置，其次是在推翻商王朝时那些有功劳的小国，可是却偏偏漏掉了楚人。

这一场决定中原命运的大战中，楚人付出了一切。他们背井离乡，拿起落后的武器，把性命压在了这一场战争上面。他们流干了血，也失去了尊敬的首领。但所有的付出，竟没能换来一丝回报。他们觉得自己倾尽了所有，可是对于周朝而言，这只是一个偏远的蛮夷之族尽了一点微薄之力而已。至少和其他参战的那些小国相比，楚人是落后的民族，文化落后、战术落后，哪里配得上分封土地呢？

对楚人来说，这无疑是一个重大的打击。

江汉之地，芈氏一族

到了周成王时期，楚族的首领是熊绎。周成王是一位贤德的君主，他在任期间，重赏了周朝建立之后所有有功之臣的后代。他想到了当年在推翻商王朝战争中也曾出过力的楚人。周成王把熊绎封在楚，分封给他子爵的土地，姓芈氏，但没有给他爵位，因此，熊绎仍然是周成王的臣子之一。

在《史记·楚世家》等文献中，都有证据表明，芈姓是楚族族姓。在考古发现，芈字经常出现在甲骨文中，并且很多都在讲述楚国与商王朝为敌，商王朝多次出兵讨伐楚国的事情。其实，早在熊丽在位时期，楚人就已经有意识地占领周边的一部分土地。熊丽也开始逐渐建立统治关系，树立自己的权威，并对其土地、百姓征收赋税，开始实行有规模、有秩序的统治。只不过这些行为都是周王朝不认可的，因为这是"国"才可以有的经营活动。

而这一次，周王分封给楚人的是丹阳[1]这一地区，区区五十里的土地。对于楚人来说，土地面积虽然狭小，又偏远，但至少也算是在流浪了几百年之后，首次受到了周王朝的承认，和之前许多年的空等相比，总算有了些收获。因此，分封这件事，在楚人心中还是十分重要的。楚人回想起曾经为了回到中原而献出生命的族人，这一刻，他们是否可以说，那些付出都值得了呢？他们几百年来的坚守与坚持，是否从未后悔？被驱逐被攻击的场面依然历历在目，楚人可以忘记所有的失去，双手迎接今日的所得吗？

---

1 丹阳又称曲阿，距南京68公里，因取丹凤朝阳之意命名为丹阳，为古吴文化发源地之一，现属江苏镇江市，楚国建立时为楚都。

周王朝承认了楚国存在的既成事实，给了它一个封号，使得楚国具有了政治合法性，这才有了后来楚人以"国"称行于诸侯国之间。尽管所封的土地只有这五十里，但就是在这五十里的地方，熊氏家族带领楚人，开始了建设、扩张之路。

在得到丹阳这片土地之后，熊绎发现，周成王根本没空搭理这个偏远小族，而诸侯各国也同样看不起小小的楚族部落。的确，和众多诸侯国相比，楚族的势力微乎其微，又怎么会对中原产生任何利益或者威胁呢？

这大概正中了熊绎下怀。如果说周王朝的发展模式是"韬光养晦"，那么楚人则是"征战扩张"。楚人在熊绎的指挥下，朝着东、西、南三个方向扩张，大片的土地逐渐被楚人占据。或许是经历了太多的磨难，楚人的后代都一心谋求发展，从不像中原人那样为了一己私利争得你死我活。楚族虽小，但众人都能拧成一股绳。靠着这股力量，楚族迅速扩张，很快占据了湖北、湖南、江西等地区的土地。随后，楚人正式建立楚国，定都丹阳。中国先秦史上十分重要的一个国家，历时达八百年之久的楚国，就这样诞生了。到了这时，除了周王分封的几个诸侯国以外，就属楚国地盘最大。

人的欲望总是无穷的。在这种土地扩张的基础之上，楚人的信心迅速膨胀，开始跃跃欲试起来。他们向首领提出，要向周朝天子讨封。而周朝天子对于势如破竹的楚国势力并没有及时控制，也没有对他们进行追封。大概周朝天子觉得，与这等小国一般见识有损中原天子的雄威。何况一个"南蛮子"建立的小国能形成多大的气候？

但是楚国的扩张，直接影响到周边一些诸侯小国的安全。这些小国经受不住楚国的武力威胁，纷纷向周朝天子求救，希望周朝天子能够派兵攻打楚国，将他们的势头削弱一些。可是周朝天子完全不予理会，毕竟楚国始终没有对周产生威胁，而且始终以臣自居，没有半点逾越。

楚国建国不久，从周王朝传来消息，周朝天子要举行诸侯盟会。既然要到中原面见周天子，是一定要带朝贡之礼去的。这可愁坏了楚人。当时的楚国刚刚稳定，生产力还很低下。加上周天子分封的这一点土地还没有被完全开发，十分贫瘠，楚人自己都衣食成忧。史料中也有记载，当时楚国在经济方面十分困难。楚人来自中原，而中原人向来重视祭祀。楚人倾尽所有建起了一座祭祀大堂，等到祭祀的时候却拿不出像样的祭品，最后无奈之下偷偷跑到相邻的鄀国偷了一头小牛。有着强烈自尊心的楚人觉得这是一件很不光彩的事，又怎么会在白天明目张胆地进行祭祀活动呢？因此这次的祭祀活动是在晚上进行的。所以，从这以后，楚人所有的祭祀都是在晚上，但究竟是否和最初的祭祀有关就不得而知了。

最后，熊绎带着用来驱鬼的桃木和用来敬神的茅草，朝着中原方向出发了。第一种进贡的物品称为"桃弧棘矢"，是桃木制作的弓和用枣木制作的箭。第二种是"苞茅"。苞茅就是菁茅，是楚地独有的一种植物。而熊绎进贡这种苞茅，是周天子祭祀中必须要用到的物品。因此熊绎一路上小心翼翼，不敢有半点儿闪失。

从偏僻的丹阳到周朝城都镐京，这一路上风餐露宿，危险重重。可是距离镐京越近，熊绎越是激动。楚人盼了几百年了，他们想回到这片他们祖先曾经生活的土地上，却一直没有实现。如今熊绎以诸侯的身份回来了。可是他还没有意识到，对于其他分封的诸侯国来说，楚国是最不起眼的一个。而此次的盟会，熊绎也不得不面对残酷的现实。

到达镐京的四方广场上，熊绎就已经感觉到自己同其他诸侯国的代表是不同的。至少自己所搭乘的这辆柴车，就受到了诸多前来参加盟会的人的嘲笑。大家纷纷捂起嘴，猜测熊绎的身份。

熊绎恭恭敬敬地拜见了周天子，并虔诚地献上保存完好的贡品。可是周天子并没有把熊绎放在眼里，甚至在岐阳之盟大会举行这天，拒绝了熊绎入殿的请求。周天子觉得，与其让这样一个穷乡僻壤的小国入殿参加仪式，不如让他主持火事。因为周朝本就重视祭祀的传统，而前来的这位楚族首领必定继承了祝融擅于"火政"的传统，精通天地鬼神之事。这样，熊绎被命为火师，与鲜卑之君一同在殿外看守祭祀用的火堆。

在整个祭祀过程中，熊绎的任务分三部分。首先就是进贡苞茅，在苞茅缩酒仪式之前，熊绎要将苞茅准备好，等待其他人使用。第二是设望表，也就是按照顺序将前来参会的人安排好座位。第三就是点燃祭祀的火种。可以说，熊绎的这三个职能都比较重要，哪一项有了疏忽，都会导致祭祀不能进行。但反过来想，熊绎毕竟是一国之君，他做的这三件事，分明就是在伺候其他人，这难道不是对他的轻视吗？

这一次的盟会，熊绎不仅没能同其他诸侯一样参加仪式，连仪式结束后的盟宴也未能入席。他站在殿门口，听着诸侯们觥筹交错，欢声笑语，好不热闹。再看看自己，一身的穷酸打扮，站在这里仿佛是他人的笑话。尽心尽力地忙碌了一整天，原来只被当作一个奴隶来用。那殿中夸张的笑声，是不是在嘲笑自己的不自量力呢？

这件事对熊绎来说，无疑是一次沉重的打击。如果说当年楚人帮助周文王攻打商朝，最后因为没有得到应有的分封而失落，这一次的被漠视和被嘲笑，可以说是给楚人敲响了警钟。熊绎开始明白，与其坐以待毙等待别人来重视，不如让自己迅速强大起来，让别人不重视都不行！不过，熊绎内心的愤怒与反击的火焰并没有马上表露出来。在这之后，他反而更殷勤地向周朝天子进贡，谨小慎微地做好周天子命他做的每一件事，从不怠慢。

熊绎的韬晦政策令周朝天子十分满意，因为他觉得楚人已经完全臣服于他，不需要再费神去防备。在当时的环境下，虽说分封了有限的土地，但周王朝并没办法完全掌控实际的土地面积。就像楚国只有这五十里地，而这五十里只能说是楚国的控制中心，实际面积不可能只有这些。熊绎就借着这方面的便利，逐渐扩张领土，提高生产力。楚国的实力也一天天地增强起来。直到熊绎去世，都没有对周王朝有半点不臣之心。楚人唯一的用处，就是在周王朝每次有朝会，便去主持火事。就这样，彼此相安无事。

到了周康王继位，他做了很多君主继位后都会做的一件事，就是封赏有功的诸侯。当然，每一个朝代的分封，都只有一个目的，就是巩固当时的统治。据《荀子·儒效》记载，在这一时期，周王朝主要有七十一个邦国，而在这些邦国中，分封给周王族的多达五十三个。也就是说，周王的亲戚但凡是男性，几乎都是显赫的诸侯。

当然这是很容易理解的，有亲近可靠的亲戚不封，难道要封你一个外人吗？更何况在当时的周王朝，分封相当看重血缘。任楚人再怎样强调自己的祖先曾在中原居住，也还是个外族。"血缘"二字，永远是一道巨大的鸿沟。

然而在熊绎去世以后，楚人才意识到，这么多年对周王朝的毕恭毕敬，从自己口中省出来的这些贵重的物品全都献给了周天子，却没有换来一点回报。他们是如此期盼能够重回中原，如今这希望却被傲慢的中原人狠狠地踩在脚下。楚人想，若是我们不再奉上贡品，你又拿我们如何呢？

于是楚人竟真的不再理会什么诸侯国的义务，而是把注意力放在强大自身上。这一举动，终于招致了周天子的暴怒。中原人一向看不起楚人这等蛮夷之族，现在楚国的表现明显是对周王朝的大不敬，被认为是大逆不道！当时在位的周昭王很重视此事。连小小的楚国都不把他这个天子放在眼里，竟敢明目张胆地与自己作对，这岂不是成了笑话？以后还如何服众？

盛怒之下，周昭王决定亲自率军南下，攻打楚国。

开战之前，周昭王派了一位名为中的人，率先出发去巡视"南国"，为周昭王所率的大军"贯行"。同时，中还有一项艰巨的任务，就是为即将到达的周昭王建立行宫。这一战，可不是一般的阵仗。虽然是攻打一个看似不起眼的诸侯国，周昭王却没有轻举妄动。除了派人先打头阵以外，更是集中了全国的兵力，整整六师的部队，铠甲车马一应俱全。由此看来，周昭王还是很重视此次出征的，并对楚国的实力，抱有一定的戒心。等一切准备就绪，周昭王的军队这才浩浩荡荡地出发了。甚至在出发时周昭王还在盘算着，此次凯旋回来，看以后哪个诸侯国再敢造次！

此时的楚国军队又是什么样子呢？

长期生活于南方的楚人，有着更顽强的生存能力。由于生产力低下，多年来不断遭受中原人的驱逐，加上小国之间频繁的纷争，楚人适应了随时作战的生活。他们机警、勇敢，作战灵活。或许他们丢失了很多中原祖先的文明习惯，真的变得越来越"蛮夷"了。但现实处境逼得他们不得不迫使自己强大起来。因为他们流的血太多了，也经历了太多的失望与绝望，所以在这之后他们深深懂得，只有肩膀变得更宽，手臂变得更有力，武器变得更尖锐，才有可能活下去。长期与少数民族之间的相爱相杀，使楚人比中原人有着更强烈的尚武精神。如今既然周人要来，那何妨一搏呢？

周昭王率军度过汉水地区之后，便遭遇了楚人的顽强抵抗。楚人深知周朝军队人数众多，兵器先进，若是硬碰硬地对战，绝对不是良策。熟悉地形气候的楚人使用了游击战术。只有两万兵力的楚国军队，分散成几个小部队，故意避开周朝主力军，从不同方向骚扰周朝军队，每一次都是快速短暂的袭击，之后迅速撤退。这样即便不能将对方击垮，也能使得他们不堪其扰，疲惫不堪。最后周昭王不得不下令，军队向北撤退。

谁都没有料到，武力强大的周朝军队，在攻打楚国这一仗上，并没有如预期般速战速决，而是打了整整八年之久。不同的史料对这一段历史的记载稍有偏差，有记载说周昭王攻打楚国分为三次战争，但也有史料说是攻打了两次。说法相同的是在第二次战争中，周朝军队在汉江边几乎全军覆没，周昭王亦是在攻打楚国的过程中不幸落水而死。

一方是周王朝六师的军队，装备精良，士气如虹；一方是楚国两万人的闲散军队，这场战争的结局为何如此匪夷所思？总结起来可以说是天助楚军，但也少不了人为因素。

首先，在自己熟悉的地方作战，楚人占尽了地理优势。汉水这一地区地形独特，易守难攻，适合做防守战。楚人自知在人数上无法与周朝军队正面对抗，定会花些心思用来巧夺。

其次，史书上所记载的是，周昭王率领军队通过汉江时，碰到了"天大异"，就是说天气状况突然怪异起来，众人心中都有极坏的预感。本来周昭王是乘船过江，军队是借助江面上的浮桥通过。可是当军队走到桥上之后，这个桥突然断开了，士兵来不及跑，很多人直接掉进江里淹死了。而周昭王乘坐的这只船行驶至江面中央时，船身竟然分解开来，周昭王就这样一命呜呼！

说到这里我们不难猜测，这一系列的意外，会不会是楚人动的手脚呢？

关于周昭王所乘的船身分解一事，在《左传》中有记载："旧说皆言汉滨之人，以胶胶船，故得水而坏，昭王溺焉。"虽然楚人自己从没有承认过周昭王的死是他们一手策划的，但众人也能想到根本不会有如此巧合之事。据说当时周昭王渡江时用的那艘船是当地人所推荐，只不过众人没有注意到这只船是用胶把船板临时粘出来的，遇水之后，胶溶解于水，加上浪花的拍打，船身自然保不住。同时保不住的，还有周昭王的性命。

后来楚人一直在此事上众说纷纭，没有正面承认过在桥和船上动过手脚。但其实我们基本可以确认，确实是楚人为之。我们从这件事上能够清楚地看到，楚人并不是野蛮的"蛮夷"，而是机智又有谋略的。

这场实力悬殊的战争，最后竟以周朝军队的失败而告终。对于这个结果，或许连楚人自己都没有想到。最初只是被动的抵抗，在对战中逐渐改变策略，竟获得了胜利！可是得胜后的楚人一点儿也得意不起来。相反地，他们被周王朝这次的出征伤透了心。他们想不明白，当年为了帮助周推翻商朝，楚人牺牲了那么重要的首领，付出了那么多，之后不仅没有得到周王朝的重视，如今反而派兵来攻打他们。六师的周朝军队，分明是要将楚人赶尽杀绝呀！

这场战争虽然取得了胜利，楚人还是不得不继续向南方迁徙。就像几百年来的每一次迁徙一样，他们伤心地离开了这片土地。他们对中原的向往，对美好生活的希望，被这一次沉重的打击彻底摧毁了。然而他们也从这场战争中清楚地意识到，原来在多年的挫折中他们积攒了如此强大的能量。他们早已不是当年饥饿瘦弱、羸弱不堪的样子了，他们在这场战争中展现出来的惊人战斗力和军事能力，就像熊熊烈火一般耀眼。他们不畏强敌，英勇善战，对生活永远有着最单纯最执着的期望。

这就是楚人！

一个石破天惊的信号

楚人留下一声叹息，继续向南迁徙而去。日子总要继续，楚人只能在挫折中学着更坚强，更机智。在这之后，楚人不断地提醒自己，一味地恭顺并不能换来尊重，发展才是王道——只有扩张才能改变命运！

此时，楚国出现了一位雄才大略的首领，名叫熊渠。他可以说是整个楚国的精神领袖，楚人都对他十分信服。正是对熊渠的崇拜，导致楚人开始对周王朝的忽视更加不满起来。他们觉得像熊渠这样优秀的人，周王朝应加以封赏才对。熊渠最开始对这些觐见充耳不闻，因为他觉得楚国如今形势大好，国力增强，后方稳固，子民生活状况也有了很大改善，何必纠结于周王朝的一个封号呢？

楚国子民的这种情绪越发高涨。这一天，楚国子民聚集在丹阳城头，又一次提议熊渠向周朝天子讨封。而熊渠这天的装束将在场的子民吓了一跳。他没有穿周天子赐予的朝服，而是同其他子民一样身着布衣布鞋。他面对他的子民们大声疾呼："我蛮夷也，不与中国之号谥！"周王朝不是看不起我们楚人吗，他们不是嘲笑我们是蛮夷吗？我们今天就做这个蛮夷了！他不给我封侯，我还懒得理睬他呢。如今楚国地盘这么大，赶得上他分封的十几个诸侯国了吧？我已经不稀罕做诸侯了，我要称王！

据一些史料和传说记载，熊渠并不是自封为楚王，而是将他的三个儿子都封了王。既然中原王朝把"王"看成是最高权威，那就来挑战一下这个权威吧。

熊渠的三个儿子，老大熊康封为句亶王，老二熊挚红为鄂王，小儿子熊执疵为越章王。封王的意义非同小可，这表明熊渠和周朝天子已经是平起平坐，没有君臣之分了。

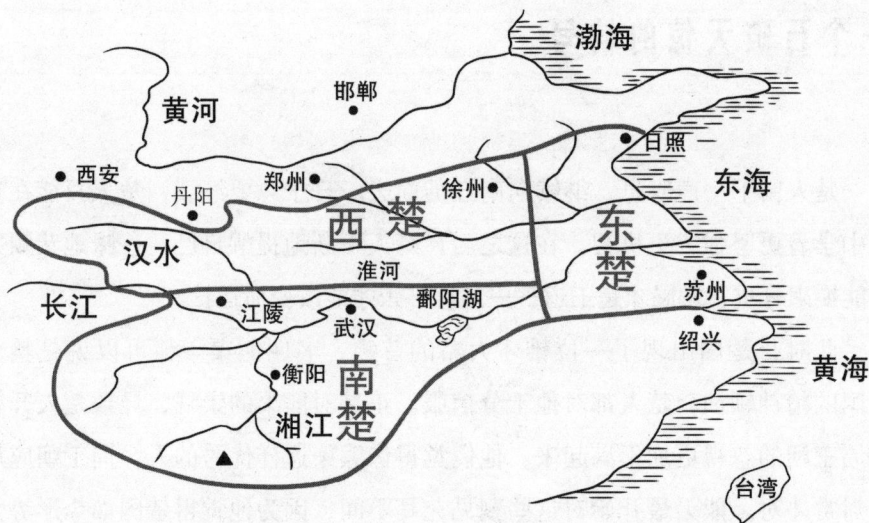

熊渠拓疆

关于熊渠的封王举动，后人做了颇多的研究。在这些研究之中，人们通常认为周成王封土地给熊绎，代表着楚国诸侯身份的确立。所封的这块土地，后来也为楚所承袭。这主要分为两个阶段：一是西周至春秋时期以采邑制为主；二是春秋末期到战国时期，采邑制逐渐被分封制所取代。

熊渠对他三个儿子的分封，可谓一件惊天动地的大事。学术界多数认为这是楚国内部分封制的初始。但是对于他对三子的封王，仍存在很多疑点。熊渠说过"不与中国之号谥"，可他现在却给三个儿子封王，这显然是说不通的。

　　另外，《左传》和《国语》中都有很多春秋时期楚人对祖先历史回顾的记载，很少有内容提及熊渠封三子为王的事，因此，一些人认为此事是虚构的。

　　但也有一种说法认为，我们通常认为的"王"与熊渠所封的王不是相同意思。也就是说，熊渠对三个儿子所封的王，只是一种尊称，与周天子的"王"并非相同意义。

　　因此我们基本可以断定，之前所说的熊渠对三个儿子封王的事，起初只是一些关于熊渠三个儿子的传说和祭祀现象，是后人误读了这些信息，认为是熊渠故意冒犯周天子而做出封王之事。不过，我们也不必深究到底这个"王"是何含义，就算熊渠果真以下犯上做出此事，又当如何呢？

　　这一下楚国子民算是喜笑颜开了，他们心中勇猛智慧的首领绝对配得上这样的称号。但是令熊渠不解的是，称王的事过了很长一段时间，周王朝都没有任何表示。按理说周朝天子不可能还没有听说此事，但他竟然不闻不问。而其他诸侯国更是风平浪静，没有任何人表示支持或反对。这种平静反而令熊渠惴惴不安，或者说竟有些失落。其他人的不理睬，说明楚国在他们眼里依然不值一提，随他们怎样兴风作浪，都不会影响他们分毫。既然如此，咱们就再扩张给他们看看！

　　熊渠本人是一位极有开拓精神的国君，他最大的优点就是擅长使用手段。当时江汉之间除了楚国自己的地盘，周围的很多部落也逐渐归顺于他。到周夷王在位时，周王朝已经衰弱不堪。一部分诸侯国开始不按期朝贡，彼此为了争夺地盘而拼命厮杀。对于这些现象，周夷王完全没办法制止。他开始不敢坐受朝拜，而是下堂会见诸侯。熊渠见此情形，清楚这是一个大规模扩张的良机。于是熊渠开始出兵攻打杨粤等小国，占为楚国地盘，并将一些当地的居民驱逐出去。

　　在地盘又一次疯狂扩张之后，熊渠还将这些土地分给他的三个儿子看管。既然你们认为我们是蛮夷，那现在就让你们看看蛮夷的厉害吧。

这一次，楚人要让整个天下刮目相看了！

楚国崛起的利刃

历史的发展，是与生产力的发展密不可分的。对于中国历史而言，青铜的出现正是生产力发展的重要标志。

楚国的青铜器最早出现于周昭王率兵攻打楚国之时。周朝军队在战争中俘获了楚人的铜器，这是关于楚人拥有铜器的最早记载。因此可以推断，青铜的出现是早于周昭王攻楚这一事件的。这一点可以从一些出土的文物中得到证实。

楚国青铜器

1971年，在豫西南淅川县丹淅之会的下王岗遗址西周早期文化层，挖掘出燕尾形铜箭头和铜鱼钩，被鉴定为有商代特征。

60至80年代在沮漳河附近出土了西周晚期和商末周初的青铜器。

1965年在江陵张家山遗址西周文化层中挖掘出一件铜鱼钩，商代文化层中挖掘出一件铜镞。

1981年在沙市周梁玉桥殷商遗址出土了铜削刀和鱼钩。

另外，还在其他一些地方采集到了商代后期的青铜器。

由此可见，豫西南和鄂西地区在商代或者周朝初期已经进入了青铜时代。而从这些被挖掘出来的文物来看，当时的青铜已经被应用于生产领域。而楚人对青铜的大规模使用，应该在鬻熊在位之前就开始了。

由于建国之前盗墓事件频繁发生，对古代文物的发掘造成了严重损害。现在的安徽寿县是战国末年楚国都城的所在地。在距离寿县县城约30公里的位置，是朱家集。朱家集往南三里的位置，便是著名的李三孤堆。在20世纪20年代，盗墓之风盛行，这一地区挖出了很多铜器。这批铜器当时被瑞典人加尔白克收走，随即出售至欧美地区，寿县因这批受欧美人欢迎的铜器而闻名于世。市场有了需求，盗墓者更是争相挖掘。1932年，寿县发生严重的自然灾害，民不聊生。当地士绅遂以救灾的名义，纠结民众对李三孤堆进行破坏性开采，幸而官方得知后及时制止，所挖掘出来的文物全部上缴。这一批文物竟有700件之多，当时被安徽省政府收缴并收藏于省立图书馆，建国后转藏于安徽省博物馆，但在这期间还是丢失了一部分精品。

1938年李三孤堆又一次遭到盗挖，丢失文物数百件。遗憾的是这批文物没有找回，全部流失。不过后来据参加过那次盗墓的邓峙一回忆，当时军队在盗挖过程中发现了棺材，棺木是很鲜艳的朱红色，保存较好。但在棺材中没有发现尸骨，只有一束头发和已经粉化的衣物。虽然是一口空的棺材，但这棺材的存在说明李三孤堆是一座大墓，并非此前有学者定论的窖库。

在墓中发现的铜器上面，有铭文显示"楚王""太子""王后"等字样，加上墓的规模不小，可以断定李三孤堆是楚王室墓葬。至于究竟是谁的墓葬，则众说纷纭。在考古学理论中，对于墓葬的年代分析通常要以墓中年代较晚的器物为准。因此被多数人接受的一种说法是，葬墓主人是楚幽王，

"王后"是楚幽王的王后，"太后"是楚幽王之母。

还有另外一种说法，学者刘和惠先生认为，墓中器物属王后的器物最多，且组合成套，因此应为中心地位。但也有人认为这些王后器也可能是出自其他墓穴，在被盗挖之后混在一起的。在所有李三孤堆出土的铜器中，有铭文的大概70余件，多数是1933年盗掘出土，其中混杂着建国后各收藏单位收购所得，以及1938年盗掘出土的文物。

这些出土的铜器，诉说着楚人生活的轨迹以及楚国崛起的历程。而铜对于一个国家的意义，是难以估量的。在生产力落后的古代，铜不仅仅是一种金属，更是可以决定一个国家命运的战略物资。

青铜器是点燃华夏文明的火光，在人类没有掌握冶铁技术之前，铜是人类掌握的第一种金属。青铜既坚硬，又柔软，他的存在时时刻刻牵动着古代君主、诸侯以及能工巧匠们的心。他记载着中华民族千年的奋斗史，在璀璨的历史长河中，有着不可替代的地位。

青铜器是指以青铜为基本原料加工而成的器具。青铜，是红铜与其他化学元素的合金，其铜锈为青绿色，因而称为青铜。最早的青铜出现于约公元前5000年到6000年间的西亚两河流域地区。中国最早的青铜器出现在公元前3000年左右。史学上所称的"青铜时代"是指大量使用青铜工具及青铜礼器的时期。

一般把中国青铜器文化的发展划分为三个阶段：形成期、鼎盛期和转变期。

形成于龙山时代，距今4500年前，也就是尧舜禹传说时代。我国考古队曾经在黄河、长江中下游地区的龙山时代遗址里，发现了青铜器。从这一发现来看，当时是红铜与青铜器并存，并出现了黄铜。在制作方面，有一些是锻打，也有一些先进的铸造作品。虽然这时候的青铜器品种不太丰富，但已经开始铸造一些容器和礼器了。关于铜器上面的花纹，基本都是最简单的星条纹或者三角纹等等。

楚国青铜器

鼎盛期即中国青铜器时代，时代包括夏、商、西周、春秋以及战国早期，持续了一千六百余年。这一时期的青铜器最显著的特点就是花纹，即饕餮纹，又称兽面纹。这一类花纹给青铜器增加了浓重的神秘色彩。商周两代的饕餮纹类型有很多，有的图案类似龙、虎、牛等动物，还有一些看上去像人或者鸟类。在西周时代，青铜器纹饰的神秘色彩逐渐减退，龙和凤成为最常见的主题。后来，多数纹饰图案都是从龙蛇、凤鸟两大类纹饰演变过来的。

蝉纹是商代和西周时期最常见的花纹。到了春秋时期，这种蝉纹的形状发生了变化。之后形成的螭龙纹大肆盛行，那段时间很少能见到其他的花纹，几乎都被螭龙纹所代替。但是迄今为止出土的青铜器之中，并没有发现以特定人物面部作为花纹的铜器。但发现了一些以人物的整体形象，或者以人的整体作为器具的一部分，而不是只以面部作为装饰。例如人形的灯具或器座。也有一些铜器是直接以人面作为装饰品，例如人面方鼎等等。这些人物大多都是男女侍从的装束，而且也不像是特定的某个侍从，因此我们说，并没有特定的人物作为主题。

转变期指战国末期至秦汉时期，这个时候人类已经掌握了冶铁技术，由于铁的众多优点，青铜的重要地位逐渐被铁取代，因此在产量上大大减少。而青铜器已经不是只有贵族才能享有的器具，无论是乐器的使用，还是兵器的铸造，包括祭祀活动中都有使用，逐渐退出了崇高的位置。青铜器变成了日常用具，出现在了寻常百姓家中。正因为其地位发生变化，这一时期之后，青铜器的构造、花样也慢慢开始发生变化。

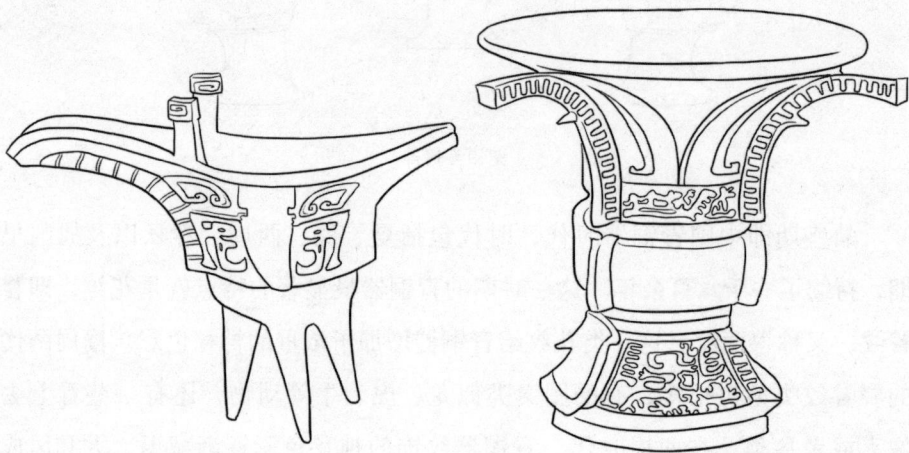

楚国青铜器

一个国家的命脉

除了花纹，青铜器还有一项十分重要的可研究资源，就是铭文，又叫金文。凹进去的字样称为阴文，凸出来的称为阳文。这些铭文对于历史的研究起着相当重要的作用。

中国青铜器上面的铭文，多数是铸造在上面的，只有极少数是用锋利的工具刻在上面。在西周晚期，开始出现完全是刻出来的铭文，到战国中期，铭文大多数就已经是刻制的了。经过多年的刻制历史之后，这种手艺已经相当纯熟，今天我们看到的铭文，字体方正圆润，非常有意义，也非常有价值。

虽然青铜器最早不是在中国出现的，但中国的青铜器制造之精美，价值之高，都是其他国家无法比拟的。种类繁多，造型奇特，纹饰瑰丽，铭文内容丰富，加之制造技术高超，这些特点都是中国青铜器所特有的，在世界历史上一直享有盛名。其辉煌程度也是世界上任何一个文明古国的青铜制品无法超越的。青铜器代表着中国在先秦时期精湛的技术与灿烂的文化，亦是石器时代的终结。

在夏商周时期，青铜是非常重要的资源。在古代生活中，青铜器被广泛应用于各个方面。礼器、乐器、兵器，都离不开铜矿资源。

首先，在生产、生活方面，青铜器由于其坚硬的特性，可以铸造成为很多生产工具。青铜工具的出现大大提高了生产力，解决了之前很难办到的诸多问题。当然，青铜工具最初也不是任何人都能用到的。青铜器是古代社会文明的重要标志，在产量很小的时候，只有一些贵族可以使用。不同身份的贵族，拥有着与他们身份地位相称的青铜礼器。礼仪交往、宴请宾客、室内摆放，包括一些特定的乐器铸造，都有青铜的出现。当时的人也用青铜来显示自己的身份。

其次，青铜在祭祀活动中被认作是必不可少的物品。古人认为，拥有了青铜器，就等于取得了通天地的资格。一个国家是否拥有充足的铜矿资源，决定了他们是否有资格祭祀祖先。这对于当时的人来说，是最重要不过的事情。

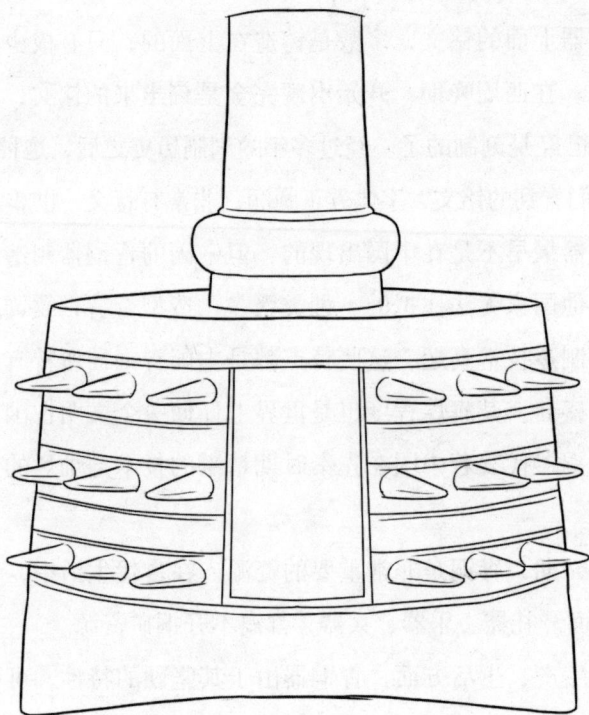

古代青铜乐器

当然，在最初的青铜资源使用方面，每个国家最看重的都是铸造青铜兵器。在先秦人的眼中，铜是一种神奇的东西。它和石头一样坚硬，把它铸造成兵器，就相当于给人类插上翅膀一样无所不能。可是它又是那么柔软，在足够的温度之下，它可以被塑造成任何形状。这简直是天赐的资源！人们视它为珍宝。虽然当时生产力低下，但人们最重视的还是祭祀活动和战争。青铜可以大大提高人们在战争中的战斗力，被一代又一代的人们用来保卫家乡，拓展疆土。正是由于青铜铸造的兵器有诸多优点，当时青铜资源又没有被充分开发，各国才对这种稀缺的矿产趋之若鹜。

《左传》中记录了一个很有趣的外交事件。公元前642年，楚成王在楚国的大殿上接见前来朝见的郑国君主郑文公。郑文公毕恭毕敬地向楚成王行礼，表示对楚国的臣服。一直不被中原人承认，是楚人的一块心病。这一次郑国的臣服，令楚成王十分满意，一时竟有些得意忘形了。他感受到了一种高高在上的快感，他渴望被人仰视。

为了表示对郑文公的嘉奖，同时展现楚国的实力，他决定赠与郑国一千斤铜。这一千斤铜在当时来说，可是一笔不小的财富，可以说是楚成王对郑文公相当大的恩赐。郑文公高兴地命人收下。可是等他前脚刚刚离开，楚成王就后悔了。刚才一时高兴，竟然昏了头。一千斤的铜，郑国可以带回去铸造礼器或者乐器，同时还会对楚国的恩赐感恩戴德。若是郑国日后做成兵器反过来攻打楚国，那么楚成王今日岂不是做了一件得不偿失的可笑之事？

想到这里，楚成王也顾不得那么多的外交礼仪，急忙派人跑出去拦住了郑文公的队伍。郑文公疑惑地停了下来，心想，楚成王不会这么快就后悔给自己一千斤铜了吧？使者传达了楚成王的意思：这批铜可以带走，但是要追加一个条件，即郑国只能用来铸造礼器，不可以用来铸造兵器。郑文公答应了，带着一千斤铜锭踏上了归程。

由这件事我们能够看出，在当时铜资源是相当稀缺且珍贵的。铜矿就是一把双刃剑，你的敌人可以用它来铸造礼器、乐器，作为外交礼物赠与你，巩固友好关系；同时他们也可能会铸造铜兵器，在你不备之时攻打你。因此这铜到底是好是坏，是没办法直接用经验来限定的，无非是看各自的用途罢了。

如果用"神奇"二字来形容铜这种物质，实在不足为过。一件件的艺术品或者是征战工具从楚人手中诞生，他们仿佛都有着生命。楚人赋予了铜更多的意义，可以作为一件乐器为生活增添乐趣；可以作为一件礼器用来祭祀祖先，在祭祀仪式上被楚人恭恭敬敬地摆放；亦可以铸造成一件兵器，在战场中拼杀，保卫疆土或是夺人性命。对于最后这一用途，可以说铜能够改变一个国家的命运。因此，说它是国家的命脉也不足为过。

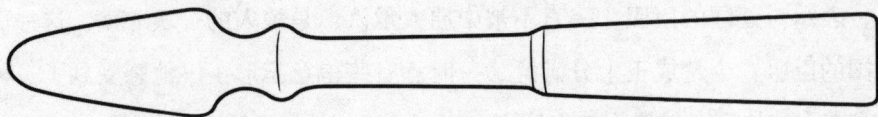

楚国青铜兵器矛

战争的利刃，铜绿山

铜绿山，一个硬朗又柔美的名字。我们或许觉得陌生，然而对于当时的楚人来说，这里就是他们的天与地。

铜绿山位于湖北省大冶市城西南3公里处，面积2平方千米。在这里有一处铜矿遗址。从中国商朝的早期到汉朝，勤劳的人们在这里开采了大量的铜矿，也在这里进行加工。这期间也分为两个时期，一是春秋时期或更早一些时间，二是战国直至汉代。一辈辈的劳动者，利用他们的智慧开辟出一片天地。他们认为，这是上天赐予他们最好的礼物。

当古人第一次来到带铜绿山一带，他们在山上发现了一种紫红色的小花。这种花长得很不起眼，看起来像是草，实际上是没有叶子的花。古人见这种花在一个固定的地方生长的如此茂盛，便生了好奇。就这样，在铜草花的指引下，古人发现了铜的存在。因为铜草花生长在哪里，哪里就有丰富的铜矿资源。小小的一棵一棵，一不小心漫山遍野都是了，让铜绿山变成了一片紫色的海洋。铜草花又称为海州香薷，是一种喜铜植物，一般生长在铜分子比较密集的地区。因此除了在药用方面的一些作用，它最重要的用途就是指示铜矿的位置。古人正是根据铜草花的这一特性，来寻找铜矿。

可以设想，最初古人并不知道到铜这种物质该如何使用，甚至最初的使用有可能是从偶然和错误开始的。或许在某一个月光皎洁的夜晚，古人搬来一些铜矿堆在一起，上面铺上一层木柴，开始了他们的篝火晚宴。而在晚饭结束之后，有人在火堆剩余处发现了天然铜，从此掌握了利用铜矿获取铜的方法。

在发现天然铜之后，逐渐大面积地收集、使用。这些天然铜用来制造装饰物或者日常生活中所用的容器。当时人们已经会使用火，并且能够搭建一些简易的火炉等用来加热铜。但在当时的条件下，根本无法取得足够高的温度，因此想要得到铜水是不可能的。要加工出一片大面积的铜，需要将铜的尾端烧红，再用锻打的方式把两片铜熔合在一起。

在生产力如此低下的时期，聪明的古人硬是研究出了多种开凿方法和冶炼技术。用粘土制成一个圆筒，下面开小孔，用来通风，这叫作粘土炉。在当时的情况下，要将木头劈成小块是很困难的，但人们可以把木头先烧成木炭，变脆之后再用石头将其劈开，就会容易很多。之后把这些木炭铺在粘土炉的下层，上面摆放一层矿石，点火。这样，矿石被烧制成铜。

由于粘土炉体积较小，机智的古人会选择大张的野兽皮，或者大片的树叶扇风，来加速木炭燃烧，有人会更巧妙地直接将炉子安置在风大的山顶。他们创造了竖井、平巷及盲井。为了让井底更稳定，人们用木头造出框架用来做支撑，甚至还掌握了通风和排水技术。这是多么神奇！

当时人们对铜的喜爱，远远超乎如今我们所能想象的程度。最初的铜器，并不像我们现在看到的如此精美，其中的多数我们都很难判断出那些简陋的工具究竟是做什么用的。你会看到一条长长的铜片，甚至上面布满了刺。但铜制工具和树枝比较起来更耐烧，因此适合做烧烤工具。另外石头和土尽管已被人们掌握了使用方法，但是延展性较差，不如铜更适合做容器。铜的特性决定了它可以被铸造成许多复杂的形状，特别是长条的形状尤其难得。这种形状的工具对于当时的古人来说，是不可多得的帮手。他们用它搅拌食物，或者打落树上高出的物体。

除了非常出色的延展性，铜比石头和树枝更容易磨制出尖端，并且在使用过程中不易被损耗。这可以说就是最原始的刀。然而这种工具并没有被使用在战场上，因为纯铜还是比较容易断的，无法用在特别暴力的场合。

这种铜尖类的工具还有一种特殊用法，就是古人用来在泥坯子上面描绘精细的花纹。细心的工匠不仅铸造了粗犷的铜器，亦是用泥土造出了美丽的容器。容器上面的花纹诉说了当年古人的生活细节，他们载歌载舞，他们相爱相杀，欢乐的，悲痛的，全都通过这些花纹，向你娓娓道来。

不久之后，人们又发现了锡。

最初的发现过程，可能是很偶然的。也许是古人在冶炼纯铜的时候，不小心掺杂了一些锡矿石，这样流出来的铜水就是青铜。从视觉上来说两者并没有太大的区别，但等到冷却凝结之后，古人发现，这种青铜更坚硬。锡本身的作用并不大，但熔点很低，与铜矿石一同冶炼很容易得到青铜水。就这样，古人学会了冶炼青铜。由于青铜更有韧性更坚硬，因而被大规模的使用。特别是在浇注方面，青铜代替了纯铜，成为更合适的原料。另外在作用上，青铜更适合铸造成武器，用它来砍坚硬的物体也成为了可能。

大冶位于湖北省东南部，长江中游的南岸，地处武汉、鄂州、九江城市带之间和湖北"冶金走廊"腹地。"大冶"这个名字，正是由冶金而来。这里有三千多年的青铜史，一千多年的建县史。

铜绿山古矿遗址位于大冶市，人们在1973年发现它时，它还是一片保存较完好的古遗址。人们欣喜地发现，这里较完整地保存了古人采矿、加工的轨迹。因此这片遗址被国内外专家称为"中国继秦始皇兵马俑后又一奇迹"，甚至可与中国的长城、埃及的金字塔相媲美。

在20世纪70年代，人们最初只是在大冶开采铜矿。从那几年的开采过程中，人们经常会挖到一些贯穿的巷道。这些巷道有一人那么高，泥土堆积而成，其中夹杂着一些木棍用以支撑和隔离。随着挖掘工作的深入，人们竟有了惊人的发现。这里竟然埋着一座春秋时代的古矿井遗址！

通过对这片古矿井遗址的研究，人们的认知被震撼了。原来在春秋时期，古人已经掌握了科学完整的采矿方法。通过这片古迹的规模我们可以看出，当时的开采行为已经形成一定规模，并且是有规划有组织的，通风、排水、矿石提升，每一个细节都有专人负责，分工明确，效率很高。在遗址中总共有36个竖井，最大开采深度达到了64米，深入潜水位以下8到10米。这几个数字是相当可观的。

我们不难想象，从商周时期，成百上千的人便开始在这幽暗的隧道中劳作着。在这些纵横交错的巷道中，古人裸着宽厚的脊背，背着沉重的筐，一筐一筐地运输矿石，口中喊着响亮的口号，响声震天。他们步履维艰，汗水夹杂着泥土混成泥水从脖子两边淌下来。但是他们干劲十足，因为他们视这些石头为珍宝。

到底在这一带，古人开采了多少铜矿呢？

在大冶遗址，专家还发现了古代炼炉的遗迹。这个炉子像一座小型的堡垒一样，是用泥土构成的。顶部呈圆形，整个表面凹凸不平。在四周有几个大孔，下面孔的底部有一条宽宽的凹槽。小孔大概一个人头的大小，大孔足够一个人匍匐进入。当然，这里应该不止这一个炼炉。因为专家在这里发现了近40万吨的炼铜炉渣。

40万吨的炉渣！这对于先秦的人来说，难道不是一个惊人的数字吗？

专家通过这些炉渣推算，古代这里的产铜量大概在12万吨。这是一个什么概念呢？在春秋时代，一部分铜会被铸造成青铜戈，而一把青铜戈的重量在半公斤左右。也就是说，这12万吨的铜能够制造2.4亿件青铜戈。若是铸造成青铜剑呢？一把青铜剑重量大约两公斤。12万吨铜铸造的青铜剑多达6000万把。一枚青铜箭头重30克左右，若只是铸造箭头，12万吨铜可以造出40亿枚箭头。这些数字足够让人目瞪口呆。同样生产力低下的各国，谁若是掌握了这些铜矿资源，谁能铸造出来如此数目庞大且先进的武器，谁就能征服各国。因此不得不说，铜绿山的铜矿资源，决定了一个国家的命运。

古法炼铜

铜绿山的资源像是一束强烈的光源，照亮了中国大地。大小国家纷纷得到了这个消息，开始打铜绿山的主意，这其中也包括楚人。

原来看似平凡无奇的一座山，竟暗藏着如此巨大的能量。楚人震惊了，他们迫切地想得到这里的财富。可是铜绿山的重要地位，不止诸侯国垂涎，周王朝亦是十分了解。楚人想要占领这座山，谈何容易？

周王朝看清了这一带的形式，做出了长久的规划。周天子在汉水流域，分封了一系列王室成员。派自家人看守这座矿山，才是最放心的。这些诸侯的任务，就是驻守在这里，防止铜矿资源被其他人夺去。另外他们还要保证周王朝对铜资源和锡资源的运输顺畅。因此他们有了一个特殊的称谓：汉阳诸姬。

在西周早期，周王朝的统治能力有限，所掌管的土地多数在商朝的旧商都一带。因此当时分封的诸侯国亦是围绕着这一中心的。因为人数有限，分封到每一处大概只有几百人。如此小的管理规模实在无法确保一方的太平。

周人在分封地区独立为国，号称"国人"，其实就是缩在城中不敢探头。而周围则围着一些虎视眈眈想要进攻的"野人"。可惜周王朝当时对此束手无策。

到了西周中后期，周王朝国力增强，人口增加，各方面都较之前有了更好的储备。就好似一个年幼的孩童逐渐成长为强壮的青年一般，此时这位青年对中原地区的控制已经相当稳固，于是他伸长了手臂，逐渐对南方地区进行掌控。

在对南方地区的情况加以掌握和分析之后，周王朝将一些原来由姬姓（一说为姜姓）兄弟叔侄所掌控的中原地区，山西、陕西一带，逐渐南移，到达淮水上游和汉水中游地区。这些诸侯们以世袭的形式开始统治这片土地，在这一地区建立起数十封国，如唐、息、蔡等国，组成一个庞大的姬姓封国集团，史称"汉阳诸姬"。如此一来，他们不再是那种单薄的弱小势力，也不必惧怕随时可能到来的异族侵犯。这些诸侯国形成了一张权力的大网，网罗着汉水这一片土地，也网罗着居住在这里的人们。由于汉阳诸姬的存在，南方地区减少了战乱，更专注于提高生产力。可以说，他们对南方社会的稳定起了重要作用。

"汉阳诸姬"还有一项最重要的作用，就是保护这条铜锡之路。在西周中期，周昭王、周穆王就不断出兵攻打淮夷、于越、荆楚等地，以此来夺取铜资源。到后期，周王朝已控制了大冶铜绿山的矿产资源。但是毕竟山高路远，这些珍贵的资源势必要经过很大一番周折才能运到周天子脚下。而这一路的周折，也是周人所担心的。

在铜绿山这里开采出来的铜矿，首先要经过长江，随后从长江转入汉江。接着要经过随枣走廊，才到达南阳盆地，最后到达周天子所在地。看似简单的运输，每一道关卡都需要汉阳诸姬的诸侯尽职守候。这长长的一条运输通道，离不开众诸侯长年累月的把守，是保障矿产资源运输通畅的一条非常重要的通道。

随国是汉阳诸姬中最重要的一关。

相传在女娲开天辟地之时,创造出一个名为随的人,后来他的后代都以随为姓。到周代,王族中有一支被分封于随,建立随国,随国的贵族仍旧以随为姓。姬姓国地域相对较为宽广,以随枣走廊为中心,北至新野,东临应山,南到京山,西近襄樊。这一带可不是落后的南蛮地区。经过夏商两朝的开发,这里有着先进的文化和生产力。在当时,随国的综合国力比较强,因此它成为了汉阳诸姬中最主要的一个诸侯国。一方面由于随国所处的位置确实重要,另一方面随国的国力也比较强大。许多年来,随国始终不辱使命,成功抵抗外侵,特别是为防御后来楚国入侵提供了有力保障。

在汉江一带生活多年的楚人,闻到了铜矿的味道,他们也意识到这种神奇的石头可以改变他们的命运。在周王朝的控制下,一批批的矿石运往中原地区,难道楚人会继续拱手相让吗?

在对周王朝运输矿石的路线进行探查之后,楚人动了心思。他们发现随国是这条运输线路上非常重要的一站。想要控制铜绿山,就要先征服随国。只是在这个目标达成之前,楚人需要不停地使自己强大起来。终于,在楚武王时期,楚人等到了这个机会。

"春秋第一县"

楚人多年来最痛恨的,就是被人称为"蛮夷"。但不得不说,无论多么希望重回中原,在南方生活多年的楚人,即便是上层社会,也早已逃脱不掉蛮夷的气息。

在中国历史上,从西周开始,帝王选择接班人都遵循一个原则,即"立嫡"。"立嫡以长,不以贤;立子以贵,不以长。"意思是说若都是正妻之子，则立其年长者，不论其贤能与否；若都是庶子，则看谁的生母身份高贵就立谁，而不论年龄，这叫"子以母贵"。

这种选择君王的原则贯穿了整个封建社会，偶有变化。但是这种制度有着明显的不合理处，就是无法选拔有才能的人来做一个国家的君主。即便这个人整日寻欢作乐，昏庸不堪，只要他的身份符合规定，他就可以毫不费力地掌管一国之事，这种制度也是导致很多王朝短命的原因。当然，立嫡之后也可能会出现诸多变数，历史上就有不少帝王被谋害，有的甚至刚刚上位几天便夭折了。

公元前741年，楚国也发生了一件骇人听闻的事情。这一年，楚人熊通策划了一场宫廷谋杀。他在哥哥楚厉王过世之后，杀死了刚继位不久的侄子，成为楚国的首领，这就是几十年后的楚武王。

这种弑君的行为自然不是第一次在楚国出现，可以说在楚国之前的历史中就相当频繁。楚国破坏了长久以来的传位规则，常常做出一些惊蛮夷而震华夏的骇人之举。这在中原地区被看作是大逆不道，倒行逆施，可这非常人之举却带来了好处。能做出弑君之事的，都是在楚国有一些势力，并且进取心极强，敢于拼搏的人，因此他们在接管国事之后，都会在其青年时期取得不错的成绩。熊通也不例外。

大概是由于用生命做赌注，换来的王位来之不易，也或许是篡位的罪恶感作祟，夺得王位之后的熊通一刻也没有放松自己的追求。他和之前的几位篡位的君主一样，要求自己必须有一番大作为。而所谓的作为，最重要的一方面，就是领土扩张。

熊通继位后，他想到熊渠曾自立为王，但后来又遭到打压而破灭。自己如今硬要再试，势必会重蹈覆辙。不如选择一条合理的途径，直接到周天子面前讨封。结果可想而知。周天子本来就对他弑君的行为所不齿，如今他竟提出这等无理要求，自然拒绝并羞辱了他一番。天性自傲的熊通当即大怒。既然你们认定我是蛮夷，既然我无论怎样努力都换不来你们的重视，那不如我和你平起平坐，看你又能奈我何？

就这样，熊通自称为王。

这之后，熊通与邓国通婚，娶其公族女子为夫人，史称"邓曼"。熊通继位不足三年，便迫不及待地派兵远征南阳盆地，攻打周朝在汉北设立的重镇，但以失败告终。这次失败没有让他气馁，他继续摩拳擦掌，苦练兵将，伺机而动。

熊通与邓曼

权国位于汉江平原地区，虽土地面积较小，但国力尚强。楚国从西周时期的君主熊渠到春秋早期的熊砍都曾经尝试过想要收服权国，但都没有实现。直到熊通出兵，一举灭掉权国，总算实现了先君的愿望。就这样，权国成了熊通继位后得到的第一个小国。

对于灭掉权国，我们应该注意的不是熊通用兵的能力，而是他得到权国后的统治方式。熊通没有像其他诸侯那样，将权国分封出去，而是改权为县，加以管理，县的管理者在当时称为"县尹"。这是春秋时期最早的体制改革，被史学家称为"春秋第一县"。在这之后，楚国每灭一国，便将该国的公族转至楚国后方加以监管，而该国还在原位设立县制，因俗以治之。

"县"这个字由"悬"而来，意思是说县悬挂在中央手中，始终受中央控制，并不像之前那样管理权力归诸侯所有。县的出现，对于中国历史有着极其重要的意义。

周王朝建立之后，分封了众多诸侯国。诸侯在自己的小国之中又会分封一些其他级别的官员。可是天高皇帝远，周天子即便再有精力和时间，也无法将权力之手伸到那么远，一一掌控如此多的诸侯国。久而久之，诸侯们在自己地盘的势力不断扩大和趋于稳定，也就逐渐脱离了中央的掌控。很多分封较早的国家因此分裂了出去。

熊通正是看到周王朝统治之下的这一弊端，所以才改用县制管理，让地方行政直接受中央管辖，国君直接指挥县官的举动，并且这个县官不可以像之前一样世袭给他们的子孙，而是由中央直接委派。财政上所有收入均要上缴国库，而不是诸侯自己留用，也不可以养军队。这一系列的措施，使楚国摆脱了分封制狭隘性的束缚，展示出了他们的政治优越性。

正是因为熊通的王位是通过弑君而来，他上位后就更加奋死拼搏；正是因为楚国多年来不断遭受打击，才更要把握机会，不断强大自身。如果说周王朝已步入老年，那么楚国才是正值壮年，它有着更顽强的生命力，更执着的创造精神。他们不默守陈规，敢于尝试。每一个楚人的心中，都有一团火。那是从祖先传下来的，不畏苦难、奋勇向前的执念。

经历过磨难的人，总是特别懂得机遇的来之不易。熊通带领着楚人练兵征战，拓展疆土。所以，楚国一步一步地走向了强大。在春秋时期的政治制度改革中，楚人紧握机会，用他们的聪明才智占尽先机。虽然他们的身份仍然没有赢得中原人的认可，但他们相信，不久之后，他们就要让周王朝乃至所有人，刮目相看。

楚人是顽强的。他们从来都不甘心俯首为奴。数百年的嘲笑与打击，他们都一一咽下。可是要他们安安静静地做一个听话的火事，那倒不如割掉他们的头颅来得痛快。熊通野心勃勃，楚人野心勃勃。此时，无论是周王朝，还是楚国周围的一些诸侯国，都对迅速成长起来的楚国感到忧心。他们感受到了来自楚人眼中的怒火和野心，对楚人惧怕三分。周王朝也万万没想到，一个长期被打压，似乎从来没有走入人们视线的小小楚国，如今竟然势如破竹般强大起来。

楚人也是幸运的。他们亲眼看到周王朝在统治中的种种弊端，吸取教训的同时，也学到了他们的种种优势，抛弃那些陈规陋习，为楚国的统治注入新鲜血液。楚人想向中原人证明自己，也想向祖先证明自己。他们可以建立一个强大的国家，他们可以改写历史！

第三次伐随的征途

在楚国蒸蒸日上的大好形势中，中原王朝却越发混乱不堪。人们仿佛受够了礼法的约束，总想要挣脱束缚做些违反纲纪之事。一场场弑君事件层出不穷，整个中原好像失去了控制。

在这混乱局势之中，熊通看到了楚国崛起的希望。中原越是混乱，越是有利于楚人出击。中原的诸侯国之间应接不暇，杀声四起，根本无暇理会楚国有任何举动。在敌人脆弱的时候主动进攻，往往事半功倍。楚人做了几百年的大国之梦，这一次是最佳时机吗？

深谋远虑的熊通，总是能从混沌的局面中抽丝剥茧，找出关键所在。他想，对于楚国来说，想要在以后的战争中立于不败之地，目前迫切需要的就是增强作战能力，因此必须由他们来控制铜资源。可是要得到铜资源谈何容易。周朝天子对铜矿的运输十分重视，不会割让半分。想要将这条运输通道拦腰截断，最直接的办法，就是灭掉随国。

于是，随国成了熊通下一个要征服的国家。或许随国根本没有想到，楚国真有勇气来犯。任谁都清楚，随国的国力不容小觑，不然周王朝也不会将它安排在这如此重要的位置上。

之前周天子拒绝加封一事，熊通一直怀恨在心。这次在大臣们的建议下，熊通准备先将大兵压临随国边境，以此要挟周天子就范。若他还是不同意加封，就有借口直接出兵攻打随国。此乃一举两得。

但是对于攻打随国，熊通并没有盲目乐观。谁也无法保证这一仗一定能以胜利告终，甚至很可能是艰难的一战。若是失败，或许会有灭国的危险。但是熊通无法忽视内心的冲动。长久的耻辱历历在目，楚国上下对中原积怨已深。同时，他们对于熊通这个领袖有着强烈的崇拜。楚人相信，这个机智多谋、英勇善战的领袖，会带领楚人走向一个新的历史阶段。他们急于摆脱挨打的局面，想要翻身做强国！楚人的这种信任与期待，给了熊通无限的力量。

从迁徙至南方以来，楚人学会了拿起武器，懂得了如何攻击作战。他们的尚武精神不断被强化，血液中流淌着想要搏杀的信号。为了有充足的食物果腹，为了有温暖的地方居住，他们一刻都不敢松懈。可以说，由于经历过太多苦难，楚人天生缺乏安全感。他们不仅要维持现有的生存环境，还要开疆拓土，问鼎中原。这样，无论将来何人来犯，他们都不会畏惧。

在楚国有一句古话：三年不出兵，死不从礼。就是说在楚国做了王，若是超过三年没有出兵打仗，拓展疆土，死后他的尸体就没有资格进入宗庙。这是祖先对楚人的督促和提醒：所有的富足都是暂时的，没有进取精神，迟早有一天会有灭国之灾。

这是楚人在与外族不断厮杀搏斗的过程中，培养出来的虎狼之性。或许这是离开中原之后的意外收获。他们手握兵器，保持着高昂的斗志，随时准备作战。为了家乡，为了尊严，也为了梦想。

公元前706年，楚武王率领楚军，出兵讨伐随国。对于当时两国的国力来说，这是一件很有难度的事，因为随国有丰富的铜资源，也就是说他们有着精良的战斗装备武器。在当时的环境下，谁掌握了铜资源，谁就处于优势。虽然楚国在人数上呈现压倒性的优势，但武器实在太落后。

胜负未可知。可是为了楚国的未来，他必须想方设法啃这块硬骨头！只是他没有想到，这一战竟持续了十几年，直到他死在了战场上才宣告结束。

出征这天，楚武王先是将军队驻扎在随国边境，派人先去随国求和。随国也派出了少师主持和谈。楚国军事斗伯比对楚武王说：我们在汉水东边这个位置，对作战是很不利的。我们如此大规模地整装而来，周边的小国会因惧怕而联合起来对付我们。而汉水东边最强大的就属随国。随国自认为国力强盛，根本不需要其他小国帮忙就可以击退我们，如果我们隐藏实力，佯装一副弱不禁风的样子，随国很可能会自投罗网。楚武王同意了斗伯比的想法。随国少师看到楚军这种状态，信心大增，回去立刻建议随侯出兵应战。但是随侯相当谨慎，并没有出兵。就这样，楚国打了个空拳，收兵返回。同时，原本用随国要挟周天子的计划也落了空。

两年后，一直等着周天子对自己加封的熊通，眼见事情没了指望，怒火中烧。他想，周王朝如今国力日益衰败，竟然都不肯给自己加封，不如自称尊号，周王朝也是无可奈何。于是，熊通自称"楚武王"。诸侯自称王，这在历史上还是第一遭。而周朝天子得知此事，果然没有任何反应。

也是在这一年，楚武王找了个借口，又一次向随国出兵。随国由于战略错误，在这一战中打败。随国派人来讲和。楚武王本来不同意，想继续追打。可是斗伯比说："此番已经铲除了随国少师，但随国仍无法彻底战胜。"于是楚武王没有心急，而是和随国订立了盟约，从此随国再不敢得罪楚国。

第二年，楚军联合巴国一同打败了邓国军队。公元前701年，出于对楚国强大国力的担忧，随国等四国联合军队出兵攻打楚国。楚军胜。公元前700年，楚军攻打绞国而胜。第二年春，随军攻打楚国，但楚武王这次没有听从斗伯比的建议，导致用兵失误。最后楚军大败，楚武王吸取了教训，同时赦免了等待处罚的将领们。

时间到了公元前690年，在周天子的授意下，随侯逐渐冷落了楚国。这令楚武王十分愤怒。随侯不仅没有为自己争取加封的机会，反而在周天子那里出卖了自己。于是，这一年的三月，楚武王决定再次出兵攻打随国。

此时的楚武王，已经是一位七十岁，须发花白的老人。距离第一次伐随，已经过去了十六年。楚人迫不及待地想灭掉随国这个绊脚石，他们已经等了太久。楚武王不想辜负祖先的期望，也渴望楚国的百姓能够实现他们多年的夙愿。他愿用自己最后一丝力气，再拼一次。

实际上这个年纪的楚武王，已经明显感觉到身体不适。在出征之前的几次祭祀仪式上，楚武王自觉体力大不如前，常有心跳加快的情况发生。他心中就有了不详的预感。邓曼是一直在楚武王身边伺候的女人。她不仅在生活中对楚武王悉心照料，在军事方面也常出谋划策。后人认为她"知人，知天道。"其实是由于邓曼机智聪颖，智慧过人。因此楚武王身边能有一位这样的女人辅佐，也是楚国的幸事。

楚武王在出兵攻随之前，向邓曼说出了自己的担忧。楚武王想，自己若真的不久后战死沙场，或在途中不幸离世，现在总要有个交代。邓曼早已看出夫君的顾虑。她没有像其他女人那样，听了此等悲凉的话就哭哭啼啼，哀哀戚戚。在楚武王身边服侍了这么久，她怎么会不为对方的离开而难过？只是她忍着心痛，表情坚毅地说出了楚国史上著名的一段话。

"君王的福禄已尽。满了就会动荡，这是自然的道理。先君大概知道了，所以面临作战，将要发布征伐命令而使君王心跳。如果军队没有什么损失，而君王死在行军途中，这就是国家之福。"

一个小女人，说出的话句句是为了国家考虑，没有委婉规劝夫君莫要多想，没有一点儿女私情，没有一丝哀怨忧伤。因为在邓曼心中，楚国的未来高于一切。他们终将达成愿望，走向强大。邓曼的这种执念，更推动着楚武王勇往直前。死亡不是最可怕的，如果不灭掉随国，那才是死不瞑目！

好吧，我们出发吧！

时隔十六年，楚国在这十六年中一刻都没有停下脚步。他们尚武，他们不服输，他们想要掌控一切。楚武王带着军队，浩浩荡荡地向随国方向进发。这第三次的征伐，他们就是要一个结果。可是楚人对随国，乃至对中原的欲望，何止这区区十六年的光阴呢？这一路走来，他们曾经俯首为奴，也尝试过大逆不道。无论战争有多凶险，无论最后结局如何，楚人都不愿再锁在角落里继续隐忍。他们想知道，自己是否已经积攒了足够的能量来实现梦想。

不幸的是，楚武王的担忧变成了现实。在行军过程中，楚武王越发察觉出自己的身体每况愈下，心脏的问题始终困扰着他。同行的将士提议暂时停止行进，以便楚武王恢复体力。但楚武王回绝了，他一刻都不能再等。或许他已经做好了死在路上的准备，他只想多走一步，再多走一步。这样，他就可以距离胜利越来越近。尽管病情日益严重，楚武王还是没有放缓前行的脚步。因他自知背负着祖先的遗愿和楚国百姓的未来，再痛再难，他也必须向前。

楚武王把几位英勇善战的将士叫到身边，对他们进行了一系列的任务布置，以防不测。将士们无一不心痛不已。楚武王是他们的精神指引，是他们奋斗的方向。君王临终之际还在为国家的未来谋划，还在为了征服随国呕心沥血，他们怎能不振作呢？

行走到汉水东岸，楚武王实在支撑不住，心脏病突发，永远地闭上了眼睛。

　　我们无法得知他在临死之前是怎样的心情，也没办法说出他这一生究竟是不是有遗憾。当年年轻气盛弑君夺权的楚武王，一生驰骋战场，谋划国事，如今就这样倒下了。过去的每一天他似乎都在为灭掉随国做打算，可是就在结果到来之前，他却离开了。

　　命运真的很喜欢开玩笑。

　　按照楚武王生前的安排，楚军将领严密封锁武王去世的消息。他们强忍泪水，将满心的悲痛化作无穷的动力。他们失去了最敬爱的国君，更誓要征服随国，以告武王在天之灵。

　　楚军像猛虎出山一样扑向随国。之前两次伐随都无功而返，这一次又在途中痛失国君，所有的失去都会变成一种动力。虽然群龙无首，但楚武王给楚军留下的，是最宝贵的，必胜的信念。正是这种信念，让楚军更加势不可挡。面对如此强势的楚军，随国军队毫无招架之力，很快就败下阵来。这一次，随国完全臣服于楚国。

　　楚军用一场毫无悬念的胜利，告慰了为国捐躯的楚武王。

　　战争结束后，楚国的军队凯旋而回。这是一幅多么奇怪的画面，胜利而来的将士们，个个神情悲痛，看不出一丝的兴奋。楚国百姓远远地看到了归来的车队，整个车队一片缟素。没等士兵完全入境，楚国上下已哭声一片。他们等到了胜利的消息，也得到了楚武王离世的噩耗。

　　楚国百姓用滚烫的泪水送别他们敬爱的武王。武王就是他们的神，是他们生活的方向。他为楚国奠定了良好的统治基础，特别是对于随国的征服，将铜绿山纳入了楚国的势力范围，让楚国的强大变成了可能。楚人永远不会忘记这位伟大而传奇的君王，他的精神会一直存活于江汉平原，活在每一个楚国人的心中。

　　在征服随国后，楚国不仅得到了日夜期盼的铜资源，并且在随国学到了先进的铸剑技术。在这之后的数年间，楚国铸造兵器的水平突飞猛进，战斗力越来越强。

没有比较就没有进步，在楚武王时代，楚国军队在战场上都是步兵居多。楚人并没有意识到，他们的作战实力只能和南方一些小部落相较，而在当时，中原已经普遍实行了车战。两次伐随失利，楚武王总结教训，最大的原因在于楚国的武器落后。武器，不仅决定了大小战争的胜败，更决定了一个国家的命运。因此，从那时开始，楚武王下令改善武器，增加战车，并且在很多细节方面对战车进行改良，让它们发挥最大的作用。

长期以来，楚人一直以"勇猛"著称，他们有着南方少数民族的最大特点——英勇善战。但是在和强国作战中要想取胜，有勇无谋是万万不行的。

智慧，永远是人类最强大的武器。

在第三次伐随中，楚军首次使用了战车部队。楚人将战车改装得像一位身穿铠甲的战士，有着铜墙铁壁，所向无敌。为了使战车部队的作用发挥到极致，楚武王还专门设置了在部队前方负责平整道路的工兵。这样虽然多用了一部分资源，但对后方作战的部队绝对起了相当大的辅助作用。道路平整，战车前进速度更快，整个队伍士气如虹。

就像楚人从一个落后的南方部落，瞬间发展成政治有序的强国一样。楚人总是能通过一点点提示，就快速掌握要领，抓住机遇，迅速发展。在和中原学习了战车作战技术之后，楚国自己的战车技术也迅速发展起来。特别是在拥有了铜绿山的矿产资源之后，楚国国力一日千里。

楚武王过世的第二年，他与邓曼的儿子熊赀即位，是为楚文王。此时的楚文王已经是位沉着稳重的中年人了。他从小受到父王的熏陶，有勇有谋。他上位后做的第一件事，就是迁都至郢。

关于迁都至郢，有两种说法。清朝人宋翔凤和今人石泉先生都认为楚国迁都至郢是在楚武王时期，并对迁都的时间进行了较充分的论证。宋翔凤甚至更有详细阐述，说楚武王迁都的时间为楚武王三十五年，"然后得志于汉东。"石泉先生根据《左转》有关记载，得出结论为：在楚武王统治的最

后十年已经以郢为都城了。但更多的人则认为，是楚文王上位之后才迁都至
郢，并且，这个决定很可能是楚武王的遗愿，楚文王只是照办而已。

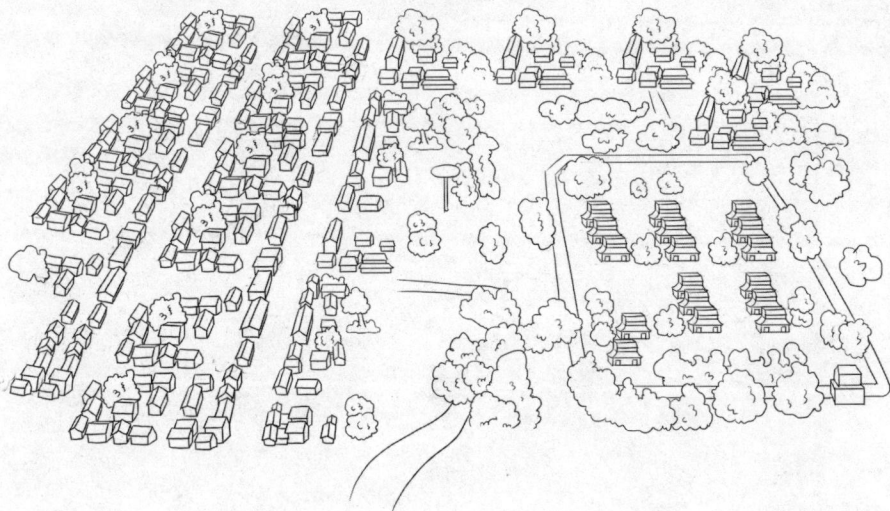

郢都模型图

第二章
崛起·不可阻挡的楚人

　　在楚武王前期的铺垫下，楚文王继承了父王的遗志，增强兵力，开疆拓土。他将扩张的目标放在了江汉平原。由于周天朝日渐衰落，已无法掌控大局。此时众诸侯国兵来将往，好不热闹。为了稳定统治，"北杏之盟"应运而生。齐桓公在位时期，齐国成为众诸侯国之首。而他们最大的敌人，就是楚成王统治的楚国。在齐桓公的武力威胁之下，楚国只能暂时收敛锋芒，停止扩张的步伐，等待时机。城濮之战结束后，曾经依附于楚国的诸侯国都改投了晋国。楚国失去了往日的地位，眼看着晋国的势力一天天扩大，自己却无能为力。

绝色无双息夫人

　　诸事稳妥后，楚文王继续其父的伟大事业，扩张领土，兴旺楚国。楚武王多年的积累，就像一棵大树在泥土里扎稳了根，剩下的事，就是等待这棵大树枝繁叶茂，茁壮成长。此时的楚国，生机蓬勃，大国阵容渐成雏形，已初露称雄之势。楚国，犹如一只饿虎，虎视眈眈地望向中原地区。那一双炯炯有神的黑眸，似一道闪电，扫射着众诸侯国，像是随时会发出巨吼一般，让人心生畏惧。面对楚国的持续扩张，日益衰落的周王朝表现得唯唯诺诺，只得默认了楚国对江汉平原一带的统治权。楚国的扩张，不仅是在领土方面，更重要的是，他们掌握了越来越多的资源，这可以说是进入了一个良性循环。

　　楚武王曾扬言：我有敝甲，欲以观中国之政。虽然他没有完全实现自己的宏愿，但他为楚国的未来奠定了坚实的基础。接下来，就看楚文王熊赀的一系列征伐表演了。

　　楚文王将扩张的目标，放在了江汉平原。他在位的第二年，便举兵北上，讨伐申国。由于地理位置的缘故，想要讨伐申国，一定要路过邓国。而邓国与楚国是姻亲，楚文王的母亲邓曼就出自邓国。楚文王在领兵经过邓国时，邓国国君邓祁侯是楚文王的舅舅，他十分看重两国的姻亲关系，并且亲切地设宴款待了楚文王。众人提醒他，要借此机会杀掉楚文王以绝后患。可是他说："他是我的外甥，外甥怎么会杀自己的舅舅？"众人急忙说道："亡邓国者，必是此人。等到他灭了申国，再来灭邓国，就好像咬噬您的肚脐一样，再也来不及图谋应付了。要杀他，只有趁这个时候。"邓祁侯不相信，坚持用恭敬的礼仪接待了楚文王，直到送他离开去攻打申国。楚文王继续北上，不费吹灰之力就灭掉了申国，除掉了周朝南土最大的一个异姓国，将申国变成了楚国的一个大县。邓国庆幸申国的灭亡没有连累他们。结果在第二年春天，楚军在由申国返回楚国的途中灭掉了邓国。

楚文王六年，派兵攻打蔡国。息国和蔡国是南邻，息夫人息妫和蔡夫人是姐妹，都出自陈国公室。蔡侯先娶，息侯后娶。息夫人赶赴息国出嫁之时要路过蔡国。蔡侯见息夫人美貌出众，十分懊悔。他色胆包天地盯着眼前身着考究、一颦一笑都妩媚十足的息妫，已经完全不能控制自己。他多次对息妫出言挑逗，举止轻浮，都被息妫婉言拒绝。但蔡侯仍不死心，到了夜深人静之时，他强行留下息妫过夜，意欲对她行为不轨。息妫意识到危险，用计溜走，才化解了一场危难。

息夫人

息妫到达息国之后，将蔡侯的不耻行径告诉了息侯，息侯气愤不已，心生杀机。无奈息国的国力远不及蔡国，息侯又无法就这样忍气吞声。他想到了如今国力强大的楚国。表面上看来，若是楚国攻打蔡国，会对息国不利，但反过来想，倒是为他出了这口恶气。

于是息侯选了能言善辩之士，带着重金求见楚文王，对楚文王说："蔡国自恃国力雄厚，一向不把楚国放在眼里。蔡侯看不起楚国，总是称楚国为南蛮子。而我们息国一向本分老实，对楚国没有一点不敬。楚国若是攻打我们息国，倒不如联合我们息国一起灭掉蔡国。您假装进攻我国，我就去向蔡国求援。我们两国是近邻，他一定会出兵前来救援。到时候楚国借机攻打蔡国，扩展疆土。"楚文王才不管他们两国有何恩怨，只要能够扩展楚国的势力范围，就是他想要的结果。他想到当初楚武王继位，蔡国不屑于前来道贺，太不把楚国放在眼里。因此楚文王一直看蔡国不顺眼。而息国如今以这种低姿态前来求助，自然没有理由再对其出兵。为了减少军队的损耗，楚文王决定将将士停留在息国，引蔡国军队到息国来。

可是蔡国就会对息国言听计从吗？当然不。息国国力屡弱，根本不会对蔡国构成威胁。但是息侯知道蔡侯的软肋呀！那就是息妫。息侯又派人向蔡侯发出求救的消息，谎称楚兵将要攻打息国，请求蔡国伸出援手。同时，息侯向蔡侯保证，只要蔡国肯在危难之时派兵前来解救，今后蔡国想在息国得到什么，息国都在所不辞。言下之意大家都心知肚明，息侯明知道蔡侯对自己的息夫人垂涎已久，如果蔡国肯救息国于危难，带走一个女人自然不在话下。

蔡侯听懂了息侯的意思，顿时心痒难耐。息夫人的美貌已成为他日思夜想的画面。一想到如此美丽的女人以后可以夜夜睡在自己枕边，蔡侯哪儿还顾得上打不打得过？管他楚国有多强大，其他诸侯国怕你，我蔡国不怕你。为了息妫，蔡国也要拼死救下息国！

就这样，蔡侯收到息国的求助信息后，迫不及待地出兵到达息国。可是等蔡军到达息国城门口，竟没有见到一个楚军。息国城门大开，一片宁静。息侯在城头向蔡侯喊话："楚文王听说蔡侯率兵前来，吓得赶紧撤军，连夜逃回楚国去了！有请蔡侯进城一叙，我已备好酒菜款待，还有美女一同与蔡侯畅饮。"

蔡侯最禁不住的就是美色的诱惑，流着口水就进了城门。待他领着十几辆战车进了城内，城门瞬间被关上了。埋伏在城内的楚军不费吹灰之力就将蔡侯俘虏。蔡侯明白了事情原委之后，抬头看着洋洋自得的息侯，气得破口大骂。可是事已至此，他也无力再改变什么了。

楚武王打算将蔡侯立刻杀掉。但是楚国的季子连忙阻止。季子认为，楚国近年连续征战，本就引起中原许多诸侯国的不满。蔡侯毕竟是一方诸侯，若是将他杀掉，中原各国诸侯定会联合起来对付楚国。到时候楚国就算战斗力再强，也抵不过联合军队。倘若此次放过蔡侯，各诸侯国定会感谢楚王，对楚王高看一眼，这样有利于提高楚王的威望。

季子是从楚武王开始就十分器重的军师，因此楚文王也同样信赖他。听他如此建议，楚文王觉得确有道理。蔡侯不仅躲过一死，还受到了礼遇。楚文王为蔡侯举办了送别宴，席间还安排了楚国歌舞。一个个南方特色的美女翩翩起舞，看得蔡侯眼花缭乱。楚文王相当自豪，问蔡侯："蔡侯，楚国女人与中原女人相比，如何？"

蔡侯刚想对眼前的美女们赞不绝口，突然心生一计。于是故意吞吞吐吐地说："大王，楚国女人确实娇媚，但是……"

见他有话不肯直说，楚文王着急起来，两眼直直地瞪着他。蔡侯见时机已到，故弄玄虚地对楚文王说："这在场的所有楚国女人加在一起，都不如息国的息妫一人妩媚。"

蔡侯盯着楚文王，观察他脸上的变化。见对方对自己的话将信将疑，他又打了个比方："若息妫是娇艳的牡丹花，那么其他女人只能算是狗尾巴草。"蔡侯开始滔滔不绝地形容起息妫的美貌来，不时观察楚文王的反应。他越说越夸张，简直把息妫形容得像仙女下凡一般。

楚文王越听越感兴趣，立即派人通知息侯一家到楚营赴宴。不明缘由的息侯还以为是楚王找他们一家来庆功。等息妫来到军营大帐，楚文王见到她的那一刻，果然被迷住了。为了得到这个女人，楚文王果然像蔡侯计划的一样，灭掉了息国，而息妫从此背负上亡国的罪名。

其实就算没有息妫，楚文王灭掉息国，也是早晚的事。蔡侯的无礼与狡诈，息妫因美貌而引出的祸端，息侯的轻率导致最后搬起石头砸了自己的脚，所有这些都给了楚文王染指中原的机会。

后来，息侯被楚文王指派到城门口做守卫。息妫原本想要投河自尽，但为了保全息侯的性命，只好嫁给楚文王。而蔡侯也没有得到好下场，在被楚文王软禁九年之后抑郁而终。

到了楚国，息妫便成了文夫人，但她很少主动同楚文王说话。即便这样，她还是为楚文王生了两个儿子。大儿子楚堵敖，小儿子就是楚成王。在楚文王过世后，息夫人的长子楚堵敖继位。可是好好的位置没坐几年，他觉得自己的弟弟始终对自己是一种威胁，因此想将对方杀死方能安心。楚成王得到消息，立刻逃到随国。既然他不仁，我也不义。楚成王联合随国，将哥哥楚堵敖杀死，之后自立为君。

齐桓公称霸的时代

楚成王从年幼开始就聪敏好学，息妫对这个儿子也是疼爱有加。她觉得，这个孩子将来一定是个有所作为的君主。在儿子继位之后，她也一直尽全力辅佐其左右，出谋划策，规划楚国的发展大业。

此时的楚成王虽年纪不大，却很有主见。一方面他停止了楚国向北方地区的扩张，防止中原地区诸侯国联合讨伐，稳定了楚国的现状。另一方面，他殷勤地向周王朝进贡，恭恭敬敬地承认周王朝的统治地位。

楚成王的一系列做法，使周朝天子十分满意。本来对楚国畏惧并且充满敌对之心的中原，此时也放松了警惕。楚成王以低姿态称臣，周天子反而更愿意抬举楚国的地位，甚至承认了楚国为诸侯国的一员，并把镇守南方的权力交给了楚成王。楚成王继位最初的十几年，都是以治国为本，将提高生产力和军队战斗力放在第一位。而这期间的中原，已是一片混乱。

由于周王朝的日益衰落，中原各诸侯国之间纷争不断，好不热闹。中原内部自相残杀，而来自外界的纷扰也越发棘手。北方的少数民族见到中原诸侯国的混乱局面，都想借此机会占点好处，于是纷纷将战火烧到了中原。而在南方的楚国军队，也连续灭掉了几个小国，势力越来越大。中原的土地被这些诸侯势力压缩得越来越小。中原的局势岌岌可危，周天子自知无力主持大局，只好想些其他办法来维护自己的统治。于是"北杏之盟"应运而生了。

这是春秋时期中原诸侯国第一次盟会。之前也曾有过诸侯盟会，但都是周天子主持的。而这一次，是由齐国的齐桓公主持。以诸侯身份主持盟会，这在历史上是第一次。这也揭开了春秋五霸的辉煌篇章，开启了齐桓公称霸的时代。

此次盟会的目的是解决宋国因内乱而引发的一系列动荡。在这次盟会之后，周天子为了能有人帮助他分摊外来的压力，封齐桓公为东部国家的"伯"，即兄长的意思。也就是说，这天底下，周王朝还是诸侯之父，而齐国就是诸侯之长。由齐国来维护诸侯国之间的政治秩序。周天子的如意算盘打得十分巧妙，这样一来等于是将肩上的重担转移给了齐桓公，自己的位置又得以保存。不过这也是周天子不得已而为之。若是国力允许，谁又愿意移权于他人呢？

春秋时期第一个霸主齐桓公，就这样闪耀地登上了历史舞台。

齐国可以说是资历最老的诸侯国之一，他的开国之君是周王朝第一功臣姜太公。因此齐国在众诸侯国之中是非常有威望的，并且齐国国力和其他诸侯国相比较也是相当雄厚的。齐桓公重用大军事家、政治家、经济学家管仲，对齐国从上至下进行了深层次的改革，使齐国的面貌焕然一新，国力和军事实力也突飞猛进，令其他诸侯国望尘莫及。同时，齐国仗着周天子对齐国的依赖，肆无忌惮地侵犯其他小国，不断扩充势力。北杏会盟之后，齐桓公以周天子之命为旗号，联合了陈国和蔡国，前去平定宋国的内乱。在三国联合军队的压力之下，宋国国君与诸侯约定，今后宋国一切国事均按照周礼来办。

通过这次平定宋国之乱，齐国的领头地位更加稳固。这之后，齐桓公打着"尊王攘夷"的口号，组织中原众诸侯国联合起来抵抗外侵。而齐国多次对北方少数民族的打击，也使中原地区的一次次危机得以化解。

那么下一步，齐国要对付的，就是楚国了。因为如今只有楚成王这个名字，才能让中原闻之胆寒。

从楚文王时期开始，楚国军队一路从武当山东侧平原北上，直插南阳盆地，逐步收服了权国、罗国、邓国、绞国和申国。而楚军的另一路则奔往大别山方向，在征服了随国之后，消灭了中原南端的息国。接着北上收服了蔡国和郑国。之后，楚国占领了从川东、湖北、河南南部到安徽的土地。此时的楚国疆土，形成了一个新月形的版图，包围着中原地区。

可是尽管目标如此明显，周天子完全没有对楚国产生疑虑。反而，周天子很信任楚国，认为楚国是自己在南方地区的一只眼睛，帮助周朝管理着遥远的土地。有了楚国固守一方，才免得南方的少数民族对中原地区进行侵扰。

殊不知，此时的楚国对于周朝来说，已经不可控了。

楚国脚步稍稳，又开始了下一步的扩张。这一次的目标，是北方的郑国。而主张先以郑国为目标的人，是楚国令尹子文。

楚国当时的令尹子文，在楚国的发展过程中起了非常大的作用。他曾三次辞去令尹的职务，家里连最基本的生活都无法保障，却从没有搜刮百姓。而楚成王见他衣食不保，经常提出要给他增加俸禄，他都避之不及。在他看来，为官不是为了富贵，而是为了庇护百姓。子文亦是治国安邦之雄才。他足智多谋，为官清廉，深受楚国国君的信任。可以说，楚国是在他的辅助之下才逐渐强大起来的。

　　子文认为，如今齐国势力强大，若是楚国贸然出动攻打齐国，恐怕胜算很小。不如先打下郑国练练兵。就地理位置来说，郑国距离楚国近，离齐国远，因此，郑国就是想搬救兵也比较吃力。而且郑国也不是弱国，若是能顺利灭掉它，定会大大助长楚国的士气。

　　由此，一场旷世的南北对决拉开了序幕。齐桓公与楚成王，管仲与子文，两对死对头的生死对决也由此开始。

管仲

　　在中原诸侯眼里，楚国就是一个野蛮的劣等民族。他们为了扩张领土，君王甚至连自己的亲舅舅都可以杀害，还有什么做不出来的？楚国一路征战，完全不顾礼仪文化，被中原看作是十足的蛮夷之国。因此楚国无论如何强大，都被中原所不齿。当看到楚国的势力已经威胁到了中原地区，并且公然出兵讨伐郑国，诸侯们再也不能坐以待毙，他们决定联合起来抵抗楚国，以守住这片文明的华夏土地。

　　齐桓公率领众诸侯国派遣出来的联军赶到楚国城门外。楚成王见这种情况，连忙派大臣屈完到齐军大营议和。当屈完客气地询问管仲，此次率兵前来的缘由时，管仲说出了两点：

第一，楚国多年未按时进贡，分明是没把周王朝放在眼里。

第二，当年周昭王南征之时，正是由于楚人动了手脚，才导致周昭王殒命，这件事楚国脱不了干系，必须负上责任。

听了管仲的质问，有备而来的屈完回应到："没有按时向周天子进贡，的确是我们的过错。楚国今后一定会按时进贡。至于周昭王之死，着实与楚人无关。"屈完的回答，承认了没有按时进贡之事，但将周昭王之死推得一干二净，此乃机智的避重就轻。

管仲见此，仍不依不饶地说："我们的联军如此强大，若是强行进攻，恐怕楚国无法扛得住。"

屈完听出了管仲话中威胁之意，但此刻他不能表现出惊慌。屈完心里清楚，在当时所有中原战争中，各诸侯国攻打任意一国，其目的并不是要灭掉这个国家，而是要让这个国家实行周礼。如今齐国带头来讨伐楚国，无非也是这个目的。而齐国现在最在意的，就是它的霸主地位。因此他不甘示弱地说："若齐桓公以德绥诸侯，则没有诸侯不服。如果以武力威胁，楚国将以方城为城，汉水为池，全力抵抗。诸侯联军再多，也没有用。"

听到他这样回答，管仲没办法再接下去。楚国既已答应继续按时进贡，若联军此时再进城攻打，恐怕无法说服他人。现在就算想要出兵，也没有合理的理由了。因此齐桓公取消了攻打楚国的计划，改为与楚国举行会盟。在此次会盟中，楚国做出保证，会继续按时进贡。

这次事件之后，齐桓公的霸主地位得到了进一步的提升，而楚成王则遭到了严重的打击。多年来，楚国扩张的脚步一直没有停歇。可是现在他们发现，逐个攻破容易，一旦这些国家联合起来，就不是他们可以对付得了的。

再无他法，楚成王只得停下了扩张的步伐，等待更好的时机。而这等，就一直等到了齐桓公去世。

死于周礼的宋襄公

齐桓公的离世，令整个中原六神无主，天下大乱。楚成王看到此情景，觉得这是一个好时机。而此时，宋国的宋襄公也雄心勃勃起来。他联合了几个诸侯国的军队，想要接过齐国的霸主位置，前去讨伐当时依附于楚国的郑国。

联合军队与楚国军队就这样狭路相逢了，一场大战即将开始。由于宋国军队提前抵达了战场，于是早早地在岸边列队等待号令。而此时楚国的军队才在对岸刚刚开始渡河。宋国将领建议宋襄公，应该趁楚军渡河之时开战，这样在对方最脆弱的时候攻击，宋军定会胜利。可是宋襄公没有接受他的提议，非要等楚军渡河之后，在岸边同样排好队形之后方可开战。这是为何呢？

宋襄公攻楚

宋襄公认为，他这样做，是遵循周礼中的战争规则，即敌人处于险地，不可乘人之危；敌军没有做好准备，不能偷袭。

或许他的这种做法很多人无法理解，就连宋国的人也觉得他过于教条。但是在当时的中原文化之下，特别是在宋国历史中，这种教条是相当必要的。这可以说是做人最基本的道义。这种道义，有时甚至是要用生命来维护的。即便是你死我活的战场上，诚信也是首要的准则。否则就算是大获全胜，也是胜之不武，被他人所不齿。

春秋时代的作战，如同一场表演一般，有固定的程序。作战双方都离不开礼的约束。例如，双方作战以车战为主时，首先要约定好作战时间，选择一处开阔的地点。待双方队伍到达后，各自列好队伍，敲响战鼓，战争方才正式开始。

这或许是春秋时期及之前特有的作战理念。春秋时期的军队，大多以贵族为主体，士兵和战车数量都不多，而战争时间一般也不会持续超过一天。因此，那时的战争，不会过于惨烈。而在战争过程中绝不会出现偷袭或是乘人之危之类的事情。人们在战争中要赢得光彩，不能赢了战争，输了品德。或者说，在春秋时期的战争中，作战双方更注重的是战争的过程，至于结果反而是其次。

据史料记载，当时作战中有几项是必须遵守的：

第一，不打不义之战。也就是说出兵打仗，必须师出有名，无缘无故的侵扰，是会被看不起的。

第二，不重伤。意思是说受过伤的士兵，躺在地上，就不可以再去攻击他。

第三，不擒二毛。看到头发花白的老年人，是不可以下手的。

这些规则如今看来的确有些可笑，可对于当时的人来说，却是最基本的规矩。这不仅是每个国家君王的要求，也是每一个士兵内心对自己的要求。无论战争胜与败，若是输在道德层面上，那才是彻底输了。

如果说宋襄公的这次失败并不难堪，但此次楚军的胜利，可谓是春秋时期战争的一个转折点。宋襄公所尊崇的礼仪制度并没有继续被推崇下去，反而是楚军这种功利性的作战方式更适合之后的战争。而周王朝多年来所建立的周礼，也在一点点被打破。

由绅士般的礼尚作战，到功利性作战，不知这是一种进步，还是一种倒退呢？

我们只是很明确地知道，楚国正是这种功利性作战的使用者和推崇者。他们没有时间和耐心去遵循周礼，他们要的，是快准狠地得到。若是楚人从一开始就尊重周礼，恐怕也没有楚国的今天了。

这场战争战鼓敲响的一刻，就以楚军的优势而持续着，直到宋军大败，宋襄公也在作战过程中不幸负伤。宋人埋怨宋襄公战术失败，但是宋襄公并没有因此后悔当时的选择。

一年之后，宋襄公因攻打楚国时所受的伤去世了，直到他临死前也没弄明白，一直站在道德制高点的他，为何没能实现霸主的夙愿。

宋楚之战的胜利，像是给楚成王打了一针强心剂。他对楚国的军事实力空前自信。他幻想自己可以像当年的齐桓公一样，称霸中原，对诸侯施以号令。于是他学齐桓公的样子，对众诸侯国发出邀请，提议会盟。

可是到场的诸侯代表当中，只有少数几个国力较弱的小国，并不见齐国、晋国等强国的代表。楚成王知道，这是诸侯们对自己的轻视。他的霸主梦，又一次破灭了。

养虎为患的懊恼

此时有一个诸侯国正迅速强盛起来，那就是晋国。

晋国是周朝分封的诸侯国，国君为姬姓，首任国君是周武王姬发之子，周成王姬诵之弟，后改国号为晋。

晋国位于中原较北边，与北狄为邻。正因如此，晋国视野开阔，国力富强。和楚国有着同样的情况，面对外面少数民族的不断威胁，晋人英勇善战，不畏强敌，有着很强的生命力。晋国国君晋文公是一代英才，不仅创造出一个强有力的晋国，还在齐国、宋国之后，接过了"尊王攘夷"这面大旗，肩负着维护中原文化的使命。

晋国已经成为楚国的第一大强敌。

在城濮之战的多年前，当时晋文公重耳还是一位懵懂的公子。他曾与楚成王有过交情。而后，就在各诸侯国都等待出头之时，晋国公子重耳悄悄地登上了历史的舞台。重耳幼时聪明好学，且喜好结交能人。为了以防在晋国被人暗算，重耳与幼时结交的好友狐偃、赵衰、颠颉、魏犨、胥臣等人连夜从晋国逃了出来。

重耳先是到了翟国，因为重耳的舅舅狐偃，就是出自翟国。翟人将刚刚在战争中俘获的两个姑娘送给了重耳。重耳娶了其中一个叫季隗的姑娘，生了伯鯈和刘叔，另一个姑娘赐给了赵衰。此时重耳得到了消息，之前在晋国作乱的骊姬被处死，众人想立重耳为国君，并派狐偃的弟弟狐毛到翟国迎接重耳。重耳推辞到："我当初违背父亲的命令逃出晋国，在父亲去世之时都没能在身前尽孝，我有什么资格来接受这个国君之位呢？你们还是另立他人吧。"

就这样，晋国夷吾继位，史称晋惠公。但他在位时违背了和其他国家的约定，并滥杀无辜，惹得晋人对这个君王十分不满。晋惠公唯恐重耳是他日后的隐患，派人去翟国追杀他。重耳因此不得不离开生活了十二年的翟国。他想，既然要在外漂泊，不如到大国去，对自己会有帮助。于是他和身边几人一同到了齐国。离开时，他对妻子说："若是二十五年之后我不回来，你就改嫁。"妻子笑说："要我等二十五年，恐怕我坟上的柏树都长很高了。不过我还是会等着你的。"

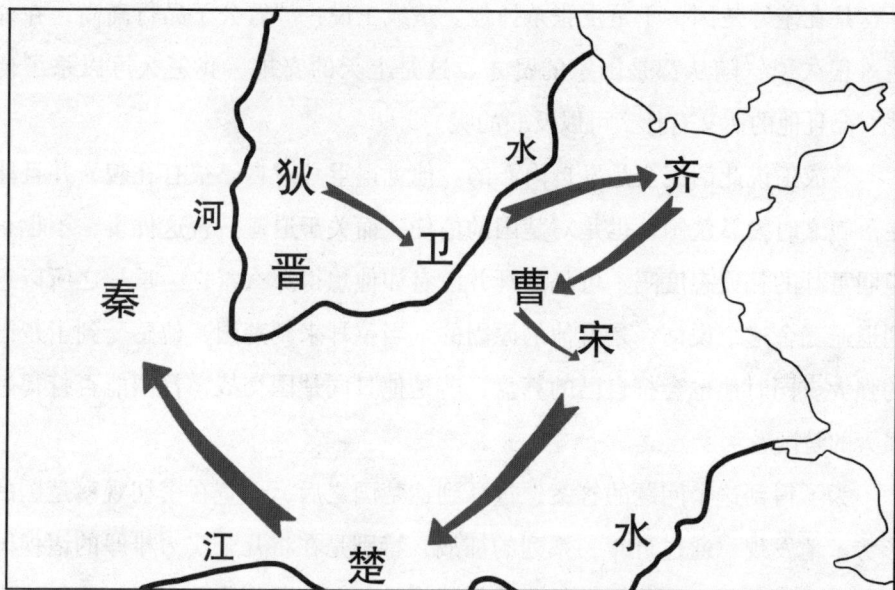

重耳逃亡路线图

重耳一行人先是到了卫国，卫文公见这些人穿着寒酸，没有认真接待他们。重耳又离开卫国，到了齐国。齐桓公热情地招待了他，并将同家族的一个少女齐姜嫁给了他，配送二十辆驷马车，重耳有些受宠若惊，决定在齐国居住。

这一住就是五年，重耳也在这五年的安逸生活中逐渐忘记了自己最初的志愿。狐偃等人见他这般不思进取，只好趁他不备时将他灌醉，用车载着离开了齐国。

之后，这一行人分别到了曹国、宋国、郑国，都因为各种原因没能久留。接着，他们来到了楚国。

楚成王用对待诸侯的礼节热情地招待了重耳，重耳亦是十分谦逊。在宴席上，楚成王问重耳："倘若他日公子能平安回到晋国，将怎样报答我？"机智的重耳想了想，回答到："假使不得已，万一在平原、湖沼地带与您兵戎相遇，我会为您退避三舍。"在一旁的楚国大将听闻此言很恼火，觉得重耳这是在羞辱楚国，于是主张杀掉他。楚成王说："晋公子品行高尚，在外遇难很久了，随从都是国家的贤才，这是上天的安排，我怎么可以杀了他呢？况且他的话又有什么可以反驳的呢？"

楚成王说此话完全是发自内心的。他觉得重耳对自己很有礼貌，并且能在落魄之时投靠楚国，也是对楚国的信任。而关于退避三舍这件事，不也正说明重耳的礼让态度吗？可是重耳并没有如他想得那么善良。重耳之所以想到退避三舍这个说词，是有他的原因的。当重耳来到楚国，他感受到了楚国的强大。同时他也会打自己的算盘：若是他日同楚国交战，晋国能否打得过强大的楚国？

为了得到这个问题的答案，重耳到达楚国之后，一直在密切观察楚国的形势。他发现，通过近年一系列的征战，特别是在将几个实力雄厚的诸侯国打败以后，楚国上下信心十足。他们就像是一个不断膨胀的皮球，胀得满满的却不自知。再看看那些满脸自足的将士们，他们恨不得立刻上马去打仗，一个个急于求成，实则根本没有稳下来。重耳想，若是以后真的要在战场上见面，或许可以利用他们这方面的短板，让他们尝尝溃败的滋味。

除此之外，重耳也考虑到，楚人长期生活在南方，与一些落后的少数民族为伍，根本不会遵循中原的礼节。之前在与宋军的对战中就看得出来，楚军在战场上是以结果为目的，为了胜利不顾其他规则。因此待以后两军对战之时，若是晋军还是为了礼节手下留情，就一定会被楚军击败。要想打败楚军，必须用同样的办法对付他们。

公元前637年，重耳到了秦国。秦穆公对重耳十分重视，将同宗的五个女子嫁给他。在双方宴饮之时，秦穆公直言会支持重耳回到晋国。

在晋怀公继位后，一直担心留在秦国的重耳带领秦军来晋讨伐，于是下令跟随重耳周游的日必须立刻回到晋国，否则将杀死他们整个家族的人。晋怀公更是因为此时杀死了重耳的外公狐突。

晋国几位大臣得知重耳在秦国，都暗中劝说重耳回去继位，并保证会借机帮助他上位。于是秦国护送重耳回到晋国，以示对重耳的支持。晋怀公听说秦军到来，赶紧派兵抵抗。可是晋国百姓听说重耳回来了，都不愿动用武力。可见重耳在当时就已经是晋国百姓期盼的国君人选了。当然，晋国内部也有一些大臣为了各自的利益不愿重耳回来。

在秦国势力的帮助下，重耳最终继位，成为了晋文公。同时晋怀公在逃亡的路上被重耳派人杀死。

城濮大战的教训

不久之后，楚国发兵进攻宋国。宋遂派人向晋国求救。晋文公因当年宋国国君待他颇为照顾，很想帮他一把。可是晋文公上位不久，也不想直接与楚国交锋。于是他想出对策，一方面先答应宋国的求救，并让宋国先去秦国和齐国，请他们出面与楚国交涉；另一方面在同一时间讨伐曹和卫，将他们的土地分一些给宋国，以弥补他们的损失。

楚成王得知晋国想要出手救宋，顿时觉得有些棘手。重耳这个人心思重，头脑灵敏，总是能观察到别人不会注意的细节，也总是能想出一些歪点子。于是，楚成王告诫楚国大将子玉，不可轻易与晋国交手，因为重耳这个人不容易对付，此人在外流亡十九年，什么样的大风大浪都见过，各诸侯国的状况都熟悉，不是一个简单的人物。

可是国君这样称赞他人，子玉反而不高兴起来。他与晋国大战一场的决心使他无法理智地判断这件事的状况，竟一意孤行地向楚成王请战。楚成王对他的做事方法并不满意，只给了他很少的兵力出战。

子玉派出使者告诉晋人，可以与他们做一个交换。倘若他们肯放过曹与卫，那么楚国就撤掉围困宋国的军队。可是晋国的做法是，将楚国的使者抓了起来，接着又与曹、卫两国达成协议，允许他们复国，但是他们要与楚国绝交。

晋国的这一做法让子玉怒不可遏，他立刻率兵向晋军袭来。可是晋文公下令要晋军后退，这引起了晋国将士的不解。晋国是由国君率队，可楚军是由大将率队，哪有君避臣的道理？可是晋文公坚持当年的承诺，退军九十里。

看到晋军后退，子玉以后是晋军怕了他们，赶紧趁机追上去。可是楚军不知，晋文公的这一信守承诺的行为，实则是一个完美的圈套。

首先，兑现了当初的承诺，就让晋国站在了道德制高点上，而楚国自然在道义上处于下风。其次，军队后退九十里，那么晋国在军队补给上就省了力气，却给楚军增加了疲惫。另外，楚军跑过这九十里，正好进入了晋国提前设好的圈套当中。

在楚军和晋军稳住阵脚，面对面击鼓准备开战之时，楚军信心大增，觉得这一战志在必得。战鼓响起，两军的战车同时发力向对方冲去。距离逐渐拉近时，楚军透过漫天的沙尘，远远望见晋军的战车前面，不是战马，而是老虎！

这一望可吓坏了楚军，他们从来没在战场上见过这阵势。这已经超出了他们所能抵挡的能力范围。于是楚军开始阵脚大乱，有的停滞不前，有的甚至有后撤的趋势。

这一片混乱正是晋军想要看到的，他们快速向楚军冲去。等到距离更近了，楚军才发现，原来晋军车前根本不是老虎，只是战马的身上披着虎皮而已。可是待楚军看清楚，已经无法重整队形继续作战了。

城濮之战就这样以楚军的失败而告终。机智的晋文公利用他在楚人身上学到的狡诈，反咬了楚人一口。这也是历史上第一次有明确记载在战争中使用诈术的例子，楚人也不再是在战场上唯一懂得耍滑头的国家了。

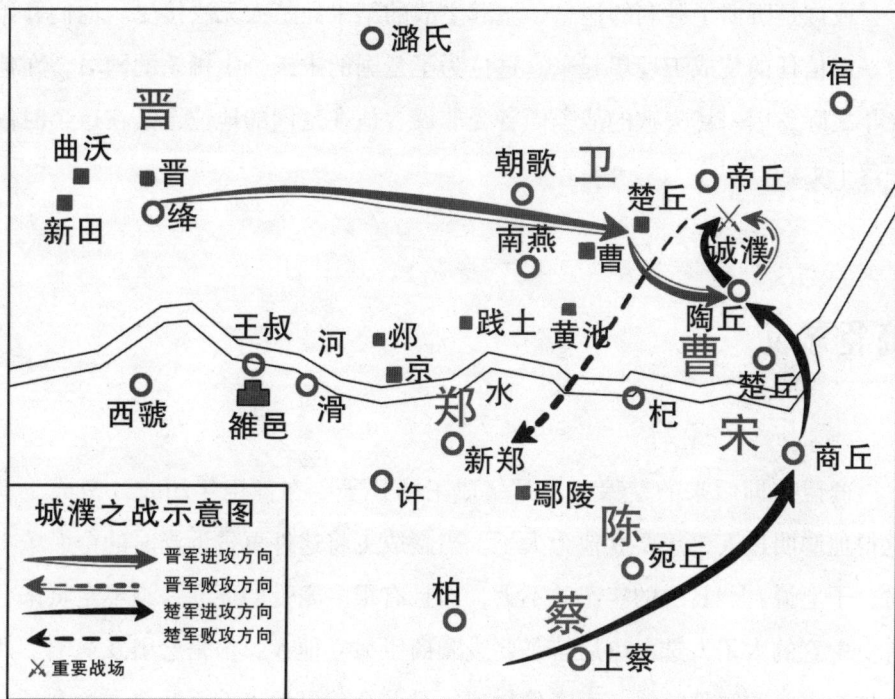

城濮之战示意图

城濮之战结束后，曾经依附于楚国的诸侯国都改投了晋国。楚国失去了往日的地位，眼看着晋国的势力一天天扩大，自己却无能为力。

从此以后很长一段时间，以晋国为核心的政治新秩序逐渐形成。晋国，成为了众诸侯国争相讨好的对象。这个位置是楚国多年来梦寐以求的，可是如今近在咫尺，却无论如何也得不到。这次战争虽然没有对楚国国力造成太大的损失，但却在心理上给了楚国一击重创。相反的，在此次战争中，晋文公的地位一跃而上，成为了新一代的霸主。

楚国向北扩张的步伐就此停滞，在很长一段时间里，它都没能再扳倒实力雄厚的晋国。或者说，晋国也同样没有动摇楚国的地位。两个国家就这样持续对峙了百年之久。

　　或许是听惯了胜利的消息，城濮之战的结果让楚人无法接受。他们开始对一向信任的楚成王埋怨起来。这位为了楚国的未来一生拼杀的国君，在他晚年之际，因一场失败的战争而备受非议。他在楚国的地位也是在这个时候一落千丈。

商臣弑父

　　商臣，即后来的楚穆王，是楚成王的长子。在商臣年幼时，楚成王就觉得他聪明过人，想要立他为太子。当楚成王将这件事告诉当时的令尹子上时，子上说："君王的年纪并不大，而且有很多宠爱的妻妾，说不定将来会有更中意的太子人选。事后若是要废黜商臣另立他人，怕是会引发祸端。商臣这个人，眼睛像胡蜂，声音像豺狼，是一个残忍的人，不适合立为太子。"但是楚成王依然疼爱这个儿子，最后决定立他为太子。

　　后来，楚成王又改了主意，他想废黜商臣，改立王子职为太子。商臣听到了这个消息，但还不是很确定。他问他的老师潘崇说："怎样才能得到确切的消息呢？"潘崇告诉他："你设宴招待楚成王的妹妹江芈，故意对她表示不尊敬。"商臣听后，觉得确实是个好办法，于是照办了。果然，江芈因此大发雷霆，她指着商臣吼到："贱东西，难怪国君要杀掉你而立王子职为太子。"就这样，自己将被废黜的消息得到证实。他气急败坏，却不知下一步该如何。潘崇问他："你能侍奉王子职吗？"商臣摇头。潘崇又问："能逃亡出国吗？"商臣还是摇头。潘崇最后问："能发动政变吗？"商臣回答："能！"

　　于是就在这一年秋天，商臣率领宫中侍卫军包围了楚成王。他不止要求自己的父亲退位，更要逼迫父亲自杀。楚成王自知无力回天，只是央求儿子，可否让自己吃完一顿熊掌再走。商臣清楚这是父亲想要拖延时间，因此没有答应。至此，一生戎马的楚成王，被自己的儿子逼迫上吊而亡。

楚成王这一生，得到过太多的荣耀。他曾是楚人心目中的神。在他出生之后，他已经完全接受自己就是南蛮，并且他十分看不起中原封闭死板的周礼文化，他讨厌规则制度，他认为蛮力即可征服这个世界。他一直没有想明白的是，为何中原人要用生命来维护礼仪制度。或许在他临死前的一刻，他才会想通吧。

商臣继位后，对帮助他成为太子的潘崇十分敬重。他将自己做太子时的房屋财物都赏赐给潘崇，任命他为太师，掌管国事军事。商臣在位的时候，与晋国曾有过几次交手。

楚穆王二年，楚国军队想要攻打江国。晋国出兵帮助江国抵抗楚国的进攻。这场仗直到第二年秋天，楚国趁秦国与晋国交战之时，趁乱将江国灭掉。之后的一年，秦国出兵攻打郢都。楚穆王则决定迁都，史称上郢。

公元前621年，晋国国君晋襄公去世，晋国局势一片混乱。最后众人拥立晋襄公之子夷皋为国君，即为晋灵公。但由于晋灵公年幼，由大夫赵盾主持国事。当时的晋国仍然处于不可动摇的位置上，因此即便是大夫当政，也丝毫没有影响晋国的发展。在第二年，赵盾更是联合了齐、宋等诸侯国进行会盟。大夫毕竟不是国君，楚国看到这种形势，认为夺取中原似乎有机可乘。

三年后，一直觊觎中原的楚国跃跃欲试。楚国大夫范山对楚穆王建议到："晋国国君如今年少，心思不在于称霸诸侯。北方此时可以图谋。"楚穆王不知道自己能否成就楚国的千秋霸业，但何不试一试呢？于是决定出兵攻打北方诸侯国。他将郑国列为北征的第一个目标。成功后，他囚禁了郑国的公子坚、公子龙和乐耳，迫使郑国与楚国讲和。此时宋国和卫国等国的救兵赶往晋国救援，但还是晚了一步，没有碰到楚军。也是在这一年，由于陈国归附于晋国，引起楚国的不满，楚穆王下令攻打陈国。虽然最后陈国得胜，却担心楚国以后伺机报复，还是与楚国讲和了。

公元前617年，楚国大夫子西和子家策划杀害楚穆王。楚穆王提前得知了这个消息，诛杀了二人。这件事之后，楚穆王的统治地位更加不可撼动。

在战乱年代，没有永远的朋友，也没有永远的敌人。也是在这一年，楚穆王联合陈国国君陈恭公、郑国国君郑穆公以及蔡国国君蔡庄侯一起出兵攻打宋国。这一次联合出兵，可谓是历史性的联合。楚国国君已不是被中原看不起的蛮夷，反而可以作为联合军队的统帅站在历史的舞台上。而这一次出兵的结果，是宋昭公被迫请求讲和，亲自带领楚穆王打猎。并且此次事件之后，宋国、郑国、陈国等中原诸侯国开始依附于楚国。

这可以说是楚穆王一生中最辉煌灿烂的时期！

公元前614年，将楚国的势力范围进一步向江淮地区推进之后，楚穆王去世。之后，其子熊侣继位，是为楚庄王。

第三章
霸主·问鼎中原的气魄

　　少年楚庄王在继位的前三年，每天沉醉于声色犬马之中，完全不理会朝政。其实当时国家的权力也和他没有太大的关系，而是掌握在楚国几个主要的大臣手中。一位大臣对楚庄王觐见到："大王，南山之中有一只怪鸟，体型巨大，如同传说中的大鹏鸟一般。可奇怪的是，三年之中，这只大鸟始终伫立在树枝上，不飞也不鸣。"楚庄王沉思了片刻，抬起头，用低沉的声音对这位大臣说："我看啊，这只大鸟不飞则已，一飞冲天；不鸣则已，一鸣惊人。"

一鸣惊人楚庄王

　　弑父继位的楚穆王只做了十二年的君王，这期间虽然他在外交方面做出了一些进步，但当年在城濮之战中的失利，始终像一个诅咒一般，盘旋在楚国上空。不仅楚国人自己无法忘记那一次巨大的失败，中原各诸侯国，就连外界一些少数民族建立的落后的国家，都不把楚国放在眼里。在他们看来，楚国是一个谁都可以欺负一下，骚扰一下，甚至羞辱一下的弱势国家。当时的楚国，一直处于内忧外患之中。

　　所说的内忧是指，楚穆王过世之后，留给他的接班人的，是一个局势动荡、政治混乱的楚国。楚国从上到下每一个人都在为自己做打算，完全没有齐心协力的气氛。所有掌权的人都打着自己的小算盘。而外患，一方面来自于中原地区，特别是晋国对楚国的威胁。楚国始终活在晋国的阴影之下，不得翻身。加上周边一些少数民族国家常常对楚国进行挑衅，使得楚国不堪其扰。

　　这种种忧患，都扛在少年楚庄王一个人的肩上。那么，这位楚国历史上最有影响力的国君，是如何面对的呢?

　　在《史记·楚世家》的记载中，楚庄王的出场，可谓是一段传奇。少年楚庄王在继位的前三年，每天沉醉于声色犬马，完全不理会朝政。其实当时国家的权力也和他没有太大的关系，而是掌握在楚国几个主要的大臣手中。此时的楚庄王只是个空架子，名誉上的君主而已。他似乎对楚国的未来并不感兴趣，他感兴趣的，只是看看歌舞，赏赏美景，品品美食，享享美女而已。看到国家这种情况，一些有志之士实在看不下去，开始向楚庄王觐见，规劝楚庄王用心朝政。

一位大臣对楚庄王觐见到："大王，南山之中有一只怪鸟，体型巨大，如同传说中的大鹏鸟一般。可奇怪的是，三年之中，这只大鸟始终伫立在树枝上，不飞也不鸣。"楚庄王沉思了片刻，抬起头，用低沉的声音对这位大臣说："我看啊，这只大鸟不飞则已，一飞冲天；不鸣则已，一鸣惊人。"

一鸣惊人楚庄王

少年楚庄王可不是一个寻常的孩子，他也不想成为一个游戏人生、醉生梦死的糊涂君王。他深知楚国如今政治局势混乱，各种势力盘根错节，加上国外各种势力的威胁，这些都不是他一个少年能够应付的。而他目前所能做的，就是保全自己的位置，装作对政治不管不问，只贪图享乐，今日不知明日事。

或许是出生于君王之家，楚庄王从小就很擅长观察环境的变化，包括洞察人心。在他还不清楚自己该如何走出困局之前，他要韬光养晦。每日看他心不在焉地活着，实际上他一直在暗中观察着楚国上下所有人的一举一动。

哪些人在做着损害楚国利益的事情，哪些人是将来可以重用的人才，哪些人当面一套背后一套，哪些人是愿意用生命去捍卫国家的忠臣。所有的细节，都被楚庄王一一看在眼里。与其用蛮力硬拼，不如用巧劲降服。

在他不理朝政的三年，掌握着楚国权力的贵族大臣逐渐放松了对楚庄王的警惕。他们以为，这只是一个胆小懦弱、胸无大志的角色，对他们不会产生任何威胁。他们以为自己可以一直大权在握，没想到这种局面，很快在不久之后的一场危局中被打破了。

公元前611年，一场重大的自然灾害在楚国蔓延开来。连续多年的干旱，使得楚国土地干涸，粮食颗粒无收，饥饿成了这个国家首要的问题。可是当地的官吏不仅没有开仓放粮与百姓共渡难关，反而借此机会压榨百姓。楚国国内民不聊生，不少百姓迫于生活的压力选择逃离楚国到其他国家要饭。

危局之中最令人担心的，就是其他国家趁乱骚扰。而西部的几个少数民族，早就对无人做主的楚国跃跃欲试，这时正好在邻国庸国的带领下，联合起来发动了对楚国的进攻。正所谓"屋漏偏逢连夜雨"，楚国的局势岌岌可危。

楚国上下，人心惶惶。所有人似乎都对这个年轻且无能的君王不抱任何期望。他们只是建议楚庄王迁都避难。这个时候，恐怕也只有躲，才能避免这场危机。

然而令所有人都始料不及的是，楚庄王没有选择逃避，他向大臣们宣布，他将亲自带领军队出征，平定这场叛乱。

这一消息，在大臣们看来，简直是一个笑话。在他们眼中，楚庄王是一个手无缚鸡之力的少年，况且从他继位后这几年的表现来看，他完全没有军事才能，恐怕连打架的勇气都没有。如今这个君王竟然要率兵降敌！

而真实的楚庄王，又怎么会是他们这等人能够看得懂的。这个少年老成的君王，在歌舞升平的几年之中，已经在心里下了很大的一盘棋。楚国的一切，甚至中原的一切，都早已在他的脑袋里翻腾了千百遍。看似懦弱无用的少年，就要一鸣惊人了！

楚庄王最终带着还在将信将疑中的楚军出发了。在这次带兵的过程中，他展示了令人难以想象的军事天赋，令庸国以及联合出兵的几个少数民族部落，甚至包括楚国上下，都瞠目结舌。他心里清楚，庸国定会以为自己带兵没有经验，楚军一定会自乱阵脚，没了主意。因此在作战之时，楚庄王带领楚军一边抵抗对方的进攻，一边假装作战吃力而后退。这一下，庸国军队更是来了精神，步步紧逼地追着楚军打。另一方面，楚庄王派人去请秦国和巴人派兵救援。秦国和巴人的军队出兵从庸军的背后进攻，使庸军顿时没了招架之力。

这一仗，楚军不仅保卫了自己的领土，甚至一口气将庸国灭了个一干二净！这件事也给后人留下了一个警示：做人要安分，否则一味的庸人自扰，只会自取灭亡。

到这时候，众人才看清楚了这个只有二十岁的君王。他从小就没办法像其他孩子一样，享受童年，不能任性地虚度光阴。因为他随时都要承担起一个国家的命运，因此他一刻都不能放松。他从小听过太多因君王无用而被灭国的故事，他不想做一个亡国之君，他要楚国在他的手中强大起来。这是他对自己的要求，更是命运给他的使命。

这次带兵出征之后，楚庄王的无能形象被瞬间推翻了，楚国的地位也与日俱增。这种形势令楚庄王开始坐不住了，他大胆地假设，或许有一天，称霸中原的梦想会在自己身上实现。

楚国称霸，逐渐有了可能性。

想要实现这一宏伟目标，最大的劲敌还是晋国。楚国需要进一步向中原地区进攻。那么首当其冲的，就是在楚国领土与中原交界位置上的一些少数民族。由于这些地区管辖权较为混乱，常常处于弃管状态，因此混乱不堪，常有抢劫之事出现。公元前606年，楚庄王先在这里小试了一把牛刀。这也是楚庄王进入中原的一个开端。

　　这是一个被称为"陆浑之戎"的少数民族。陆浑国建于公元前683年，是陆姓的发源地。陆浑之戎是允姓戎的别部，在西周末年与申侯一同杀掉了昏庸的周幽王。小小的一个部落，如何能抵抗得住强楚的进攻？这场争斗毫无悬念地以楚国的胜利而告终。可是在凯旋而归的时候，满心充斥着胜利喜悦的楚庄王并没有立刻下令回国，而是率军来到了周王朝的都城附近，洛阳之滨。

　　这座威严的城市，就像一道屏障，将世界隔成两半。楚人几百年来为了越过这道屏障，不知流过多少血泪。楚庄王站着的位置，与周王朝都城洛阳，仅仅一水之隔。这种近距离的观察，让他想到自己的祖先，他们曾被傲慢的中原人赶到南方，过着奔波流浪的日子。楚人最初或许只是想得到认可，只要不被视作蛮夷便可，可这简单的要求都没有得到满足。那些为了重回中原而献出生命的一代代的楚国君王，他们的生命是那么宝贵，穷尽一生征战沙场，最后也没能实现理想。楚国百姓，也是一代接着一代地怀揣着美梦，心里憋着一口气。不知道他们是如何告诉自己的子孙，将来一定要完成这个梦想的？

　　楚庄王叹了一口气，他回头看了看站在他身后的楚国将士们。他们跟着君王浴血奋战，不畏强敌，他们想要的都是同一个未来。这个未来，楚庄王能给他们吗？

　　楚庄王希望，曾为楚国的梦想献出生命的人们，此刻都能给他一份力量，让他坚持下去。但愿从祖先就开始拼尽全力想要得到的，在他此生得以实现。想到这里，楚庄王忽然产生了一种报复的情绪。就算暂时不能将你灭掉，我也要向你示威，吓唬吓唬你！

　　于是，年轻气盛的楚庄王下令，楚军将在洛水的南岸，举行阅兵仪式。这场阅兵，与洛阳近在咫尺。他要中原人都看到楚国军队的强大，要他们感受到楚人心中的愤怒。他要中原人因楚国的强盛而寝食难安，让他们也尝一尝恐惧的滋味！

楚庄王想要问鼎中原的野心，是丝毫不加掩饰的。他想要天下人都知道他要做什么。他的这种霸气，果然震慑到了河对岸的周王朝。周天子惊慌之下，不清楚楚军究竟要做什么，赶紧派大臣前去一探虚实。

大夫王孙满临危出城，以慰劳楚军将士为名拜见了楚庄王。

两人明一句暗一句地聊了一会儿，楚庄王问了这位老臣一个尖锐的问题：象征着周王朝统治的九只巨鼎，到底有多重？王孙满心里清楚，楚庄王这是在觊觎周王朝的天下。表面上询问巨鼎的重量，实则是在讥讽周王朝的实力如今已经并不稳固了。

王孙满的回答是：九只巨鼎体积过大，无法称重。楚庄王也读懂了对方话里的意思：周王朝的统治不会动摇半分，更不是你们这等蛮夷之国可以撼动的。

楚庄王对于他的回答很不满意。此时的楚庄王有些心浮气躁，他急于向自己的对手炫耀一下楚国的军事实力。他指着在不远处站着的楚国士兵说："只需要把楚国兵戟上的铜钩都折下来，就足够铸成九只鼎。"面对如此霸气的挑衅，王孙满毫无惧色，他盯着眼前这个有些浮躁的年轻人说："能否拥有天下的统治权，在德不在鼎。"这一句话，说得楚庄王哑口无言。

王孙满的回答，既是对周天子的赞颂，称其以德治天下，同时也是对楚国的讥讽。一个蛮夷之国，靠诈术和蛮力扩张至今的国家，怎么可以和周王朝相提并论。

一向快人快语、反应灵敏的楚庄王，这一次再也说不出话了。虽然和周天子派来的大臣立场是针锋相对的，甚至两人说的每句话都暗藏玄机，可是王孙满这句话令他无法再狡辩或者争论。王孙满的回答在他的脑海中久久不能散去。在认真地考虑过这句话的含义之后，他没有憎恨王孙满，反而对他所说的这句话深以为然。

楚庄王忽然明白了一个道理：周王朝的统治，抛开建立之初的鼎盛时期不谈，多年前就开始摇摇欲坠，企图称霸中原的君王换了一茬又一茬，却始终没有人能够真正推翻周王朝的统治。究其原因，最主要的还是因为周王朝有一套系统的文化体系。这套体系就像能将人洗脑一样，深深地植入每一个人的思想之中。包括所有的诸侯国，无论各诸侯势力再强大，他们都能够遵守周礼，不敢逾越。这就是为何周王朝能将如此众多的人口，如此混乱的局势一直掌握在手心里的根本原因。

再反观自身，楚国虽然近些年国力不断增强，作战能力令各诸侯国闻风丧胆，但是没有一个诸侯国是真心实意地归附于他们。这些国家害怕的是被灭国，而不是因为楚国的文化而归顺。对于别国来说，楚国始终没能改变蛮夷的身份。甚至在他们眼中，楚国就是落后和野蛮的代名词。如果用武力去征服一个国家，那只会是暂时的征服。想要从根本上让一个国家臣服，还是要征服他们的人心。在这一点上，恐怕楚国还没有这个能力。而这个能力，也根本不是一蹴而就的。

深知暂时没有办法进攻中原的楚庄王，只好灰头土脸地率军返回了楚国。

一代令尹孙叔敖

回到自己的土地，心思沉淀下来的楚庄王，认真地反思了楚国目前的短板。楚庄王仿佛在敌人的眼中看到了自己，简直就是一个粗鲁的野人。而敌人的眼神中，除了恐惧，再无其他。楚庄王想要得到的不是恐惧，而是发自内心的归顺。可是要他们承认楚国，实在是比登天还要难的事情。

楚国与中原的差距还真不是一点半点。首先，在语言方面，楚国的语言与中原语言完全不同。中原使用的语言叫作"雅言"，也就是现在的普通话。这种语言是中国历史上最早的古代通用语，其音系为上古音系。在周朝以后，随着国都的不断迁徙，雅言的基础方言也随之修正。自从周平王迁都洛阳，洛阳的语言就成了这之后各朝代雅言的基础。可以说当时的普通话都是以洛阳话为标准音的。而楚国当时所用的语言，是楚言。这与中原的雅言是截然不同的。

另外，在风俗习惯方面，楚人的很多习俗都与中原地区有很大区别。像我们之前提到过，楚人认为凤是百鸟之王，是最值得尊敬的。但在中原扮演这个角色的却是龙。

诸如此类的区别使得楚国看上去完全不是一个文明的国家。但更致命的，还是楚国从来不遵循礼法。他们为了达到目的，总会做出一些有违周礼、大逆不道的事情，这是最让中原人无法接受的。几百年来在中原建立起来的文明，怎么能被一群粗鲁的蛮夷任意践踏呢？

中原王朝遵守礼仪秩序，重视血缘关系。可再看看楚国，弑君上位的有之，作战使诈的有之。这些不堪回首的历史，都是楚人不被认可的原因。就连楚国的不断扩张，都被中原人认为是十分野蛮的行径。因为在中原人的思维里，战争的目的是让对方遵守制度，而不是想要杀戮或者灭掉这个国家。可惜楚国在扩张的道路上，一直是以吞并为主的。

楚庄王看清楚了这些问题，也对之前和王孙满所说的话感到羞愧。他终于知道，原来从楚人的祖先开始，经历了几代优秀的君王，但他们的方向都是错的。他们始终举着有力的拳头，是赢不回来一个霸主地位的。想通了这个问题，楚庄王不知是该轻松，还是该难过。他找到了楚国的出路，却困惑于如何才能将楚国带上这条光明大路。

就在楚庄王对楚国的未来一筹莫展之时，一位足智多谋的人物从天而降，他为楚国的发展理清思路、铺平道路，为楚国后来的称霸奠定了基础，他就是后来楚国的令尹，孙叔敖。

相传孙叔敖幼时就是个十分善良的孩子。有一次他在玩耍之时看到一条长着两个头的蛇，虽然害怕，但还是将蛇杀死埋了起来。回到家后，他想起这件事便痛哭不停。母亲问他所为何事，他说："我听说看见长着两只头的蛇的人必定要死，刚才我看到了一条长有两头的蛇，所以害怕我会离开母亲而死去。"母亲问他蛇在哪里，他抽泣着回答："我担心别人再看到它会遭遇不测，赶紧把它杀掉埋起来了。"他的母亲对他说："我听说积有阴德的人上天会降幅于他，所以你不会死的。"因为这件事，在孙叔敖还没有担任任何重要职位之前，他心善的好名声就已经被楚人所熟知了。

孙叔敖的父亲在当时是楚国贵族，不幸被人陷害，后幸好有贵人相助，其子蒍敖与妻子被恩公收留，这个孩子改名为孙叔敖。这期间孙叔敖跟着恩公学到了很多知识。之后淮河频发洪水，孙叔敖主持修建了中国历史上第一座水利工程，称为芍陂。这个工程用了三年的时间，孙叔敖也为此倾注了所有家财。后来又修筑了安丰塘等大量水利工程，在治水方面有很大的贡献。如此德才兼备的人，势必有很多人会推荐给楚庄王。后来，孙叔敖被邀请帮助楚庄王治理国家。上任没多久，楚庄王就被他的胸怀和才干所折服，破格提拔他为楚国令尹。

孙叔敖是一位以民为本的令尹，他做任何决定都是以百姓的实际生活为出发点。他认为，民是一国的根本，如果一味地追求领土的扩大，而使国人民不聊生，生活在水火之中，那样的国家再强大也是没有意义的。他是修水利出身，因此在他成为令尹之后，先是用水利带动农业，形成了一套南北灌溉的网状系统。农业的大力发展，给楚国的扩张奠定了坚实的物质基础。

另外，孙叔敖制定法律法规，积极发展楚国的经济。既然不能一口吃个胖子，不如继续韬光养晦，强大自身，静待时机。若楚国像虚幻的泡沫一样畸形生长，即便真的有一天能够称霸中原，这个空架子也会因为任何一个微不足道的原因瞬间崩塌。

如果说，楚庄王的霸主野心、军事天赋以及领导才能是能够带动楚国腾飞的一只翅膀，那么，孙叔敖作为令尹时所做的一系列改革、对民生的重视以及对楚国文化的大力发展，就成为了楚国的另一只翅膀。这二者缺一不可。

一代令尹孙叔敖

　　一静一动，一文一武，楚国的国力在平稳中迅速成长起来。看着市井繁荣、百姓生活富足、军力实力强大、文化逐渐深厚的楚国，楚庄王称霸的野心又一次复苏了。

距梦想一步之遥

　　为了能让楚国从根本上进一步地与中原靠拢，楚庄王在楚国从上到下进行了一系列改革，包括从法律法规入手，规范楚人的行为。这里所说的"规范"，即让楚人都遵守礼法，行为更加妥帖，摒弃之前的蛮夷之气。其中比较有名的一个叫作"茅门之法"。

　　这个茅门之法规定，群臣和公子们到宫廷来朝拜君王时，不可以飞扬跋扈，目中无人。要谨慎小心，举止得当。若是谁的马蹄踩到了茅门外的水，就由专门的法官将车辕砍断，车夫也要处死。

这一规定颁布之后，很多人提出异议。散漫惯了的楚人，哪里学得来中原人礼让谦逊那一套，用如此苛刻的制度要求他们，实在是为难了些。可是楚庄王一严到底，任谁也不可以违背他的规定。有一次太子入朝拜见父王，马车行得飞快，将门外的泥水溅得到处都是。法官没有管他是天子还是忠臣，照例砍了车辕，斩了车夫。

自己的车夫被处死，太子觉得太没面子，遂找到楚庄王，要求父王处死法官。楚庄王听后严词拒绝道："法令是用以敬宗庙尊社稷的，因此凡是能立法守法，尊敬社稷的，都是国家应该器重的臣子，这样的人怎么可以把他处死呢？违犯法律，不听从命令，不尊敬社稷，那就意味着臣子凌驾在君王之上。臣子凌驾在君王之上，那么君王就失去权威；下面的人喜欢计较报复，那么上面的君王就会受到威胁。权威丧失，君位危险，国家就会保不住。那时我拿什么留给子孙后代呢？"

楚庄王的语气虽然温和，但这些话却像刀子一样，戳得太子无地自容。他立刻跑出门去，在外面露宿了三天，朝向北面不停磕头，以求死罪。父王拼尽全力在拯救楚国，他却做出此等愚笨之事，实在无颜再见楚国百姓。

从这件事上我们能够看出，楚庄王下决心改革，真的不是说说就算了。下至平头百姓，上到大臣太子，无一例外，都必须遵守法规。这件事渐渐传到了中原众诸侯国，楚庄王的刚正不阿和说到做到获得了众诸侯的一致认可。

之前的楚人，一方面十分记恨中原人称自己为"蛮夷"，一方面又不愿学习中原的先进文化，始终活在这种纠结当中。从楚庄王开始，他能够正视自身的不足，积极向中原学习，这是一个非常大的进步。能够看到自己的短板，又能学习敌人的优点，这样的国家，怎么会不发展壮大呢？

除了在制度方面的改革，楚庄王还下令让楚国的大臣贵族们从背诵中原的经典篇章开始学习中原文化。不久，在楚国与中原诸侯国的外交场合中，楚国大臣已经可以引用《诗经》等经典与其他人谈天说地，侃侃而谈了。此时的楚国，在中原人眼里，慢慢地塑造出风度翩翩的形象来。

如此一番的学习与交涉，楚国的确有了很大的改变。可是楚国越是进步，不能称霸的痛楚就越是折磨着楚庄王。他不甘心，不愿就这样度过余生，他的宏大志愿，催促他再搏一次。这些年，晋国在中原的地位丝毫没有动摇过，他们等的，或许就是楚国这样的强国与其一争高下。

楚庄王十三年，晋国出现了政治上的动乱。晋国元帅赵盾突然病危。晋国国君晋灵公残暴至极，不得人心。多年来畏惧赵盾的权势，算是有所收敛。但赵盾清楚，晋灵公始终想找机会除掉自己。赵盾的弟弟赵穿清楚，必须在哥哥离世之前除掉晋灵公，否则以后遭殃的不止他们兄弟二人。就这样，晋灵公死在了赵穿的刀下。

赵盾在咽气之前，选了一个折中的办法，他选择了忠厚老实的荀林父作为接班人。这个人属于中立派，一直远离派系斗争。由他来继任这个位置，谁都不会反对。于是晋国元帅交接顺利完成，表面上看起来并没有任何变化。

可是当这个消息传到楚庄王这里，他嗅到了机遇。他与孙叔敖都认为，与赵盾相比，荀林父可以说是个软柿子，他的上位没有引起晋国内乱，但却大大削弱了晋国的实力。楚国应该趁此机会讨伐晋国。

从当时的大环境来看，楚国的确有争霸的资格。齐国在齐桓公去世之后，国力一直在走下坡路。晋国的晋文公此时也去世了十多年，晋国一直没有出现能替代晋文公的人物。中原所有的诸侯国中，此时都没有能够争霸中原的雄才大略之人。可以说，历史为楚庄王制造出一个空缺，来成就他的争霸之梦，楚庄王没有辜负众人的期望。

可是想要伐晋，一定要借道郑、陈、宋三国。若是这三国不肯借道，就只好兵戎相见。这样既费了时间，又费了力气。但要想征服晋国，前面的这些障碍是非扫平不可的。怪只怪他们位置不好，成了晋国与楚国之间较量的牺牲品。

楚庄王不希望再被中原看不起，他想要出兵北伐，但是又师出无名。若是就这样贸然出兵，将来与晋国交战，又不占理。要是之前的楚庄王，才不管这些礼法规则，谁能打赢谁就有本事。可是现在不一样了，他必须做给中原人看，也要做给手下的楚国将士和百姓们看。正在纠结之时，机会来了。

陈国突然乱了起来。公子夏征舒杀掉了陈灵公，自己做了陈国之君。陈灵公的儿子午赶紧逃到晋国请求救援。而陈国大臣孔宁却跑到了楚国，请求楚庄王能够派兵赶走夏征舒，救陈国百姓于水火之中。这岂不是干扰陈国政局的最好机会！楚庄王表面上说，陈国内政乱了，楚国不能坐视不管，内心则欣喜若狂。他终于可以堂堂正正地出兵伐陈了！

而晋国国君晋景公也派荀林父率兵前往陈国，以他的地位，绝不能允许奸臣做盟国的国君，否则这个先例一开，以后谁还听他晋国说话？

可是等晋国军队刚刚出了晋国边界，荀林父就下令停止进军。他想，既然楚国也派兵前往，那么一定会与晋国军队碰面。这些年楚国一直信誓旦旦地要消灭晋国，如今岂不是给了他们机会？何况晋国根本不想在这时候与楚国有正面冲突。因此，晋国没有去陈国解决这件事。

楚庄王自然盼着晋国能出兵救陈，这样就可以借机会与晋国交手。可惜晋国的撤兵让他的希望破灭。孙叔敖劝慰楚庄王说："大王别担心，与晋国这一仗迟早要打，而且不会比城濮之战规模小。"

到达陈国，楚军三下两下就活捉了夏征舒。下一步就是如何处置陈国的问题了。按照惯例，楚庄王应该是占领陈国，改陈为县。这时大臣申叔提议，让陈国复国。他举了一个例子：一个人的牛吃了你的庄稼，你只要惩罚他就可以了，何必非要把他的牛抢过来变成你的呢？他的意思是说，想要征服一个国家，只需要它臣服就可以了，不必非要将它灭掉。楚庄王觉得他说的有道理，于是下令将夏征舒五马分尸，由孔宁暂时主持陈国事务，再派大臣到晋国边境接陈国太子午回陈国继位。

对于楚庄王处理陈国的做法，中原众诸侯全都刮目相看。他们没有想到，楚国在礼法制约方面竟然进步得如此迅速。楚国，已经不是曾经那个野蛮落后的蛮夷之国了，它由一个蛮力之国变成了守礼法、懂进退的礼仪之国。

可是换句话说，这样的楚国，是不是更让人惧怕呢？

公元前597年春天，经过了一个漫长冬季的休整，楚庄王决定出兵伐郑。郑国位于楚国与晋国之间，若能降服郑国，就可以封锁晋国南下之路，从而离控制中原又近了一步。况且这些年，郑国就像墙头草一般，时而投靠楚国，时而又与晋国打得火热。总之哪国国力稍强，他就赶快投怀送抱。楚庄王对没有雄心没有胆魄空有一身架子的郑襄公十分看不起。他打算着，他日一定要好好羞辱一番这位郑国国君。

于是，楚庄王以郑国背楚向晋为由，出兵讨伐。楚庄王亲率大军，命令尹孙叔敖将中军，子重将左军，子烦将右军。此次北伐，楚国可谓倾巢出动。这是楚国建立以来，规模最大的一次进军。楚人将楚国的未来，全部都压在这上面。楚庄王觉得，这一次的北伐，楚国占尽了优势，争霸的梦想似乎越来越近了。

一路飞奔至郑国境内，攻破郊关，楚军不费吹灰之力，成功到达郑国国都新郑。楚军在新郑四周筑起长堤，准备攻城。郑襄公见状，连忙派人去晋国报信，要晋国赶快派兵前来增援。他还下令郑国士兵和百姓坚守城池，一定要等到晋军援兵抵达。

楚国军队四面攻城，一连打了17天，都没有攻下来。郑国城内已是满目疮痍。正在这时，郑国都城城墙的东北角忽然无缘无故地塌陷了十几丈宽。城内百姓听说城墙倒塌的消息，觉得这是天要灭郑国，无不惊恐万分、哭天抢地，一时间哭声喊声不绝于耳。城墙倒塌，郑军定是来不及修复，楚国这时发动进攻，不需多时就可将郑国攻破。楚国将士纷纷建议楚庄王赶快发号施令，出兵强攻。

楚庄王听到郑国百姓的哭喊声，心中不忍。他无法在这个时候出兵攻郑，因为他要的，不是将郑国灭掉，而是要郑国的服从。楚庄王下令，军队后退十里，留出一些距离，让郑国修好城墙后再继续攻城。身旁的将士不解，放着如此合适的时机不去作战，还要等他们修城墙，这岂不是多此一举？

楚庄王的回答是："现在郑国人已经知道我楚国军威，不知我德。郑城危急，我退师十里以示德，看郑人是投降还是抵抗，再做决定。"

这是楚庄王给郑襄公的一次机会。如果郑襄公能停止抵抗，投降归顺楚国，楚庄王也不想再继续打下去。两国实力悬殊，一味应战，受苦的只有无辜百姓。而且，楚国不想再用武力灭掉任何一个国家，而是希望他们能够臣服于楚国，发自内心的归顺。

可是郑襄公没有领悟楚庄王的意图。手下士兵来禀报，说楚军后退了十里的距离，在那里安营扎寨起来。郑襄公一下子来了精神。他认为，一定是晋国援军马上要到，楚军担心兵力薄弱无法与之相抗衡，自动放弃此次进攻了。他得意地想，当初背叛楚国改投晋国，真是明智之选。晋国到底还是实力更强一些，连狂妄的楚国都惧他们三分。

在郑襄公为自己的正确选择洋洋自得之时，楚庄王还等着他打开城门，投降归顺呢。可是等了几日也不见郑国有投降的意思，反而看到郑国士兵忙着加固城墙，修复破损。看来，他们是准备继续与楚国为敌了。

既然如此，楚国也不需要再给他们机会了。楚庄王命令手下士兵，继续攻城！

楚国士兵又开始日夜不停地进攻郑国。郑国士兵、百姓亦是拼死守城。无奈楚国攻势过猛，实在难以抵抗。就这样持续了三个月，晋国的救兵还是没有到。郑国几乎没有招架之力，楚国大将乐伯率兵强行攻城，架木梯登上城楼，劈开城门，楚军遂攻入城内。

在楚军进入郑国城内之前，楚庄王就已下令，士兵入城后，严禁烧杀抢掠，不得迫害郑国百姓。因此被破城之后，郑国百姓的生活并没有被扰乱。相反地，他们终于松了一口气。连续三个多月的对峙，郑国上下再也拿不出一点儿力气抵抗了。毫无招架之力的他们早就渴望这场战争早些结束。

等到楚庄王带着兵马赶到，郑襄公早已等候在那里。他准备了一些道具，用来解救如今郑国的危局。只见这位一国之君，脱光了上衣，左手拿着牦牛尾巴做成的旗节牵着一只羊，右手拿着杀牲口的弯刀，弓着身子站在那里迎接楚庄王。见到楚庄王骑着高头大马来到他跟前，后面跟着气势汹汹的楚国将士，郑襄公双腿有些发软。此刻的他已经不再幻想晋军能够像及时雨一般从天而降，等不来救兵，也只好认命。郑襄公按照周礼，在宗庙前向楚庄王下跪请罪。他恭恭敬敬地对楚庄王说："我不德，得罪了上国，又不能服侍上国，因此上天降罪于郑国，使君王怀怒，降祸于郑城，又劳君王千里劳苦来到郑国。我已知罪。郑国的存亡，在于君王，若君王顾及先祖武公、庄公的友好，不灭郑国，延其宗祀，使郑国成为楚国的附庸，乃是君王之德。"

听他说完这么多，楚庄王竟有些佩服这位在他面前低三下四的国君了。至少他能为了国家百姓的安危，放下身段、舍弃尊严，来求一个长久以来他恨之入骨的人，这不是每个君王都能做到的。这时身边的将领都建议杀掉郑襄公。他们甚至已经做好准备，将刀口对准了跪在地上以求宽恕的郑国国君。反正郑国已经在他们手中，留着这个失败的国君定有后患。况且今天若饶他一死，保不齐他明天就又投奔晋国去了。在战争中，对敌人的仁慈，就是对自己的残忍！

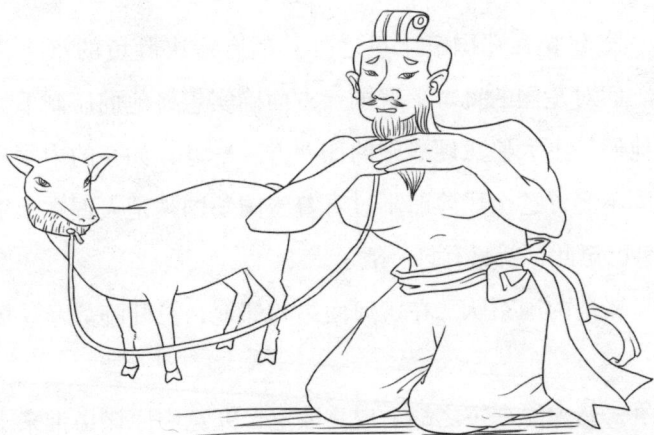

郑襄公

可是楚庄王没有杀掉郑襄公。相反的，他同意与郑国议和。他说："昔日寡人灭陈国，改陈为县，归楚，可是被践其田而夺其牛的故事嘲笑，如今不可再做此等蠢事。何况郑国国君为了不亡国，宁可屈膝人下，郑国百姓必定拥护他，这是不可轻视的。"他的这一做法，显示了楚国的大国风范，也展示出楚人的宽宏大量。郑襄公为了感谢楚庄王的不杀之恩，亲自去楚营慰劳将士，杀猪宰羊，纳物朝贡，恭敬地与楚国结盟。

楚庄王在这一仗中既赢了面子，又展示了楚国威武的军事实力。他下令士兵后退三十里，原地等待晋国的援军到达，要与他们一决雌雄。

郑襄公清楚，楚国攻打郑国的目的，实际上是把郑国当作诱饵，引晋国军队前来应战。他也巴不得他们两国赶紧开战，早点分出个胜负。这样，不管谁输谁赢，他只要投奔赢的一方就可以了。他实在受够了这种夹在中间的困苦，楚晋两国交战，每次都是以郑国做牺牲。

邲城之战的整理

见楚军一直驻扎在郑国三十里之外，颇有一决胜负的意味，晋国不得不出兵应战。面对楚国的挑衅，晋国一方面确实想将他们压制下去。可是和楚国相比，他们是不太愿意硬碰硬的那一方。毕竟，如今的中原霸主就是他们，因此晋国不愿冒这个风险。不过看着盟国郑国被楚人握在手里，楚国又一再威胁。事已至此，就只有打一战了。

就这样，晋楚两国军队，在黄河南岸的邲地，拉开阵势。一场世纪之战一触即发！

这场战争，是中原霸主之战。成王败寇，究竟中原该由谁来支配，即将以武力的方式昭告天下。似乎不仅仅是晋国人和楚国人，那个时代的每一个士兵、将领、百姓，特别是各国诸侯，都在对这个结果拭目以待。他们像是等待看一场精彩绝伦的好戏一样，兴奋异常。

而晋楚两国的军队，也确实没有让大家失望，这场邲城之战，打得也是相当精彩！

对于这场激战，晋军派出的阵容是：

中军将：荀林父，中军佐：先毂，中军大夫：赵括 赵婴齐；

上军将：士会，上军佐：郤克，上军大夫：巩朔 韩穿；

下军将：赵朔，下军佐：栾书，下军大夫：荀首 赵同；

司马：韩厥。

楚军派出的阵容是：

楚庄王 令尹孙叔敖；

中军帅：沈尹；

左军帅：子重；

右军帅：子反。

荀林父果然是个保守派。他觉得晋军这一战恐怕凶多吉少。他悄悄叫来了赵婴齐，让他在黄河岸边准备一些渡河的船只，准备接应败退下来的晋军过河。仗还没打，主帅先把退路想好了，这样的战争能获胜吗？

楚庄王用他一贯的老谋深算，思考着如何使用诈术将晋国击败。他先是派将士到晋国去一探虚实。

到了晋国军营，将士对晋人说："我军的行动在于征服郑国，岂敢得罪晋国，请贵军不必久留此地。"而晋人的回复，完全分成了两派。这位将士回来禀报，楚庄王看出，晋国将领目前想法还没有统一，存在严重分歧，这正是可以攻其不备的必要条件。

至于晋军，一派将领认为，楚国蛮横嚣张，完全不把晋国放在眼里，一次次地叨扰盟国。晋国早就该给他们点颜色看看了。可是另一派更清楚地了解如今晋楚两国的军事实力，因此对这场战争的结果很担心。甚至有人认为，为了救郑国，让晋国冒这么大的风险，实在不值得。

楚庄王看出了晋国内部的矛盾，如果指挥作战的几个人意见都无法统一，下面的士兵又该如何打仗呢？于是他又派人去晋国军营求和。晋国几位将士一听，楚国竟然有议和的打算。本就对这场战争不看好的众人连忙答应了。

楚军将士走后，晋国的几个将领又炸开了锅。一部分人认为楚国并不是真的想对晋国宣战，毕竟之前同郑国开战，已经损耗了很多兵力和武器，况且晋国一直是超级大国，谁不惧怕三分呢？

另一部分人则谨慎一些，他们觉得不管楚国下一步如何做，晋国都应该时刻准备着，不可有一刻放松。因为楚人最擅长的就是使用诈术。他们很可能就是假意求和，实际在暗中为战斗做准备。

可惜的是，最终决定权掌握在了前一部分的人手里。晋军彻底地放下了戒备，准备打道回府了。

可是说好了议和，楚军却一直做着对战的准备。士兵一个个精神饱满，战车、武器一应俱全。而晋军却成了一盘散沙，就等着晋楚两国商量好之后，撤兵而归。

到了之前约定的会盟时间，楚国没有派人前来议和，反而拉开阵势准备出战。晋国一看形势不妙，赶紧下令全军进入战备状态。可是这匆忙的准备，和楚国的全副武装，是无法比拟的。到时，晋军才明白，原来楚国提出议和，完全是为了让晋军懈怠，不能快速地进入战斗状态。

两军面对面摆好了阵势。有意思的是，在对战之前，楚国先做了一个军事演习。

在先秦以前，两军对垒之前会有一个仪式般的表演，叫作致师。致师的目的，就是"致其必战之意"。在正式对战之前，先展示一下自己的作战实力，一方面震慑对手，另一方面也是对自己士兵势气的鼓舞。这种原始且充满血性的表达方式，充分展示了挑战的意图。两军对阵，双方各派出一辆战车，行进到战场中央进行格斗。

最早的战车，车体为独辕，车辕长近3米，根据作用规定是曲还是直。车辕前边有横梁，长1米。车一般为双轮，轮子用结实的木头制成，直径大约1.4米；车轴长大约3米，两边镶铜皮。车身是方形，车厢长约1米，宽约0.8米，四周加固了粗壮的栏杆。车厢后面设有开门，可供一人上下。到了春秋时代，战车结构发生了一系列变化。车辕的曲度被加大，这样减轻了马匹的压力，提高了车速。车厢被加宽，大概为1.5米，这样有利于士兵在作战时自由挥舞兵器，并且可以毫无妨碍地转换位置。而在几个重要部位，也增加了铜的使用，使战车更加牢固耐用。

楚国派出做致师的战车，安排了三个人站立于战车之上。站在中间驾车的人叫作"车中"；站在车右边使用近战武器的士兵叫作"车右"；战车左边使用弓箭射击敌人的士兵，叫作"车左"。楚庄王安排了乐伯，许伯和摄叔三个人驾驶着战车来完成这个重要的任务。

驾车人快速地赶车接近对方，接着以最快的速度回到原地。车右边的人在战车到达敌方之时，要迅速地割掉士兵的头。而车左的任务是，在战车上射箭杀死对方的一个士兵，并且与车中瞬间互换位置。这一系列动作都是在战车行进的过程中以极快的速度完成的。楚国的三员大将表演得十分完美。

晋国将士见此情景，虽然心里佩服之极，但对于楚国杀死自己的士兵，还是义愤填膺。他们驾驶战车追赶楚国士兵。乐伯不慌不忙地接连射箭，来抵挡晋军的进攻。在剩下最后一支箭时，一只麋鹿突然跳出来，乐伯射中了这只鹿，并且将它献给了气势汹汹追赶而来的晋国将领。这一行为表面上看，是对晋国的尊敬，实际上，是一种炫技，是想让晋人知道，你们所遵循的周礼，我们一刻也没有忘，甚至比你们做得更完善。

致师结束之后，战斗正式开始。晋军和楚军分别派了几位将士前去进攻，都没有太大的效果。孙叔敖担心楚庄王在战场上受伤，命令楚军全部出击，分成三个方阵向敌军进攻。

晋军眼见楚军大举进攻，还没有缓过神来就已被这阵势吓破了胆。一时间别说是士兵，就是晋国的将领都不知如何是好。打吧，怕是打不过。退吧，谁都不敢下这个命令。荀林父虽然沉稳老练，到了这时候内心亦是一阵慌乱。他本就不是果断之人，最怕的就是拿主意。可是这个时候，不管是进是退，他都要做一个决定了。

他回头望了望身后奔腾的黄河水，急忙敲响战鼓对晋军将士喊到："先渡过河的有赏。"将士一听，军帅下了命令，当然什么都不顾地向河边跑去。别说赏不赏的，先过了河保命要紧。

众多晋国将士一齐涌向河岸，抢夺事先准备好的撤退用的船。奔跑的速度比打仗时的速度要快上几倍还不止。为了争抢位置，将士们甚至挥刀乱砍自己的将士，场面混乱不堪。

整场战争下来，晋军只有上军没有溃败。

见晋军四散奔逃，楚庄王下令不再追击。由于人数众多，船只数量有限，渡河一直持续到夜间。楚军站在河边，看着晋国士兵争先恐后地抢夺船只，运送兵器。有的战车陷入泥坑里，士兵费了九牛二虎之力也无法使它前进，楚人教他们抽去车前的横木，拔掉大旗。

晋人照做，方使马匹用上了力气，战车冲出泥潭。可是晋人不仅没有因此事感激楚国士兵，反而回过头对楚人说："吾不如大国之数奔也。"意思是说，我们晋国兵强马壮，从来没有打过败仗，当然不知道如何逃跑了。不像你们楚国，最擅长的就是逃跑之术。

本来就打了败仗，晋国士兵在楚军面前很没面子，如今连逃跑都要人家来教，更是无地自容了。

就连楚国士兵都清楚，若是在此时乘胜追击，晋军将损失惨重。可是楚庄王下令放晋军渡河，不再追击他们。让晋军知道，我们是完全可以将你们击倒的。只不过我们不愿意乘人之危，我们是有大国风度的。

在邲城之战中，楚国赢了非常漂亮的一仗，而晋国则以落荒而逃收场。

战争结束后，郑国自然又投奔了楚国。晋国也彻彻底底得到了"手下败将"的称号。楚庄王的称霸梦想即将实现。

与城濮之战相比，邲城之战的结果是楚军大获全胜，但两场战争中有着相似的因素。两国兵力都十分强大，武器充足，战车配备精良。这些方面可以说基本没有太大的差别。输赢的关键，在于指挥者。

晋军在邲城之战中，犯了打仗最忌讳的事情，就是指挥不统一。指挥者都不能明确作战方针，下面的士兵如何听令？听谁的令？晋国将帅不和，在每个重要关节每次重要决定之时都出现分歧。

从最开始为了救郑国而出兵，晋国就没有想好这场仗到底要不要打。直到与敌军面对面摆开了阵势，指挥者还在为退兵还是进攻的问题争得面红耳赤。

另外，一部分晋军指挥者没有了解清楚楚国的军事实力，盲目自信，不考虑战争的危险性。在楚国提出议和后，晋国大臣们没有考虑周全，思维简单，过于相信自己的判断。这种过度的自信，导致全军涣散，完全失去了作战能力。这是指挥上的失误，也是最严重的失误。

而楚军的胜利，可谓是天时地利人和。在指挥方面，君臣高度一致，士兵清楚这场仗要怎么打，打到什么程度。不像晋军那样各自为政，弄得士兵像没头苍蝇一样乱撞。

另外，在战术方面，楚军也算是用心良苦。先是派兵打探敌军虚实，再佯装求和让敌军放松警惕。之后通过致师行为为自己的士兵打气，瞬间就削弱了对方的士气。这样在将领和士兵的奋勇拼杀之下，顺利地取得了胜利。而在敌军溃败逃跑之时，楚军亦是没有实施追击，而是给他们留了一条活路。虽然这个决定使这场战争减少了很大一部分战果，但楚国通过这一决定树立了国威与大国之风范。

郧城之战

　　这场战争除了本身的胜负之外，也展现出两国在统治方面的优劣之分。此时的楚国在楚庄王的统治下，君臣一心，政局稳定。楚庄王任用孙叔敖、伍参等贤良大臣，使楚国国力得以稳步提升。但此时的晋国，却是政局动荡，因此吃了败仗一点儿也不奇怪。自从赵盾死后，曾经赵家一家独大的政治局面宣告结束，随之而来的是其他几个大家族之间不断的明争暗斗。政局不稳定导致国力下滑，军心动荡。只不过，此时的晋国还凭借着早些年积攒的雄厚国力，加上在中原地区的威慑力，勉强站得住脚。这一次楚国的胜出，主要是利用了晋国的弱点而得到的。

　　郧城之战结束后，楚国气势大增。而晋国虽然输得难看，却也没有遭受大的伤亡，并没有伤到元气。因此，楚国与晋国之间的斗争，并没有就此停止。

楚庄王的霸主时代

待晋军全部撤退，楚军站在黄河岸边，振臂高呼。他们对于这场胜利，期盼太久了。之前城濮之战的阴霾一扫而空，剩下的，全部都是发自内心的兴奋与激动。从这一刻开始，他们开始有了一丝丝王者荣耀的感觉。原来不可一世的晋国，都已经成为他们的手下败将，这是最让他们骄傲的事情。

之前多年的多场战争，无论打败哪一国，取得多大的胜利，他们似乎都没有完全满足过。因为城濮之战的阴霾始终没有散去，他们无论征服多少个国家，都还是在心理上输给了晋国。即便被所有诸侯国臣服，他们想到晋国人，都觉得矮人家一截。这是晋人给他们的强烈挫败感。

可是这种挫败感，也可以化为一种动力。楚人一刻都没有放松过，他们从未停下争霸的脚步。因为他们曾活在底端，才能够触底反弹。楚人的祖先，经历了一次次的失败，始终没能回到中原。因此，楚人不会觉得再失败一次会有多么糟糕，因为不会比之前更糟糕了。往前一步，无论是成是败，都是在往前走。

楚国士兵如此激动，他们想即刻昭告天下，他们打败了中原第一强国晋国！不仅如此，他们还想让后人知道，今天的楚人，是历史上的巨人！

这时，有人向楚庄王提议，既然打了胜仗，杀了晋国士兵无数，何不将这些尸体收集起来，制造"京观"。所谓"京观"，又叫作"武军"，就是在战争胜利之后，将敌军的尸体堆在一起，上面盖上土，形成金字塔形状的土堆。与此相关的，古代战后所形成的"坑"，多数是将尸体堆积起来，在上面封土，而不是挖一个大坑，将尸体埋在里面。毕竟，要挖一个埋得下那么多尸体的大坑，是一个极费力气的事情，不如直接堆起来更容易。还有一个重要原因就是，尸体的土堆高高地堆在那里，比土坑看起来更有成就感，这是一种心理上的炫耀。

听到这个提议，众人都纷纷赞同。他们希望用这种方式，炫耀今日的胜利，让子孙后代铭记先人的赫赫战功。大家的目光不约而同地投到了楚庄王身上，等待着君王发令。楚庄王表情平静，就像早已预料到这场胜利会到来一样，他脸上看不出丝毫的愉悦。对于"京观"的提议，楚庄王拒绝了。此时的他，就像是一个放下屠刀的信徒，不想再在这些已经失去生命的士兵身上做任何文章。楚庄王说，使用暴力的目的，不是为了炫耀武功，而是为了制止暴力，防止战争，保障强大，巩固胜利，稳定社会，团结人民和发展经济。这些牺牲的晋国将士，都是为国尽忠的英雄，我们怎么能够用他们的尸体，来炫耀自己的胜利呢？随后，楚庄王下令将晋国将士的尸体妥加埋葬，并在黄河岸边祭祀河神，建造祖庙，向先君报告这一场迟来的胜利。接着，楚军撤兵而归。

楚成王的一系列举动，博得了中原众诸侯国的一致归心。这一次，他们不只是屈服于楚国的武力，更归顺于楚国的品德。此时的楚国文化，不仅是楚国历史上最繁荣的时期，也走在了中原各诸侯国的前列。

打败陈国，却没有将陈国灭掉；征服了郑国，却与郑国议和，赦免了郑襄公；在邲城之战中，面对穷途末路的晋国逃兵，没有乘胜追击，反而将晋国将士的尸体妥加埋葬，拒绝建造"京观"。这一步步的宽容与礼让，让楚国越来越像一个中原诸侯国，甚至比其他诸侯国还要遵守礼法。不再咄咄逼人，不再滥杀无辜，而是止戈为武，以德服人。

邲城之战的结果被众诸侯国得知后，诸侯们纷纷派使者来到楚国，表示降服。楚庄王清楚，这种降服，不是惧怕武力，而是归心而服。楚庄王终于凭借他的智慧和胸怀，如愿以偿地登上了霸主之位！

在邲城之战的过程中，令尹孙叔敖做出了巨大贡献，但也因为积劳成疾，回到楚国之后便一病不起。楚庄王到令尹府前去探望。看着重病中的爱将，楚庄王忧心忡忡，他对孙叔敖道出了心中的忧虑。

虽然楚国在文化制度方面一直学习中原，但也受中原影响，有着制度上的不足。最明显的特点就是，没有完善的人才选拔机制。一个大国，没有可用的人才，大臣们唯唯诺诺，昏庸不堪，在决策上给不出丝毫有用的建议。有一次，楚庄王召集大臣们开会。楚庄王提出一个待解决的问题，询问大臣们的意见。和平常一样，大臣们面面相觑，没有人能说出什么建设性的意见。最后还是楚庄王一个人做了决定，大臣们急忙称赞君主决策高明。能有这样一位君主，是我楚国幸事。这样的话，楚庄王已经听得耳朵出了茧子。退朝之后，楚庄王深深地叹了口气。身旁的人不解，明明刚才的问题已经解决了，君王和大臣们都没有异议，为何大王还不满意呢？

楚庄王心情沉重地说："一个国家能否持续性地向前发展，不能单靠一个君主的能力，更要靠群臣出力。能否选拔出可用的贤才，决定了一个国家的命运。若是只有君主一人贤明，其他人得过且过地混日子，这个国家不会有长久的生命力。刚才的商议过程，只有君主一人在说，一人在决定，那如果这个君王也是个昏庸之才呢？难道这个国家的命运也要完全掌握在他手中吗？目前来看，我可以解决好楚国大大小小的事宜，但如果有一天我不在了，这个国家要靠谁？"

楚庄王的言语中，充满了无奈与惆怅。再看看病榻上的孙叔敖，心中更是无法平静。可惜直到他去世，也没有办法改变楚国这一现状。

身体虚弱的孙叔敖，这些年一直在楚庄王身边尽忠，他也深深地体会到了君王的苦闷。只是如今的他已无法再指挥千军万马了，也无法再与君主共商国是，谋求发展了。在他生命弥留之际，他提醒楚庄王：止戈为武，向齐、晋示好，以修和平。

孙叔敖自出任楚国令尹以来，尽心辅佐楚庄王，发展经济，兴修水利，改善农业生产条件，为楚国的国力增强做出了巨大贡献。当时的楚国，在各个方面，都算得上是一个实力雄厚的大国。虽然没有盟约，但此时各诸侯国都承认了楚庄王的霸主地位。在他们心中，楚庄王是比齐桓公、晋文公更让他们信服的君主。此后，楚国的版图终于扩张到了中原腹地，跻身春秋五霸之列。

愿望达成，楚庄王终于可以休息一下了。可是连年的征战，楚庄王身体状况已大不如前。当他久卧病榻之时，想起的都是他辉煌的戎马生涯。十九岁继位称王，在位二十三年。这短短的二十三年，却成就了一个国家的未来。他把不可能变为可能。十多次对外的重大战役，灭敌国无数。那些曾经不可一世的霸主，最后都对他俯首称臣。这样辉煌的战绩，他没有愧对祖先。先王所无法达到的，他做到了。可是，他太累了。

公元前591年，楚庄王合上了双眼。这位英年早逝的明君，被楚人永远地怀念着。他的智慧，他的胸襟，都深深地影响着楚国的未来。

多年来，在楚庄王的领导下，以及贤臣孙叔敖的大力辅佐之下，楚国国力在各方面都取得了巨大的成绩。在水利建设方面，楚国的技术十分先进。在春秋时期，人们开始使用少量的铁器，因此对修建大型的具有多功能体系的水利工程的能力还没有完全具备。因为农具与建设工具相比，前者所需要的硬度不需要太高。在春秋时期，木质、石器、铜制工具在手工业、农业以及各项工程中占有十分重要的地位。尽管一些工具看起来相当落后，却可以在实际应用中发挥很大的作用。同时，楚人发现石凿在工程建筑中，有时会起到意想不到的效果。文献中记载的"楚庄王筑台延石千里"是有一定依据的。

从挖掘土方工程的能力上看，最迟在春秋早期，人们就有了较大的挖土工具。因此，对于这一时期较大的水利工程的实施也成为了可能。

由于南方的地理环境的因素，楚国是开发农耕、兴修水利较早的国家。而地图的使用在楚国也是很早的，除了行军打仗时起到很大的作用外，地图对于农田水利的规划建设、江河湖泊的治理也是必不可少的。

公元前548年，楚国曾在全国范围内进行了一次较大规模的土地、田亩、物产、丘陵、堤防以及灌溉系统的普查。因此可以看出，楚国当时已经开始广泛利用地图，甚至有可能在进行大规模水利工程的时候会用到施工图和模型图,这在当时是非常先进的。

在春秋时期,楚国对力学知识也有一定的了解。楚人不仅擅长造船,还擅长造车。包括楚国生产的各种兵器,像竹箭等,都会用到力学知识。除此之外,当时也出现了一些得力的测量工具。古人对水准平衡问题也有所了解。当时已出现的水准测量器、圭尺、铅垂线和一些丈量工具都被广泛使用。加上数学计算法也逐渐被人们所掌握,并熟练地运用到了工程建设中。

春秋时期的楚国是一个拥有最多城市的诸侯国。这些城市大多分布在水域旁边,楚人在建造城市之时也会留意充分利用水的优势。城市之中既有内河通达于江河,又遍布了排水、排污系统。对于军事上的需要,凡是建造城市,都要开挖人工护城河。而人工护城河的走向设计,必须是以城市周围的地势与河流分布情况为依据。可以说,楚人不仅对水的利弊有着充分的认识,更注重利用水资源。楚人虔诚地祭祀水神,将人与大自然的关系处理到最和谐的状态。

有了水利作保障,给楚国农业的发展创造了必要的条件。除此之外,楚国所处的地带,属于温暖而湿润的气候,土壤肥沃的亚热带丘陵,在气温、降水、土壤、植被等方面都有着得天独厚的优势。

另外,在春秋时期,楚国的农业工具就已经相当丰富。在农业生产过程中,几乎每一道工序都有相应的农具,而且据考证,当时已经有犁出现在农业生产场合,并且已经开始了牛耕。除草、灌溉等每一步的工具都妥帖顺手。楚国最初的工具以铜为主,铁器出现后,相当长的一段时间内,都是铁、铜并用。加上楚国百姓的勤劳和智慧,积攒了许多农业方面的实践经验。因此,可以说,当时的楚国有着一套完整的农业体系。这套体系提供了充足的粮食,是楚国北伐顺利的物质保证。

《左传》中记载楚国在建国之初,"僻在荆山,筚路蓝缕,以处草莽"。由此,我们能够想象出,当时的环境有多么险恶。楚人拖着笨重的柴车,穿着破烂的衣服,来到这荒芜的草莽之地。依靠当时极低的生产力,一点一点将这片土地开垦出来。随后楚国领土不断扩张,楚人对于荒芜土地开垦的速度远远跟不上,因此常常会有大片土地荒废的情况发生。这种情况延续了许多年。当然,其他国家也有同样的现象,这也是生产力低下造成的结果。

楚国地形以山为主。在开垦过程中,楚人从最初的刀耕火种,到后来的精耕细作,中间经历了许多步骤。例如改良土地盐碱化的方法,都是劳动人民在劳动的过程中产生的智慧结晶。

对于农作物,我国向来有"北粟南稻"的说法。但其实到了春秋时期,楚国的农作物种类还是比较丰富的。在史书的记载中,这个时期的楚国已经有"五谷"这一说法,实际上有更多。最主要的几种分别为:粟、黍、稻、麻、大豆、小豆以及麦子。

关于食用方法,除了最简单的蒸和煮,还有一种方法最常用,就是制成干粮。当时楚人在远行或者行军打仗的过程中,携带粮食进行烹饪十分不便。后来楚人将粮食炒成干粮,在吃的时候,调和水浆就可以下咽。这种食用方法虽然不能说是美味,至少可以充饥。它的优点在于,不用随身携带笨重的容器,只需要找些水浆就可以了。正因为这样,当时在楚国的街上,经常会有人卖水浆。

关于口粮的标准,通过一些史书记载,我们能够大概推测出来。按照今天的市斤来计算,当时楚国成年男性劳动力和士兵每个月要48市斤以上,小孩子每个月16市斤左右。除此之外,还有其他谷物和农副产品可以食用。

而粮食的储存,可以说时一门很深的学问,它标志着一个国家农业生产水平的高低。先秦时期各国的君主都将粮食的储存看成是头等大事。因为储存粮食,以防发生天灾,也为征战做准备。先秦时期对囤粮的要求是,三年耕种,囤一年的余粮。这在当时的生产条件之下,想要一直做到是很难的。但是对于楚国来说,算不上难。因为楚国的农业生产水平很高,足以应付连年征战和偶然的灾荒。

在楚庄王刚刚继位之时,楚国遭遇了一场内乱。楚国军队正在东面与敌军交战之时，楚国的贵族打算趁楚庄王年幼发动政变。等这件事解决之后，楚国又遭遇了灾害。粮食减产，民间粮食不够食用，这种情况若是换了其他诸侯国，早就买粮了。而楚国的囤粮，完全可以轻松化解这场灾难。楚庄王下令打开粮仓，让百姓和士兵无一人挨饿。最终在秦军和巴军的帮助下，一举灭掉了庸国。应该说，在这一次的内忧外患双层夹击中，粮食储备成为了平定危机的最大功臣。若是吃食不够，士兵无法打仗，楚国会招致灭顶之灾，百姓也会流离失所。

除了农作物，楚国境内还有其他丰富的物产。首先，在农副产品之中，最有名的要属包茅了。用包茅来滤酒，酒会格外的香。这也是当时对周朝进贡的主要贡品。同时楚人自己也懂得酿酒的方法，除此之外还有桔柚和蚕桑，都是楚国特有的农副产品。

楚国城市多数临水，因此水产品很丰富。普通的水产品如鱼和蚌，产量都比较大。此外，还有一种楚国独有的特产，叫作"萍实"。现在江西境内有地名"萍乡"，地方志记载是楚昭王食萍实之处，故而得名，但，萍实不是农作物也非人工培育，而是菌类植物，当时条件不可能形成量产。

畜产方面，楚人养的最多的是马匹。马的作用在当时相当大。平时可做役使，战争期间需要用马来拖着战车。春秋时期，楚国将领使用的马匹，都是民间供应的。而在楚国的贵族中，拥有马匹的多少，代表了财富的多少。另外，还有耕种时需要用的牛，祭祀时需要用的猪和羊，还有打猎时需要用的狗，都会大量的饲养。

晋楚夙敌针锋相对

晋国国君晋景公在邲城之战以后，一直担心自己的霸主地位不保，想尽了办法做工作。在楚庄王去世的前一年，他派大臣郤克到齐国拜访国君齐顷公，想要邀请对方到断道参加盟会。可是齐顷公清楚，晋国的地位早已大不如前，若此时前去参加盟会，岂不是宣布与楚国为敌？本就纠结之时，齐顷公的母亲看到郤克是个跛子，竟嘲笑起来。郤克深感受到侮辱，从此对齐国心生怨恨，发誓将来要找机会报复。

第二年，郤克就率领晋国军队与卫国联军攻打齐国，齐国被迫与晋国签订合约。鲁国本与齐国不和，见其与晋国结盟，十分不满。敌人的敌人就是朋友，鲁国于是打算联合楚国的军队一起伐齐。但此时楚国恰逢楚庄王去世，无法出兵，鲁国竟然转身就投靠了晋国，并与其结盟。齐国虽与晋国结了盟，也不忘与楚国交好。总之，此时的晋国与楚国，你来我往地拉拢其他诸侯国，以防自己被孤立。

楚庄王去世后，他的儿子熊审继位，即楚共王。或许每个强势的父亲都会有一个软弱的儿子。楚共王的胆略和智慧，无一能与他父亲相比。由于楚共王继位时尚年幼，有大臣子重辅佐在侧，成为了当时楚国的实际掌权人。

楚共王

子重是楚穆王的儿子，楚庄王的弟弟，是在位君主楚共王的叔父。楚庄王在位时，子重作为楚军的一名大将，曾立下赫赫战功，深受庄王的信任。因此刚刚继位还涉世未深的楚共王，十分依赖这位长辈，事事遵循他的意思来办。十岁的小君主楚共王，无论什么样的事情，没有子重拍板，楚共王都不敢下决定。叔父就像他的左膀右臂，哪怕一天没有，他都无法处理国事。

可惜这位叔父，想的都是自己的利益，并没有真心想给侄儿提供施展雄才大略的机会。子重早在楚庄王还没有离世时，曾提出想要申和吕这两块地方作为自己的赏田。本来楚庄王已经答应，哪知巫臣对此事横加阻拦，最后也就不了了之。眼看要到手的土地变成了泡影，子重从此对巫臣怨恨至极。

子重是一个很有头脑的人，做事也颇有手段。为了遵循楚庄王临终遗嘱，子重对楚国进行了一系列改革。清查户口，免除欠税，救济老弱，赦免罪人等等。所有这些举措都是为了安定楚国内部。在外交上，积极与各诸侯国结盟。这些措施在一定程度上巩固了楚国的霸主地位，并与其他国家建立了稳定的友好关系。

楚共王二年，齐顷公出兵攻打鲁国，并迅速击败了鲁国与卫国的联军。鲁、卫向晋国请求援兵。晋臣郤克率战车800辆，带着鲁、卫、曹联军进攻齐国，一举将齐国军队打败，迫使齐国将"汶阳之田"归还于鲁国。不久后，楚国令尹子重率军与郑国联军营救齐国，先攻打卫国，再攻打鲁国。鲁国无力抵抗，与楚议和，同时赠与楚国木工、缝工、织工各百人。

楚国的一系列征战表演，晋国未曾有丝毫反应。在此之后，中原东部的一些诸侯国纷纷臣服于楚国。同年，子重在蜀地举行盟会。据《春秋》《左传》记载，楚及秦、宋、陈、郑、蔡、许、卫、齐、鲁、曹、邾、薛、鄫等十四国的国君或代表参加了盟会，盛况空前。这是中原史上相当有意义的一次盟会，也标志着楚国的国力达到顶峰。

然而，楚庄王临终前最担心的事情，楚国终究没能逃过去。在楚庄王去世后的十几年间，楚国人才大量流失，从下而上的选拔制度根本无法发挥作用。没有贤能的人愿意留在楚国做官，楚国面临着尴尬的局面。这一现象短时间内看起来并没有太大的影响，实际上却令楚国减缓了国力上升的速度。

巫臣在楚国也是很有才干的一位重臣，并且很懂得体恤手下的士兵，更深谙用兵之道。楚庄王在世时对他相当器重。有一年楚庄王讨伐萧国，萧国人囚禁了楚国的两个人质。楚庄王为了救人质，主动撤兵。结果萧王毫不讲信用，还是把两个人质杀害了。楚庄王大怒，亲自率兵围困萧国。萧国没抵挡多久就挺不住了。这之后，巫臣提醒庄王：在这场战争中士兵们冻伤无数，都苦于冬天的严寒气温，若是大王能够前去探望士兵，一定会深得将士的拥护。庄王听了，果然去巡视军队，慰问将士，此举令楚国上下都对庄王爱戴有加。

楚庄王攻破陈国之后，见到夏征舒的母亲美艳动人，庄王和弟弟子反都对她动了心。最后在巫臣的一再劝说下才作罢。

巫臣虽有能力，却躲不过楚国内部的激烈斗争。楚共王年幼，根本无法掌控局面。为了得到更多的利益，楚国内部各派明争暗斗，相互排挤、诬陷的事情时有发生。而巫臣最终在争斗中失利，失去了原先的位置和权力，因此在楚国待得非常难受。他对自己的能力一向自信，可是面对楚国如今的形势，他深知自己再也不可能重新夺得处理国事的权力，甚至很可能不久后就被杀害。他想，与其留在这里等死，不如离开楚国，另谋出路。

终于有一天，他等到了一个绝好的机会。一向信任巫臣的楚共王派他去出使齐国。这可谓天赐良机！早已在楚国待不下去的巫臣，赶紧收拾了全部金银财宝和家眷，十几辆马车浩浩荡荡地从楚国出发了。

不过，巫臣并没有按照楚共王的指示去往齐国，而是跑去了楚国的敌国，晋国。晋国国君接待了巫臣，听他讲述了在楚国的遭遇，还有他想要投靠晋国的打算。晋国国君喜不自胜，热情地将他留了下来，并封他为行邑大夫。

这一消息被还在楚国的子重得知。他本就对巫臣恨之入骨，如今巫臣竟做了叛徒，更加不能饶过他。他鼓动曾经迫害过巫臣的人，在楚共王面前添油加醋，把巫臣说成是大逆不道的反贼。年幼无知的楚共王哪禁得住这些不怀好意的大臣们的算计，最后听从了他们的意见，将巫臣全家诛杀。就这样，巫臣全家从老到小，无一幸免，连襁褓中的婴儿都没能存活。

得知这一切的巫臣，无法控制自己的情绪，仰面痛哭。仇恨，瞬间填满了他的内心。如果说之前逃离楚国，只是为了换一个地方生活，在这里展示自己的才华，让雄心壮志能有用武之地。可他万万没想到，自己的离开，害死了那么多无辜的亲人。更没有想到的是，只是因为一些分帮结派的内部斗争，子重等人竟然不顾礼法，草菅人命。巫臣恨不得将他们千刀万剐！他发誓，此生一定要为亲人们报仇雪恨！

蓄势待发的晋国斗士

几十天之后，还在楚国洋洋自得的子反收到了来自晋国的一封信。信上清楚地告诉他：我一定叫你们受命奔走，疲竭而死。显然，这是巫臣派人送来的信。而这封信直接递到了子反手上，说明巫臣心中清楚，这场浩劫是谁谋划的。

子反冷笑一声，将信扔掉。此时的他根本不认为逃离了楚国的巫臣，能有什么作为。他不相信对方会有能力向他报复，因为他已经在楚国站稳了脚跟。可是远在晋国的巫臣，早已想好了要如何复仇。

巫臣深知，以楚国如今的地位和国力，任何一个诸侯国都不是它的对手。包括现在的晋国，虽然仍是诸侯国之中比较强盛的一个，但根本无法与楚国相抗衡。其他国家就更不必说了，谁也不会在此时冒风险挑战楚国。但一国不行，两国又如何呢？巫臣想到了联合其他诸侯国一起出兵攻楚。可是现今这种局面之下，大家都在安定地过着日子，谁都不会自找麻烦。

这时，巫臣想到了吴国。

吴国是位于长江下游地区的姬姓诸侯国。据史书记载，周太王有三个儿子，长子泰伯，次子仲雍，小儿子季历。季历的儿子姬昌从小聪明好学，深受太王喜爱。周太王原本打算传位给姬昌，但根据传统应该传位给长子。太王因此事每日郁郁寡欢。泰伯明白父亲的意思后，就带着仲雍假借为父亲采药的机会，一起逃到荒凉的江南，并定居在梅里，建立了吴国。

吴国的位置和楚国相近，巫臣想，若是能联合吴国一起攻打楚国，一定能遏制楚国的兵力。他对晋国国君提出这个想法时，对方也正有此意。因为吴国与晋国如果同时攻打楚国，楚国就算兵力再强，也会疲于两方作战。特别是吴国位于楚国的东部，从东部牵制楚国兵力，可以大大地给晋国攻破的机会。

可是二人担心的是，以吴国目前的实力来看，根本无法完成这个任务。最后巫臣决定，由他亲自到吴国去，献上他的计策，并帮助吴国训练士兵，指挥作战。巫臣所做的每一件事，都是他复仇计划的一部分。他要用他人的剑，来报自己的仇。而楚国的子反，此时还对此全然不知情。

吴国的发展过程，与楚国有着相似之处。虽最初出自中原，但它的人口组成，多数都是落后的少数民族部落。长期生活在南方，吴国已经完全地蛮夷化了。公元前585年，吴国国君寿梦登基。他深切意识到吴国不能一直这样落后下去，必须向中原学习先进的文化、礼仪和制度。于是他亲自来到洛邑，拜见了当时刚刚继位的周简王。与楚人出使中原所遭受的待遇不同。周简王认为寿梦初次到中原来，是认祖归宗的表现，因此十分欣喜，赐予他特殊礼遇。

寿梦沿途拜访了很多诸侯国，逐渐领略了中原文化的伟大。当他看到中原人敬拜祖先，或是举行各种仪式，他简直被这种文明震惊了。他想，我们吴国处于边远的地方，一直以蛮夷的状态生存着，整天只知道断发纹身，却从未想到过，这世上竟有如此先进的文化，竟有如此文明的国家。我从未听到过如此悦耳的音乐，从未穿过如此合身的衣服，从未欣赏过如此美妙的舞蹈，更重要的是，我们吴国人，从未这般注重过礼法。中原文明真是不得了！

一心希望向中原学习的寿梦，回到吴国后，便专心研究自强之法。他就像当初的楚王一样，深刻地意识到，一个国家若想强大，只有武力是不行的。吴国必须从根本上推翻蛮夷之气，注重礼法，加强教育，让国家上空飘荡着文明的气息。

因此在巫臣到达吴国后，吴王像是抓住了救命稻草一样，用吴国最高的礼仪接待了他。终于有人能够将中原的文明带到吴国来了。巫臣对吴王说出了他的想法，以及晋王的打算。没有哪一个君主没有幻想过走上霸主之巅，何况是与老牌强国晋国联合作战。吴王没有半点儿犹豫，就答应了巫臣的要求。

从此，巫臣成为了吴国的国师，连吴王都对他恭恭敬敬。一连几天，吴王寿梦都向巫臣请教如何治国。而巫臣的想法和经验，也令寿梦刮目相看。巫臣从楚国带出的三十辆战车，带到吴国教授吴人如何使用，并有十五辆直接留在了吴国。加上巫臣从楚国带出一部分经典书目，还有他从楚国带出来的射手和御者，也都被安排留在了吴国。这些从楚国出来的人，就这样成了巫臣送给吴国的礼物，从此成为了吴国的人。甚至到后来，巫臣将自己的儿子也留在了吴国，让他担任吴国的外交官。对于巫臣来说，他所有的希望，他的复仇，他的未来，都放在了吴国。

在巫臣的建议下，吴国上下开始了一场声势浩大的战车制造运动。由于地形原因，吴人向来习惯水上作战。这次在巫臣的教授下，吴人第一次领教了战车的厉害，并且学会了如何将战车的功能发挥到最大，掌握了车战的形势与技巧。

与楚国一样，中原文化的先进与神秘，一直是吴人望尘莫及的。他们都被视为蛮夷之国，也都渴望有一天能够踏上中原的土地，甚至与中原众诸侯国一争高下。在他们还没有了解中原之时，他们有的只是无尽的进取精神和用不完的力气。可是在巫臣到来以后，吴人开始敢于做梦，因为他们了解并且学习到了曾经不如中原人的东西，并且还保持着曾经的那份勇敢。而对于巫臣，吴人对他的感激，也不是语言所能形容的。巫臣代表了吴人，吴人也代表了巫臣。

吴国与楚国虽是近邻，但多年来一直相安无事。在巫臣的策划下，学会了治国用兵之道的吴人，开始不断地出兵袭击楚国的东部边界。这些战争大多数不是在两国交接处进行的，而是在楚国境内进行的，吴国还将楚国东部土地逐渐划为吴国的版图。

虽然吴国的军事骚扰，暂时没有对楚国形成太大的威胁，可是楚国上下已经疲于应付吴人的攻击。楚国的司马子反更是一年分七次出兵抵抗吴国的进攻。他想不明白，为何一向安静的吴人，会突然对楚国产生这么大的兴趣。子反突然想到曾收到的巫臣的恐吓信：我一定叫你们受命奔走，疲竭而死。巫臣竟然用这种方法报复楚国，报复他。想到这里，子反不禁浑身冷汗。

楚国这些年虽然南征北战，攻打过也灭掉过很多国家，但是从没有损害过吴国的利益。吴国也始终没有强大到进入楚国的眼中。在楚国人心里，吴国就是他们的前世，就是百年前的楚国。

而对于吴人来说，他们不是没有考虑过晋国扶持他们的意图。楚晋两国是宿敌，多年来打得难解难分，暂时谁都无法彻底将对方消灭。晋国派巫臣来吴国传授中原文化和治国带兵之法，无非是将吴国作为一枚棋子去牵制楚国。既然晋国有自己的算盘，也就无法保证他日吴国和楚国两败俱伤之时，晋国会将他们一起吞并，这是极有可能发生的事情。

可是吴国没有权利想那么多，他们只有投靠于晋国，努力做好这枚棋子，积极学习中原一切先进的东西，迅速增加国力。等到他们足够与楚国相抗衡之时，也不遗余力地任由晋国摆布，去攻击楚国。吴人认为，只有强大到一定程度，才能摆脱任人宰割的局面。他们无法想象，若是错过这次机会，不知道何时才能再有机会学习到如此系统和先进的中原文化。而吴国，实在太需要这样一个中原化的契机了。

而巫臣带来的，正是吴国梦寐以求的先进的中原文化。吴人，就像是长期禁锢于封闭空间的一群人，突然呼吸到了新鲜的空气，他们贪婪地索取着外界的一切，丝毫不放过任何一个能够使国家变得强大的机会。在他们的设想里，吴国会成为继楚国之后的又一强国，甚至在将来能够摆脱晋国的控制，消灭楚国，从此走上中原霸主的地位。全部的希望，都源于如今的中原化道路。

可是吴人没有料到，中原文化是把双刃剑。最初，以武力为轴心的野蛮国家，加上中原的高度文明，这些融合在一起的话看起来是那么的天衣无缝。加上吴国人长久以来期盼中原文化的心，促使他们用尽了劲头，将所有事情都尽可能做到最好。吴国国力也在此时迅速地增长，这就像是一个良性循环。当吴人看到国家的逐渐强大，就更卖命地向中原学习。吴国上下，同心同德，既学习了先进的技术，也同中原人一样享受着最好的吃、穿、用。吴人发现，原来文明可以给生活带来如此翻天覆地的变化。

可是谁也逃不过历史的规律。不断地中原化所带来的，还有一系列负面的效应。中原化意味着吴国原本的社会形态、风俗习惯全面地升级换代。可是文化发展到一定程度，就会不可避免地产生社会分化。两级分化之后，社会产生了两个对立的阶层。统治阶层越来越无度享乐，与被统治阶层的矛盾也就越发突出。最终，这个问题会导致政权的瓦解。

在吴国不断崛起的过程中，中原众诸侯国举行了两次意义重大的会盟，史称"弭兵会盟"。第一次发生在公元前579年，第二次是公元前546年。"弭兵"就是收兵、停战的意思。弭兵会盟，实际上是其他各诸侯国共同协商促成的大会。由于楚晋两国实力平均，所以虽多年征战却分不出胜负。最难受的是位于两国之间的几个国家，经常要承受两国战争所造成的极大损失。因此晋国和楚国的代表协议签订弭兵仪式。可惜好景不长，在第一次会盟之后第四年，晋楚两国就发生了大规模的战争。

弭兵会盟

在首次弭兵会盟之后，和楚国相比，晋国获得的利益更大。晋与楚的和解，使晋国赢得了时间去进攻秦国。因此在会盟的第二年，晋国就开始筹划对秦国的作战方法。在联合了鲁、齐、宋、卫、郑、曹、邾、滕等国之后，他们的联合军队共同出动攻打秦国，一举将秦国击败。这事件促使晋国势力进入了秦国腹地。

除了在秦国得到的好处，晋国在其他诸侯国那里也占尽了便宜。根据会盟所定协议，晋国的属国比楚国多，多达八个国家，因此得到的利益也更多。郑国一直是晋国与楚国争夺的重要地区。在弭兵会盟之后，郑国彻底成了晋国的附属国。据《左传》记载，弭兵会盟刚一结束，郑成公就赶到晋国接受合约，次年又出兵联合晋国一同阀秦。公元前577年，郑国公子喜率兵攻打楚国的盟国许国。次年，郑国还参加了晋国主持的"戚之盟"。郑国的这一系列表现，都充分说明了其与晋国的关系密切。

收服了秦国，晋国完成了"秦、狄、齐"三强归晋的部署，解除了对楚国作战时，秦国趁机自西出击的后顾之忧。而因为郑国对盟国许国的攻打，楚国出兵攻打郑国，随后伐卫。同年，楚共王同意许灵公的要求，将许国迁到叶城，旧地作为郑国所有。从此许国成为了楚国的附庸国。

公元前575年，楚共王派遣公子成去郑国，以汝因之田作为交换，向郑国求和。郑国为了这块土地，背叛了晋国，与楚国结盟，并于同年出兵攻打宋国。宋国无法抵挡郑国的进攻，两次战败。

晋国得知此事，准备给墙头草郑国一点教训。在联合了卫、齐、鲁的军队后，出动四军共同伐郑。郑国赶紧向楚国求援。楚共王决定出兵救郑，并派司马子反、令尹子重、右尹子革统领三军，会同蛮军北上救郑。在这一年五月，晋军与楚军在鄢陵相遇，并进行了一场声势浩大的战争，史称"鄢陵之战"。早在晋军刚渡过黄河的时候，晋国中军佐范文子听说楚军即到，就打算退兵返还，并进行了反战陈述。但是中军将栾书没有同意他的请求。等到战争开始前，范文子又打起了退堂鼓。新军佐郤至对他说："我们晋国与楚国在邲城之战中，主帅荀林父兵败而逃。那是晋国的奇耻大辱。难道你想为晋国增加耻辱吗？"

范文子反驳到："在先君时期，秦、狄、齐、楚都是强国，若他们不尽力作战，子孙后代将无法过上安定的生活。可是如今秦、狄、齐三个强国都已经被我们征服了，敌人只有一个楚国罢了。只有圣人才能做到国家内部和外部不存在忧患。如果外部不安宁就必定会有内部忧患。为什么不暂时放过楚国，使晋国对外保持警惕呢？"范文子的意见没有被采纳，晋国其他将领一心想要尽快征服楚国。

这一年的六月二十九是晦日。在古代，兵家打仗都很忌讳这个日子。因此楚军想要在齐、鲁、宋、卫联军到达之前速战速决。于是，在六月二十九日这天早晨，趁晋军将士还在熟睡没有防备之际，利用晨雾做掩护，突然迫近晋军营地。晋军因营地前面是泥沼，加上楚军突然逼近，兵车无法出营列阵。此时情况稍显危急，而晋军内部又出现了不同的意见。

中军将栾书主张以退为进。先稳固好营地，等待援军到达之时再与楚军对抗。可是新军将却至则主张直接应战。他认为此时的楚军有诸多破绽，很容易被打垮：中军将子反和左军将子重一向关系不睦；楚国的将领士兵不精良；郑军列阵不整；与楚联军的蛮军不懂得阵法；楚军布阵之后，阵中士卒声音嘈杂，秩序混乱；甚至连楚军布阵于月光之夜，实不吉利这类的理由都搬出来。

晋厉公此次亲自带兵出战，也是抱着一决胜负的心态来的。他是所有人当中最迫切想要出战的人。听了手下大臣的分析，他决定采用却至的建议，不等援兵，直接应战。晋军为了能就地列阵，不得不在原有的位置上扩出充足的空间。他们将所带的用具都藏在井下，把休息的地方全部用作列兵。这样晋军秘密地布阵成功。

楚共王在晋营对面等待作战时机，他登上楼车，想要看清楚晋军的动作。此时陪同他的，是晋伯宗的儿子伯州犁。伯宗在晋国遭他人迫害，伯州犁逃往楚国任大宰。

楚共王问："晋军正驾着兵车左右奔跑，这是怎么回事？"

伯州犁答："是召集军官。"

"那些人都到中军集合了。"

"这是在开会商量。"

"搭起帐幕了。"

"这是晋军虔诚地向先君卜吉凶。"

"撤去帐幕了。"

"快要发布命令了。"

"非常喧闹，而且尘土飞扬起来了。"

"这是准备填井平灶，摆开阵势。"

"都登上了战车，左右两边的人又拿着武器下车了。"

"这是听取主帅发布誓师令。"

"要开战了吗？"

"还不知道。"

"又上了战车，左右两边的人又都下来了。"

"这是战前向神祈祷。"

晋军的动作，楚共王早已了然于胸。而在晋军营中，叛离楚国的旧臣苗贲皇也站在晋厉公身边，将楚共王亲兵的位置告诉了他。苗贲皇了解楚国军队的详细情况，因此他向晋厉公建议说："楚国的精锐部队主要在中军里面。我们可以分出一些精兵来攻击楚国的左右两军，再集中三军攻打楚国亲兵，这样一定可以将他们打败。"

晋厉公采用了苗贲皇的意见，派中军将和中军佐各率精锐部队加强左右两翼。晋军在军营内直接开出通道，绕过营前泥沼的两侧，向楚军发起进攻。楚军薄弱的左右两军迅速被击散。

楚共王看出晋厉公所在的中军兵力稍弱，便下令集中攻打，结果遭到晋军的反抗。就在楚共王率军加紧猛攻的时候，晋国大将魏锜用箭射伤了楚共王的眼睛。这一挫败导致楚军大乱，将士迅速护送楚共王撤退，也就没有能力再去支援战败的两翼。

楚共王气急败坏地找来养由基，给了他两支箭，要他无论如何也要射死魏锜。养由基果然不辱使命，用箭射中了魏锜的颈部，魏锜即死。这一箭之仇虽然报了，楚共王还是瞎了一只眼睛，楚国的公子筏也被晋军俘获。尽管这样，楚军还不算是战败。楚共王心里憋着怨气，不顾伤势严重，决心次日再战。

楚共王下令要子反做好次日作战的准备。务必要备好车马，养好精神，用最好的状态迎接战斗，争取一举将晋军击垮。子反亲自到营中探视伤员，并补充了步兵与车兵，及时修理盔甲武器，准备战车马匹。子反向全军通报，次日鸡鸣之时吃饭，紧接着就要投入战斗。

晋国的苗贲皇也受晋厉公的派遣，组织将士做好准备工作，为次日的战斗准备武器、车马等。他故意放松了对楚国战俘的看守，让他们逃回楚营。这些战俘果然在回到楚营之后向楚共王报告说，晋军所有的装备都已准备妥当，并制定好了战术，就等着次日楚共王自投罗网呢。楚共王听后十分慌张，赶紧找子反商量对策。哪知子反竟在关键时刻喝醉了酒，早已不省人事。楚王此时已没有时间再去考虑如何处罚子反的事。为了保命，无奈的楚共王只好下令撤军。楚军趁着夜色，快速地收拾好装备仓皇撤离了。之后，令尹子重为了此事逼迫子反畏罪自杀。

楚军撤退后，在六月三十日这天，晋军占领了楚军营地。鄢陵之战，以晋国的胜利宣告结束。晋军留在楚军营地，食用他们撤走时未来得及带走的粮食，在那里休整了三天才凯旋回国。他们以这种方式来炫耀这场胜利。

鄢陵之战是晋楚争霸战争中，继城濮之战、邲城之战以后的第三次，也是两国最后的一次主力军队的战争。这场战争虽然不是以伤亡惨烈而告终，但却具有相当重要的意义。楚国在这场战争之后在中原的势力逐渐走向颓废。加上楚国之后再也没有出现过可以力挽狂澜的君王，国力始终没有回涨的迹象。

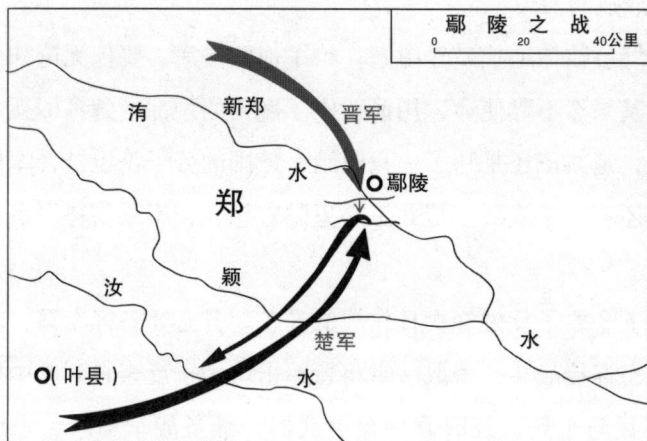

鄢陵之战

　　本以为晋国在鄢陵之战中夺胜，可以彻底地称霸中原。但晋国只是在这场战争之后有过短暂的复兴，却也没能稳住霸主的地位，对中原的控制力也越发微弱。其主要原因在于晋国内部的混乱不堪，没有抓住这次机会上下一心巩固霸主地位。晋厉公本打算乘胜消灭晋国的大族，杀掉郤氏之族，改立自己的亲信大臣到重要位置上。没想到在如愿杀掉郤氏之族以后，反被栾书、中行偃害死。如此一来，晋国没有固定的掌权人，内乱是一定逃不过了。而秦国趁晋国内乱之际，多次发出攻击，使晋国长时间处于内忧外患之中，却对秦国的武力无计可施。

　　公元前572年，晋悼公继位。他是一位较为贤能的君主。他很重视选拔人才，励精图治，一时间晋国国力复兴，再显大国威力。他去世后，他的儿子晋平公继位。这个君主是个好战分子。他继位后迫不及待地联合诸侯一起攻打许国。当然，任何国家攻打许国的目的，都是引楚国出兵。

　　于是晋楚两国军队又一次在战场上相遇了。只不过这一次只是小型的争斗。两军相战于湛阪，结果是楚军战败南逃，晋军夺取了楚国的一部分领地，并且在回军时再次讨伐许国，打了一场彻底的胜仗。

　　此次战争虽然规模不大，但却是晋国第一次侵入楚国领地，这在多年来的晋楚争霸战争中是从未发生过的事。因此此次战争之后，楚国更是无力回天，再也没有能力与晋国相抗衡。转而，楚国只能想办法与晋国议和。

　　多年来的争斗不断，各诸侯国，无论是得利的，还是失利的，无一不希望这种无休止的争斗尽早结束。各国的全部精力都放在了战争上，根本无暇顾及民生与发展。于是在公元前546年，宋国大夫向戌积极奔走，促成了第二次的弭兵会盟。晋、秦、楚、齐、鲁、卫、陈、蔡、郑、许、宋、邾、滕等十四国在宋国西门之外结盟。

　　这十四国签订的条约规定：晋国的附属国要向楚国进贡，而楚国的附属国要向晋国进贡。其中，齐国作为晋国的盟国，与楚国实力相当，朝拜晋国而不朝拜楚国；邾国为齐国的附属国，滕国为宋国的附属国，不参与盟约；

秦国作为独霸西戎的一方霸主，是楚国的盟国，不朝拜晋国。

第二次弭兵会盟结束之后，楚国与晋国停止战争，基本平分霸权。参与会盟的小国在此之后纷纷向晋楚两国进贡，受到了不小的剥削。

弭兵会盟之后多年，晋国由于国内各势力争斗不断，根本无暇顾及战事。而楚国更是疲于应付吴国的骚扰，无法抽身再去攻打晋国。晋楚两国从此走入了近百年的和平时期。各国之间也都没有发生过大型的战争。这算是春秋时代两个历史阶段的分水岭。会盟之前各诸侯国以相互吞并为主，而会盟之后则以各国内部大夫间的兼并为主。因为此时最大的矛盾，已经由国与国，转变为国家内部的阶级与阶级。

楚国虽仍然处于霸主的位置上屹立不倒，但多年的征战导致其并没有进一步的扩张。中原化也开始对这个国家产生了多种负面效应。一个国家从兴盛到灭亡，自然逃脱不了历史的规律，但有时候也会遇到其他的因素加速其毁灭的进程。例如，遇到一个昏庸的君王。的确，楚国迎来了改变命运的一个国君，楚灵王。

潘多拉的魔盒

公元前541年，在位的楚郏敖因病卧床。他的叔叔公子围借口入宫探病之时，用束冠的长缨将侄儿勒死，同时杀死了楚郏敖的两个儿子，以绝后患。公子围曾是楚国令尹，他在楚国的名声一直不好，是大家公认的心狠手辣之人。而且明眼人都看得出，他一直觊觎王位。大臣们一直担心他会迫害楚王，没想到他竟大胆到亲自动手。次年，公子围自立为楚国国君，即楚灵王。他也是楚国历史上最残暴无度、杀人不眨眼的一位国君。

楚灵王

　　楚灵王躲过了战乱的年代，因此对物质的需求成了他不断追求的目标。他将自己的精力，全部投在了现世享乐。他决定为自己修建一座天下最大最豪华的离宫，名为章华台。

　　章华台于公元前535年修缮完成，在当时被誉为"天下第一台"。这座"举国营之，数年乃成"的宏大建筑，高10丈，基广15丈。因其高大，顺台阶而上，要中途休息三次方可到达顶端，因此又被称为"三休台"。因楚王钟爱细腰女子在宫内轻歌曼舞，不少宫女为讨好君王，断食忍饿，为求细腰。听说楚灵王喜欢人腰身纤细，甚至有些士大夫为了细腰，也都跟着节食减肥，一个个不顾国事，饿得头昏眼花，站都站不住。坐在席子上的人要站起来，必须要扶着墙壁方可使上力气；坐在马车上的人要站起来，只能借力于车轼。整个楚国上上下下，为了讨楚灵王一人的欢心，就算饿死也心甘情愿。因此有了后来的话：楚王爱细腰，宫中多饿死。

　　楚灵王已经被权力冲昏了头脑。他迫不及待地想向其他诸侯国炫耀自己的地位与成就。他派人到中原各国去，邀请诸侯们来到离宫，欣赏他的杰作。他想向世人展示，楚国是有能力修建天下最豪华的行宫的。他也想借此机会告诉大家，他楚灵王有着无限的权力与能力。

楚灵王早已忘记了先王的遗训。他忘记了楚国的江山是如何用血和泪换来的。他忘记了楚国是通过向中原学习礼仪和文明，才有了今天的成就。他忘了，打江山容易，守江山难，楚国还没有到可以肆意炫耀的时候。这个楚灵王，才是纯粹的蛮夷之君。

其他国家的诸侯们不约而同地对这个通过弑君上位，并且对国家毫无建设，只懂得享乐和炫耀的国君产生了厌恶。连年的征战，诸侯各国不仅没有能力对外扩张，连最基本的民生都成了问题。因此诸侯们都觉得，有这样一位国君坐镇，用不了多久，楚国就会成为他们的手下败将。

因此到了落成典礼这一天，只有鲁国的鲁昭公应邀前来。原因是，鲁国是礼仪之邦，并且一向注重建筑文化。鲁昭公前来的目的，纯粹是想观赏这座建筑，而不是惧怕楚灵王的威严。

楚灵王享乐图

楚国作为在南方生活了多年的国家，对于其他中原国家来说，它的文化是新鲜的。就像是一种异域风情，楚国的建筑、歌舞、艺术品等各方面的文化都受到中原人的追捧。这里的一切都那么不合规矩，又有着独有的魅力。即便是现在人们来到章华台的遗址，还是会被它的精美与宏大所震撼。

章华台设施完善，做工精细，楚灵王在此过着奢靡的生活。楚人在章华台建造了一座"地室"，专供楚灵王休息或者欣赏歌舞。这个地方冬暖夏凉，没有比这里更舒服的所在了。此时的楚国音乐，也已经相当发达。据《左传》等文献记载，楚国专门设置了"乐官"一职，管理音乐的事务。由此可见，音乐在楚国是很受重视的，特别是楚灵王在任时，贪图享乐，音乐与舞蹈水平更是迅速发展。而且据考古资料记载，楚国在当时是八音俱全的。考古发现，有河南淅川下寺发掘的春秋时期楚墓中出土的钟、磬等乐器文物，其中有编钟4套共52件，包括甬钟，钮钟，石磬3套，每套13件。同时还出土了一件石制的排箫和琴拨。此外，在湖北当阳曹家岗楚墓中，考古工作者还发现了两件稍有些损坏的漆瑟。我们能够看出，在八音之中，楚人对钟是最为偏爱的。在楚国历史上还有以钟为氏的乐官，可见楚人对钟的偏爱以及对乐官这个职位的重视。

除了对钟的喜爱，琴也是楚人拿手的乐器。相传伯牙操琴的技艺达到了绝妙的境地，而他也是楚人。后来钟子期听懂了伯牙的琴音之妙，两人成为挚友。钟子期死后，伯牙以为世间再无人听得懂他的琴声，因此破琴绝弦，再不操琴。

音乐的丰富，也带来了舞蹈的蓬勃发展。从商周开始，楚国一直盛行巫舞，即一种宗教舞蹈。后来楚国的舞蹈更细化地分为文舞、武舞、优舞。《新论》一书记载，楚灵王信奉巫祝之道，在吴人前来攻城时，还鼓舞自若。楚灵王跳的这种舞，就是文舞。文舞也是巫舞的一种，只不过因为跳舞时手持道具，看起来就典雅多了。武舞，即象舞，相对于文舞来说更为硬朗。而优舞是我国古代最早的一种喜剧小品表演的艺术形式，在春秋时期的楚国就已出现。

停止战争的楚国，回过头来认真解决国家内部的一系列问题。弭兵之盟之后的几十年相对安定的政治局面，给楚国的经济带来了复苏。没有了内忧外患的牵绊，楚国的国力迅速增长。然而在这繁荣景象的背后，有一只贪婪的大手在操控着一切。贪图享乐的楚灵王，任意搜刮民脂民膏，想尽办法尽情挥霍。他所引以为傲的章华台，在他眼中精美无比，世间罕见，然而在大臣和百姓心中，却是极不和谐的。一心享受的楚灵王没有意识到，他的肆无忌惮，已经开始在楚人心中产生了不满情绪。他在生活中对这些精美的、昂贵的物质需求，与百姓的生活疾苦形成了鲜明的对比。这种不和谐随着时间的推移逐渐被放大，直至影响到他君王的地位。

可笑的是，坐在楚国君王的位置上，楚灵王就以为自己集众先君的优点于一身。他不仅对物质有着至高的追求，更是对这个天下野心勃勃。为了满足称霸的雄心，楚灵王又开始了连年征战。特别是与吴国的对战，使楚军陷于疲惫状态。楚国在对吴国的讨伐中，夺去了吴国的重镇朱方。楚军将该城破坏殆尽，变成了一片废墟。吴王祭对此十分恼怒，决心报复。吴军虽然军事实力远不如楚国，并且在战争中经验少，不如楚国战术丰富。但吴国毕竟也曾是彪悍的蛮夷之国，至少有着用不完的力气。他听从大臣毛申的建议，把吴军改编成十七个"游击大队"，每队两千人。这十七个游击大队在楚国边境上轮番作战，打完就逃。这种战术虽然不会对楚国造成太大威胁，但楚国将士长期防备、抵抗，久而久之身心俱疲。吴国的这种攻击，使楚国边境长期处于混乱之中。

为了对付吴军的游击队，楚灵王不得不将一千乘战车安排在吴楚边境，来防止吴军游击队的攻击。但是吴军这种小规模的作战，形势十分灵活，常常打得楚军防不胜防。这导致楚国边境战火不断，却无法将其击退。百姓居无定所，颠沛流离，于是把怨气都怪在了楚灵王身上，认为他治国无能，只会享乐。

此时的楚灵王，可谓是两面受敌。国外有吴军的不断攻击，国内百姓对其怨声载道。更令人担心的是，还有他的三个兄弟，子干、子墨、弃疾在窥视着他。楚灵王对这三个兄弟的态度可是相差很多。子干被迫逃到了晋国，子墨也逃到了郑国，只有弃疾深受楚灵王的喜爱。楚灵王认为，一个国家最重要的权力就是军权，而军权的所有人必须是自己信得过的人。因此他打算将自己信任的弃疾安排在大将军兼司马的位置上。大夫申无宇对此事持反对意见，他提醒楚灵王，历史上君王与自己兄弟反目的事情屡见不鲜。大王不可过于相信任何人。他日一旦弃疾与大王有了矛盾，大王就会瞬间失去对军事的控制权。到那时，逆贼要想推翻大王的位置，是分分钟的事。但是楚灵王没有听从他的意见，他还是更相信自己的判断：弃疾自小聪敏机灵，如今也是足智多谋，颇有大将的做派。他认定这个弟弟会是他的一枚福将，协助他实现霸主之梦。

此时漂泊在外的子干和子墨，逐渐打探到了一些楚国的消息。在听说楚灵王的贪婪和无能引起了楚国上下的强烈不满之时，他们二人觉得或许可以联合国内一些反动势力，一起推翻楚灵王的统治。

弃疾从小与楚灵王兄弟情深，现在又受到兄长的赏识和重用，心里颇为感激。可是面对楚灵王的专横，他也开始同意了楚国其他人对楚灵王的微词。本就对其弑君一事不满的他，开始逐渐对这个兄长产生了反感。

弃疾做了大将军之后，楚国的军事实力有所提高。他不像楚灵王那样蛮横暴虐，反而对将士常年在外征战的辛劳表示心痛。他对楚灵王建议：息武、爱兵、护民。可是霸道惯了的楚灵王哪里听得进去这些，他只想着自己早日成就霸业，至于将士的死活，他才不会管呢。兄弟两人有时会因此类事情争得面红耳赤。

因此当弃疾听子干和子墨说了他们的想法之后，也表示同意。对于楚灵王这个位置，他本来是不做非分之想的，可是那个人做事的方法和以自我为中心的态度实在让人忍无可忍。他想，若是将来能够逼迫楚灵王下台，楚国的发展一定会比现在要好。而直至此时，他都没有要杀害楚灵王的想法。就这样，弃疾同子干和子墨里应外合，互通着楚灵王的一举一动。几个人寻找合适的时机动手。

楚灵王似乎天生自大，在他眼中，这世上没有人比他强，也不会有人胆敢加害于他。因此他继位之后，肆无忌惮地挥霍，也肆无忌惮地残害大臣。在他还是令尹时，就抄了蒍掩的家产据为己有；弑君称王之后，又抢了蒍家的封地，蒍家后人对此怀恨在心；当年同意许国迁址，却将许国公子压在楚国做人质；越国使节前来楚国拜访，却被楚灵王找借口杀掉了；垂涎大臣斗韦龟的封地，竟然公然索要，导致他们的儿子一直记恨；蔡洧本是蔡国人，本与楚灵王相交甚好。后来楚国出兵灭蔡，楚灵王竟然为了占有财产，将蔡洧的父亲杀害了。蔡洧对此更是恨得牙根痒痒。

子干和子墨对楚灵王的种种野蛮行径了如指掌，只是苦于二人能力不够，不足以推翻楚灵王。因此他们找到曾与楚灵王结仇的这些反动势力。这些人拢在一起，竟达近千人！他们共同商量计策，等待时机，准备将楚灵王一击打垮。

除了反动势力，也有一些其他国家的人在伺机报复楚灵王。许国是早早就被楚灵王灭了国的；陈国在内乱之时，陈国公子来到楚国找楚灵王求救，结果楚灵王竟乘机扣押了陈国公子，派弃疾带兵去灭了陈国，陈国便成了楚国的陈县。因此，陈国人对楚灵王恨之入骨。

楚灵王将他的妹妹许配给了蔡国国君的大儿子。可是等到美人儿到了蔡国之后，竟然被蔡国国君看上了，并且据为己有。而他的儿子也默认了这件事。后来蔡国国君去世，本以为他的大儿子继位之后会善待楚灵王的妹妹，可他却将这美人儿奉为国母，也就相当于打入冷宫一般。这件事激怒了楚灵王，他又派弃疾带兵灭了蔡国。蔡国就因为此事成了楚国的蔡县。因此蔡国百姓对楚灵王，也同样有灭国之恨。

这些事一件一件地做下来，楚国内部的反对派已经对他恨得咬牙切齿。

而这位自信满满的君王，每日还在为自己的小聪明小算盘洋洋得意呢。他从没有考虑过，怎样稳固自己的位置，如何治理好这个国家，如何处理好与其他国家的关系。就好像一直活在自己编织的一个美梦里，他心安理得地做着伤天害理的事情。楚灵王的贪婪与无能，已经让楚国人忍无可忍。而他对其他国家的骄横与残暴，也让那些国家的人恨不得他赶快暴毙。所有这些敌对情绪，就像一颗颗小小的定时炸弹，他们聚集在一起，形成了一个大规模的危险区域。而这个区域，只需一根导火索，就可以迅速引爆，并且以超乎想象的威力，将一切权力化为灰烬。

公元前329年，众人终于等来了一个绝好的机会。这一年春，楚灵王派弃疾带领一千乘战车去攻打陈、蔡两国，自己则率兵攻打许国。另外还有一千乘战车继续在吴楚边境待命。这样，郢城内兵力空虚，除了王宫卫队外，根本没有正规部队防守。反对派的头目蔓成然看到时机已到，赶快召集人手实施行动。近千人的"复仇团"浩浩荡荡地攻入郢都，进攻楚王宫。他们抓走了太子熊禄和熊罢敌。子干和子墨分别从晋国和郑国被接回楚国，主持朝政。众人一致推举子干当楚王，子墨当令尹，弃疾做司马。

可此时的弃疾还在外征战，根本不知道郢都发生了这么严重的事。蔓成然亲自到战场上去说服弃疾共同推翻楚灵王的统治。这二人本就是要好的朋友，弃疾又对楚灵王的暴虐深恶痛绝，听闻这件事是子干和子墨筹划的，也就动了心思。他想，既然事情已经发生，恐怕楚灵王的位置就要不保。凭楚灵王所做的这些事，今天若是他们行动失败，他日也同样会有人再起来反抗。楚灵王的下位已成定局，而到时恐怕自己也是性命堪忧。因此他答应蔓成然一起回到郢都。

推翻楚灵王统治的反对势力达千人，可是一千个人里面，就有一千种心思。弃疾转念又一想，此次政变虽是子干和子墨所策划，但实际上自己的功劳才是最大。因为整个楚国的兵权都在自己手里。如果他现在带将士回郢都破坏他们的行动，这次政变便会夭折，甚至所有参与政变的人都会丢掉性命。都是因为有自己的权力，才让他们的政变顺利进行。如此看来，自己才是此次政变的最大影响力，可是听蔓成然的意思，是要自己回去做司马。做个区区司马，那自己还冒这杀头的风险去推翻兄长楚灵王，这是何必呢？同样是做司马做将军，至少现在楚灵王对自己很重要，百分之百信任，不然不会把军权放心交到自己手中。可是等到子干和子墨做了王，会如何对待自己，可就不好说了。这样想着，他有了一些迟疑。对于司马这个位置的提议，他没有立刻表态。

蔓成然看出他神色的变化，担心他变卦，又赶紧补充到："将军接受司马之职只是权宜之策，凭您的声望和能力，回到郢都，天下都是您的。这场斗争全要靠您的控制才能顺利结束。"弃疾这次才点点头说："灭了二哥，谁当楚王还不一定呢。"

狡猾的蔓成然赶紧附和着，二人即快马加鞭赶回郢都。与子干和子墨见了面之后，弃疾又会见了复仇团其他的成员代表。大家一起商量接下去该怎么做。楚灵王此时还在许国耀武扬威，众人担心他随时会从许国赶回来，在兵力上做了精心布置，并且为了防止有其他势力阻挠此次行动，他们还杀死了楚灵王的两个儿子熊禄和熊罢敌。

远在许国指挥作战的楚灵王正纳闷，这弃疾怎么突然不知所踪了？当他听到下面的人来报，说子干和子墨等人在郢都掀起了这么大的一场风浪，他简直以为自己听错了。在他心里，子干和子墨是被他踩在脚下，气都不敢喘的两个无能之人，他们怎么可能有胆量来反自己？何况，自己多年来在楚国积攒的声望，都足以将他们吓住，谁给他们的勇气敢弄这一出？

楚灵王没有慌张，他还是如往常一样自信，在他眼里，这世上没有人有能力推翻他。这些小人物平时只敢私下里搞些小动作，如今也只是心血来潮胡闹一番，等他回到郢都，一定亲手斩了他们几个。

楚灵王只好撤掉攻打许国的部队，率军返回郢都。一路上他都稳如泰山，丝毫没有担心这几个小人物能把楚国乱成什么样。他一心想着，等到他到了郢都，站在城墙上一露脸，下面反对他的人们就会像烟雾一样瞬间消失。

返回郢都途中，楚灵王还在幻想，就算这一次子干和子墨真的计划周详，哪怕又联合了其他几个小国的势力共同对付他，他都丝毫不担心。因为他的弟弟弃疾随时会率军前来助阵。只要自己的军队一到，十个子干和子墨也奈何不了他。

楚灵王率领的这一众士兵，以最快的速度朝着郢都赶路。将士们也都听说了郢都大乱的事情，都急着赶回去看看事情如何发展，同时也担心着自己记挂的人，怕他们在这场动乱当中受到伤害。

可就在他们将要到达郢都之时，楚灵王才听到了他最不想听到的消息。原来在反对他的众人之中，还包括他最信任的弟弟弃疾！这消息犹如晴天霹雳，让楚灵王惊呆了。他瞪着一双眼睛，盯着郢都的方向，心脏仿佛都停止跳动了。他无论如何都想不到，自己待弃疾如手足，他怎么可以跟着别人来反自己的哥哥？给了他权力，给了他地位，给了他想要的一切。在楚国，弃疾可以说是一人之下万人之上。他还想要什么？难道真想让这个做二哥的，将君王的宝座让给他？

楚灵王被这个事实打击得体无完肤，他开始捶胸顿足地后悔，后悔当初不听大臣的劝阻，非要将兵权交给弃疾。他后悔自己有眼无珠，竟然让那个不懂感恩的弃疾掐住了自己的命脉。可是现在还不是后悔的时候，楚灵王冷静下来，想了想如今自己手里还有什么能与这些反贼相抗衡。

楚灵王是带着一千乘战车出兵攻打许国的，但他所带的这些并不是楚国的精英部队。真正能打仗的将士都被弃疾带走了。弃疾本就擅长用兵作战，手中又有装备精良的两千乘战车，现在一定是在郢都布好了阵等着楚灵王自投罗网。想到这里，楚灵王只觉得头晕目眩，仿佛一瞬间天塌了下来。可是就算胜算再小，楚灵王也不可能就此逃走。他放不下他的王位，放不下奢华的生活，他还有很多目标没有实现，还想称霸中原，做一次真正的王。但也许是心生畏惧，楚灵王下令要赶路的部队放慢速度。到这个时候，他还在想着，该用什么样的计谋化解这场危机。弃疾大将军参与谋反的消息不胫而走，传到了楚灵王的军队中。楚国上下谁不知道弃疾将军足智多谋、英勇善战，反观带队的楚灵王，根本就是不堪一击。将士们心中都清楚，凭这点儿人就想与弃疾将军对抗，根本是以卵击石。特别是离郢都越来越近，长期征战在外的将士们，都恨不得快点儿回家。可是一想到回去以后还要与自己人拼个你死我活，哪里有人会情愿。在行军过程中，已经有士兵偷偷地溜走。逃跑这件事，一旦有人开头，就会不断地有人效仿。因为大家心里都清楚，若是现在回去，很可能这些人都会死在家门口。他们宁愿做逃兵，也不想做个冤死鬼。就这样，士兵一个接一个地逃走了。眼看着军队人数越来越少，楚灵王的心也越来越凉。

想到自己为了争夺王位，冒死弑君。那时的他雄心勃勃，誓要成为中原第一霸主。还有住在章华台时，是何等风光。音乐、舞蹈、美酒、美人，一切都像是发生在昨天，可是如今为何会变成这样？究竟是什么原因导致了今天的局面？对，是信任，楚灵王认为就是自己过于信任他人，才导致了这种无可挽回的局面。

世上有一种人，永远看不到自己身上有虱子。好的时候，都是自己的功劳；坏的时候，都是别人的过错。正是楚灵王这种扭曲的世界观，让自己的路越走越窄。正当楚灵王双手抓着自己精美的腰带，气得咬牙切齿之时，又一个惊天噩耗彻底将他击倒了：儿子熊禄和熊罢敌死于叛贼之手。楚灵王听到这个消息，一时间无法接受，掩面痛哭起来。他激动地大声质问："熊禄与熊罢敌何罪之有？为何要将他们赶尽杀绝？子干和子皙与我无冤无仇，为何要将我逼到绝路？"他的声音颤抖着飘荡在空中，但是没有人能回答他的问题。可能只有见到了他的几位兄弟，他才有机会问一问。

楚灵王永远也想不明白，他为何会走到今日的地步。他觉得自己的能力不输给任何一位先君，他在位时，楚国也一样太平，在中原的地位丝毫没有动摇。他主持修筑了章华台，令整个中原都刮目相看。他有这么多的功德，难道其他人都看不到吗？

而实际上，楚国百姓早已对这位君王恨之入骨。当听说叛军已经攻到了楚国王宫，并且杀死了两个太子，百姓们都拍手称快。他们恨不得楚灵王赶快死于刀下，重新推举一位贤能的人做楚王。他们受够了被剥削被搜刮的日子，受够了连年的战乱，甚至还要忍受饥饿。楚灵王上位，没有给这些百姓带来一点好处，反而为了他自己的私欲，大兴土木，极尽奢侈。由于他一人的野心，不管楚国的国情如何，一味地出兵打仗，弄得国无宁日，百姓流离失所。除了百姓，楚灵王对将士和大臣也同样残暴苛刻。他做事没有章法，不讲规则，滥杀无辜，多少忠贞之士都死于他的刀下。楚灵王的罪行，简直馨竹难书！而他却流着泪问自己何罪之有，这真是天大的笑话。而这个问题的答案，只能由他的几个兄弟告诉他了。

楚灵王几乎一瞬间白了头发。他发现，自己现在什么都没有了，没了国，没了王位，没了儿子，没了兄弟。他回头看了看还留在他身边的一些楚国将士，这些人又怎么可能为他继续打天下呢？他绝望地对这些将士们说："目前的局面不用多说，诸位也都很清楚。若是各位跟着我回到郢都，想必只有一死。我感谢诸位一直跟随在我左右，直到现在都没有放弃，但是我实在不愿看到楚人自相残杀，你们大家还是另谋生路去吧。"

将士们听到一国之君竟这样说，无不觉得悲壮凄凉。可是想到楚灵王平日里作威作福的样子，他们也并没有过多不舍。何况谁心里都清楚，如今兵力悬殊，楚灵王是没有胜算的。既然大局已定，何必还要去硬碰硬呢？跟着谁还不是做个兵呢。于是众将士全都作鸟兽散。只剩下他身边服侍最久的两个侍卫留了下来，他们陪着楚灵王沿着河边走，打算找户人家留宿。

可是，没有人愿意收留这位流亡的君主。他们恨不得他饿死累死在荒山野岭。楚国百姓对这个君王一丁点儿的留恋都没有，谁会愿意惹这个麻烦？家家户户见到楚灵王落魄的样子，都房门紧闭，生怕他走过去叨扰。那一幅幅冷漠的面孔，唯恐避之不及的背影，都深深地刺痛了曾经不可一世的楚灵王。直到这时，楚灵王才知道，他是如此地被百姓所憎恨。就像是他一直在做一场很美的梦，突然被人打醒一样。眼前的现实让他无法接受。原来他是一个如此失败的君王；原来他的弟兄、朋友和臣子都有逆反之心；原来他眼中所有的美好都是幻想。

实际上对于这个有着称霸中原的雄心的君王，什么事是对他打击最大的？是三个弟弟联合起来对抗他？不是。任何人都可能驱利而反，何况是君王之家，他们为了争夺王位谋害自己并不出乎意料；是失去了楚国失去了王位？也不是。失去的东西可以再去争取，这并不是不可逆转的事情，何况此刻的楚灵王真心希望自己曾经是一个普通百姓，只为衣食发愁就好。是两个儿子的无辜惨死？是的。楚灵王可以不去做君王，可以不要任何权力，但他不能不做这个父亲。可是最后，他连两个爱子的性命都没能保住，他觉得这才是自己最大的失败！

这世间再没有能使他留恋的东西了。他发现自己是这世间最失败的君王，最失败的父亲，最失败的人！想到这里，楚灵王万念俱灰。他解下自己身上装饰讲究的腰带，吊死在一棵粗壮的树上。一代楚王，就用这种方式，绝望地结束了自己的生命。

楚灵王身边留下的两个侍从回到郢都，将楚灵王去世的消息告诉了弃疾。弃疾大喜，如此这般，他便不需要费力气再去追杀二哥了。他仔细询问侍从，楚灵王自缢的细节，并一再询问是否还有其他人知道这个消息。在得到否定回答后，他心中出现一条妙计。弃疾嘱咐两个卫士，绝对不可以将楚灵王去世的消息散播出去，并给了他们不少银两，要他们即刻离开郢都，以防招致杀身之祸。两个卫士吓坏了，赶紧拿着银两跑掉，唯恐晚了一步就会掉脑袋。

弃疾想，既然现在楚灵王已自缢身亡，大家一定会以为他已经逃去别处了。不如趁这个动荡的时机，将另外两位兄长也除掉，自己就可以拥有君王的位置了。他迫不及待地找来蔓成然，此时他还是对蔓成然百分百相信的。

蔓成然得知了楚灵王去世的消息，没有忙着说话，反而是瞥了一眼弃疾的神色。他暗自思忖着：弃疾能将这个消息只告诉他一人，说明对方另有打算。而自己既然得知了真相，弃疾一定也是在用这件事拉拢自己。子干和子墨虽然都是有胆之人，但是缺乏智谋。只有弃疾是有勇有谋的人物，何况他现在手握重兵，随时呼风唤雨。如果自己投靠弃疾，应该不会因为站错队伍而丢掉性命。

虽然蔓成然已经想好了要投靠在弃疾一边，但是又担心对方把他当棋子摆布，最后万一事情败露，拿自己做牺牲品。他试探地问弃疾："大将军，您准备怎么办？"弃疾虽然觉得时局混乱，但他心中其实早已谋划好整个计划。他干脆直接大声地对蔓成然说到："你应该知道怎样对付子干和子墨这两个逆贼了吧？"

蔓成然一下子愣住了。弃疾精明强干，这点他是知道的。弃疾想要争夺王位，这点他也不是不清楚。可是在这样短的时间内，弃疾能发生这样大的转变，着实令他惊讶。可他想，或许这就是成大事之人的不同之处吧。他知道，弃疾是想要自己赶快去通知子干和子墨，说楚灵王马上要带着队伍反扑回来了。他心里有些没底，毕竟是要掉脑袋的事情，就想赶快找个人商量一下。万一自己一时慌乱做出错误决定，可就追悔莫及了。

蔓成然找到蔡国公子。两人慌慌张张地到了一个幽暗角落商量下一步该怎么办。他们二人都觉得，子干和子墨有勇无谋，两个人加起来也敌不过弃疾，何况楚国现在的兵权在弃疾手中，想要抢夺过来是不可能了。因此楚国的君权一定会落在弃疾手上。包括在楚国百姓和将士的心目中，弃疾都是当今楚国最适合的继位人选。现在既然弃疾已经暗示自己他下一步的行动了，他们也只能照办。听到蔡国公子和自己想法一样，蔓成然更坚定了信心，他准备完全按照弃疾的想法去做。

在整个复仇行动中，各方势力都打着自己的主意，有着不同的目的。而楚国政局也是瞬息万变。弃疾的参与虽然让楚灵王的下台成为十拿九稳的事，但就像猛虎下山，你引他出来，再想把它送回去，恐怕是送不回去了。不过蔓成然也清楚，他们想要改变楚国政局，一定是绕不开弃疾这个人的，而弃疾手中的兵权，也注定了最后登上王位的人一定是他。

此时，子干和子皙在得知楚灵王带兵杀回郢都后，都害怕得魂飞魄散，六神无主，不知如何是好。见到蔓成然和蔡国公子来了，这兄弟二人像是见到救星一样，总算是平复了一些。就等着蔓成然告诉他们，下一步该如何行动。楚灵王四兄弟之中，恐怕只有弃疾是一个智慧之人，另外三人都只是有些胆量的莽夫。子干和子皙当初更是在复仇团的怂恿之下才起来造反的，可是造反的过程，造反的结果，期间可能会遇到的问题，他们都没有想过。仇恨导致他们做了一件还没有筹划好的事情。而弃疾这个人，是可以瞬间就理清思路，看清关系，想清问题，并找出解决办法的人。所有的情况和进展，都在他的掌握之中。

蔓成然看到子干和子皙的神情，心中暗喜，自己果然没有站错队。于是他装作焦急的样子对这兄弟二人说明现在的情况：之前跃跃欲试要造反的复仇团的人，现在突然都不知去向。楚灵王已经带着队伍快要抵达郢都了，已经怒不可遏地要致背叛他的人于死地。子干和子皙连忙问弃疾的去向。蔓成然告诉他们，弃疾本来说要去抵抗楚灵王的军队，可是直到现在也没有消息。兄弟两人正在着急之时，又有弃疾安排的人来报：弃疾将军战败，并且因罪自尽了。楚灵王势不可挡，已经带着大队人马准备冲进来了！子干和子皙一下子心脏提到了嗓子眼。蔓成然哭丧着脸对他们说："楚王和令尹赶快逃吧！保住命要紧呐！"

兄弟两人有些发愣，一时没缓过神。又问蔓成然："弃疾将军为何要自尽？"蔓成然早就等着他们问这个问题，但还是不急不缓地回答到："唉！弃疾也是灵王的兄弟，如今犯下了滔天大罪，灵王怎会放过他？据说灵王下令要活捉弃疾将军，而且不会轻饶了他。弃疾将军哪受得了这份羞辱，定是自尽了断了。二位赶快逃吧，灵王的两个儿子被你们杀了，灵王更加恨你们入骨，若是被抓到，恐怕就不是一个死能解决的了的！我已经准备步大将军后尘了，但无论如何希望你们能逃出去。虽然现在看来希望很渺茫了……"蔓成然语气中透着满满的焦虑，压得子干和子墨快不能喘气了。想到灵王疼爱的两个儿子死在自己手中，他们怕得魂都丢了，子墨更是双腿一软直接坐在了地上。

蔓成然见此情景，很为自己的演技得意。他清楚，子干和子墨明知道逃出去是不可能了，也就只有死路一条。他煞有介事地转身离开，说是去准备自己的后事。而实际上他却躲在了王宫的角落处，就等着给这兄弟二人收尸了。子干和子墨先是发呆了一会，接着二人抱头痛哭。或许他们在为自己的下场悲痛，也可能心中为所做的事后悔。如果当初做事留有余地，或许如今还有一线生机，但也只是或许。悔恨的泪水还挂在脸上没有干，子干和子墨就在王宫先后上吊自杀了。弃疾听到这个消息，叹息了一声。都是王权作怪，好好的兄弟四人，最后只剩下他自己。

第二天一早，郢都护城河里就漂起了楚灵王的尸体。楚国大臣和百姓都跑过去围观。积怨已久的百姓看到楚灵王惨死，非但没有难过，反而像过节一样开始庆祝。人们欢呼喝彩，燃放鞭炮烟花，家家户户张灯结彩，将楚灵王的死当成是最庆幸的事情来喝彩。当然，这高兴当中，也有对弃疾的感激和对新楚王的期望。

弃疾假装悲痛万分，在众人面前痛哭失声，连连咒骂害死哥哥的逆贼。他下令厚葬楚灵王，大臣们被他的真情所感动，并且臣服于他的威望，一致推举他为楚王。五月二十三日这天，弃疾继位，改名熊居，是为楚平王。

第四章
动荡·在曲折中寻觅光明

　　费无忌仅仅是以小人之心就将伍奢看作自己的劲敌。他费尽心思，用美人计离间了太子熊建与楚平王的关系。甚至在伍奢辞去官职以后，费无忌仍不依不饶地要置他和太子建于死地。在伍家被满门抄斩以后，幸运逃脱出来的伍子胥开始了他的复仇之路。为了达到自己的目的，伍子胥帮助公子光得到了吴国君主的宝座。由伍子胥率领的吴军对楚军进行了重创。面对内忧外患，楚国吴起开始了变法。然而，这场变法最后还是以失败告终。

内惩贪腐外和强晋

楚平王继位之后，一直很担心自己的王位不稳。虽然三个哥哥已死，暂时没有人会与他争夺王位。可是，这个位置毕竟是自己逼死几位兄长换来的，心里总觉得不踏实。他担心有一天自己也会被赶下去，甚至与楚灵王的下场一样丢了性命。为了稳固自己的王位，楚平王绞尽脑汁想出一系列惠民政策，希望以一个亲民的君王形象示人。

第一，为了表彰曾在推翻楚灵王过程中，陈国和蔡国所做的贡献，楚平王同意蔡国和陈国复国，并且让陈国和蔡国的后代回国做了国君。

第二，厚葬灵王，并将灵王的灵位供奉于楚太庙。

第三，实行继位大赦。为了庆祝自己继位，凡是楚国牢里不是判死刑的罪犯，一律释放。

第四，减轻百姓赋税，并减少军队人数，让将士复原一部分回家生产。

第五，休养生息，宣布退出晋楚争霸，五年内绝不主动发动战争。

楚平王在历史上并不是一位贤能的君王，甚至过大于功。尤其他后来的一些做法更是加速了楚国的衰落。但不可否认的是，他在继位之初，的确做了不少惠民的事情，增加了楚国百姓的幸福度。同时，他最初的这些决定，也都一一兑现了。

楚平王曾派出令尹到吴国示好，表示吴楚以后和平相处，不再开战。可是不久之后吴国人出兵占领了楚国的州来。已是楚国令尹的蔓成然要求出兵应战，可是被楚王拒绝了。他说，这些年楚国大小战争从未停止，楚国百姓都极为厌倦，无法正常生活。吴人既然喜欢这块地，就暂且让给他们用吧。

不只是对吴国停战，在陈国和蔡国复国之后，楚平王还将之前占领的土地归还给他们。甚至有些小国故意强占楚国的地盘，楚国都不做反应。楚王休养生息的治国方法深受楚国百姓的拥护。

但凡在楚平王登基时出过力的人，后来都得到了他的奖赏。蔓成然更是最受他重用的令尹，掌管着楚国的大小事情。他还将子革派到西部做行政长官。子革也不枉费楚平王对他的信任，十分贤能。他在西部救济穷人，减轻赋税，选拔人才，使得西部地区在稳定中快速发展。同时，子革治理地方的举措让楚国边境与周边邻国和平地相处下来，对楚国的稳定有着深远的意义。楚平王让子革将他的成功经验在全国推广，这样，楚国东部也很快地平稳下来。

在楚平王的治理之下，楚国经历了一段平稳时期。楚灵王在位时期，为了满足自己对物质的欲望，已经将楚国的家底差不多掏空。更可怕的是，他的弟弟楚平王，也没能逃得过物质的诱惑。据史料记载，这位凭借逼死三个哥哥而得到王位的楚国君王，在上位后不久就露出穷凶极恶的嘴脸，开始贪图享乐，搜刮民脂民膏。并且他根本不把精力放在治国上。在他的带动下，楚国的权贵阶层也开始肆无忌惮地压榨百姓。

好不容易熬到了楚灵王下台，百姓等来的却是又一个昏庸的君王。楚国再一次崛起的希望，越来越渺茫。

伍举是楚国历史上有名的忠臣。在楚庄王时代，他就因敢于对庄王直言进谏而得名。他的儿子伍奢亦是贤能之人，因此很受楚平王的重用。在楚国太子熊建十五岁时，楚平王考虑要为他配老师了。伍奢的博学在楚国是数一数二的，作为太子的老师也算合适。除此之外，楚平王还想到一个人，费无忌。与伍氏家族比起来，费无忌和楚平王及太子的关系要亲近得多。在楚平王做将军出兵攻打蔡国时，费无忌就鞍前马后地照顾他和太子。只是，这费无忌学识比伍奢差得不是一点半点。犹豫不决之下，楚平王找来了蔡国的蔡朝吴。他们二人平时关系很好，因此楚平王想听一听好友对这件事的看法。

蔡朝吴在听到费无忌这个名字时，眉头一皱，连忙否定了这个人。他认为，费无忌虽然对楚王和太子都很忠心，但是这个人本身品质有问题。他为人阴险狡诈，心胸狭窄，属于有仇必报的那种人。他表面对楚王和太子细心周到，实际都是为了自己的利益。对他没有好处的人，他从来都不闻不问。若是这种人给太子做了老师，久而久之，太子定会成为一个品行败坏，行为不端的人。这将是楚国的灾难。蔡朝吴还提起，曾有一次他亲眼看到，费无忌百般讨好地甘愿让太子把他当马骑，那种曲意逢迎的嘴脸让人心生厌恶。太子十五岁了，已经到了学习本领的年纪，而不是一味对他好，娇惯着他，就是对他有利的。这样的人做老师，太子永远也无法成人。

蔡朝吴反而对伍奢的印象极好。伍家几代人都是楚国的忠贞之臣，对楚国的发展做出了不可磨灭的贡献。伍奢更是博学多才，品行正派，由他做太子的老师，一定会教导出一个正直勤奋的太子。最后他给出了明确的建议：太子的老师若是伍奢，那是兴楚；太子的老师若是费无忌，那是误楚。

对于蔡朝吴的话，楚平王也不是没有听进去。但是对于费无忌多年的尽心尽力，他若不去加以奖励，怕会伤了大臣的心，以后谁还会为他们父子卖命？于是楚平王想出了一个两全其美的办法：让伍奢做太子的老师，平日里教授太子知识；同时让费无忌做太子的少师，照顾太子的起居。

令楚平王没有想到的是，就是这样一件小事，一个他深思熟虑后的折中办法，差点儿害楚国遭受灭顶之灾。

费无忌一向在太子身边照顾他的起居，因此要他做太师，也没什么不对。可错就错在，这样一来，他就成了太子老师伍奢的助手。这种低一级的关系，是费无忌无法忍受的，甚至他觉得，这是对自己的一种羞辱。

因为楚平王在蔡国的那些年，费无忌就一直跟在他身边，而蔡朝吴也就认识了费无忌这么多年。蔡朝吴又是个敏锐细腻之人，他怎么会不了解费无忌是什么样的人呢？他绝对不会心甘情愿地位于伍奢之下。蔡朝吴知道楚平王的决定之后，赶快找到伍奢，提醒他提防费无忌在背后对他使坏。伍奢并没有在意，觉得自己与费无忌素来无冤无仇，也从没想过与他争什么，他也没必要对自己使坏。

事实证明，蔡朝吴对费无忌的评价是很客观的，他的担心也是不无道理的。费无忌在做了太子少师之后，想着伍奢竟然踩在自己头上，心里十分不满。从一开始他就认定自己是太子老师的最佳人选。这些年自己一直陪在楚王和太子身边，就是为了能在楚王面前展现自己。为了达到目的，自己把太子当亲爹一样宠着，如今却不如伍奢官位高。一定是伍奢在楚王面前说了自己的坏话！费无忌想，伍奢向来少言寡语，楚王怎么会无缘无故找他去做太子的老师？一定是伍奢在背后做了手脚。想不到自己从来没有加害他的想法，他竟然先在自己头上动土。自己这些年的工夫都白搭了，最后竟因为伍奢的几句话让楚王改变了主意，费无忌将这件事都怪罪在伍奢头上。他决定，一定要找机会报复。

伍奢和费无忌就这样开始了他们的分工。之前都是自己陪在太子身边玩耍，如今看到伍奢每日在太子身边忙前忙后，费无忌真是气不打一处来。而且太子大了，逐渐断了对费无忌的依赖，而是更青睐于跟着老师学习知识。伍奢的学识渊博和高贵的人格都深深地影响着太子，太子希望自己也能像老师一样，成为一个令人尊敬的人，将来成为一个贤能的君主。虽然费无忌一直对自己很关心，但论学识和品德都不能和老师伍奢相比，对自己的将来也没有多大的帮助。

因此，太子逐渐冷落了讨好他的费无忌。这令费无忌更加失落了。他又想，一定是伍奢在太子面前说了自己坏话，导致年幼的太子不明所以，逐渐疏远了自己。想到自己曾尽心尽力地服侍太子，全部精力都投在他身上，现在太子竟然将自己像破布一样丢弃了，费无忌气得浑身发抖。他既记恨太子，更记恨伍奢。这一切，都是那个伍奢搞的鬼。

从这时开始，费无忌留意起时机，想看何时能扳倒伍奢。他是个心思缜密的人，清楚一个道理：若想报复伍奢，必须先扳倒太子建。

伍奢现在是太子身边最重要的人，即便是伍奢有了麻烦，太子一定会尽全力帮他。何况通过这段时间的相处，太子已经离不开伍奢的教导了，因此楚王也不会因为一些简单的事就怪罪伍奢。既然太子早已不拿自己当回事，不如直接从太子身上下手。伍奢是太子的老师，太子犯了错，伍奢更是首当其冲要受罚。

那么，究竟给太子安排一个什么罪名呢？费无忌想到，世间最容易引人犯罪的，就是女人。他想起晋国曾发生过的事情，晋献公与儿子申生争夺女人的故事，这应该是最有效的令父子反目成仇的办法了。费无忌对自己的计划很满意。

血脉与刀锋

第二年，太子建十六岁，费无忌决定将他的计划付诸实践。他找到楚平王，向其提议说，太子年纪不小了，也该找个适合的女子在身边服侍了。楚王听后很高兴，觉得费无忌真是太子身边贴心的少师，考虑得比他这个父王还要周到。当楚平王询问，该给太子选择谁家的千金呢？费无忌马上回答：为太子选亲，必须是这天底下最好的姑娘。如今秦国公主已成年，相貌出众，落落大方，和太子最般配不过了。若是提亲晚了，怕是秦国公主要被别人抢去了。

费无忌口若悬河地说了一通，听得楚平王竟着急起来，赶快派他去秦国提亲，生怕这么合适的婚事由于自己的拖延错过了。

拜别了楚王，费无忌赶紧到太子那里卖好。他又在太子面前狠狠地夸赞了秦国公主如何年轻貌美如何贤良淑德，听得太子也十分动心，急忙感谢费无忌说："还是少师最关心学生。此事若是能够谈妥，一定重赏少师。"而费无忌则一副正义的样子，说都是为了太子的将来，只要太子好，自己做什么都心甘情愿，说得太子感动不已。

这样，复仇计划的第一步算是成功了。

费无忌开始动身向秦国出发。太子建将此事告诉了老师伍奢。伍奢听后没有觉得不妥，反而自责地想，本该由他这个老师费心的事，竟然由费无忌先想到了，真是有些惭愧。而太子既然到了应该婚配的年龄，为他许配秦国的公主，自然也是很合适的。可是太子和伍奢都没有想到，一场巨大的阴谋正向他们袭来。

费无忌到达秦国，直接拜见秦哀公并说明了来意。当时的秦国国力还远远不如楚国，因此楚王能派人到秦国来提亲，简直是秦国的荣耀。秦哀公喜不自胜，赶紧派人叫来了最漂亮的秦国公主与费无忌相见。费无忌看到貌美的秦国公主，心中非常满意。他觉得，凭这位公主的容貌，绝对可以帮助他实行复仇计划。他当即表示对公主满意，准备回到楚国向楚王报告。为了显示自己的诚意，秦哀公直接要公主随着费无忌一起回到楚国，希望早些完成这门亲事。

费无忌在离开秦国以前，就已经派人快马加鞭赶回楚国，向太子建报告此事，并一再说明秦国公主美貌天下无双，温柔如水。太子听了很激动，连忙命人装饰太子府，随时准备迎亲。而费无忌带着秦国公主一路赶回了楚国。到达楚国第一件事，不是将公主送往东宫，而是先去拜见了楚平王。

楚王见费无忌风尘仆仆地回来了，也是难掩满脸的喜色，催促着赶紧将公主送往东宫。可是费无忌却阻止了秦国的送亲队伍和楚国的随从人员。他对楚王说："这秦国公主，臣不能送往东宫。"楚王疑惑地看着费无忌，等他说出原因。费无忌跟随楚王身边多年，非常清楚他身上有着很多男人都有的致命弱点：好色。因此，费无忌故弄玄虚地说："这世间最美好的事物，难道不是都应该由大王最先享有吗？秦国公主美艳无双，品德高贵，正是这世间难寻的宝贝。依臣看，大王应该先见一见秦国公主，再做决定。"

楚王虽然嘴上说着不可不可，可是并没有坚决地拒绝费无忌的提议，最后在费无忌的一再坚持下，只好命人将秦国公主带了过来。在见到秦国公主的那一刻，楚王的确被她的美貌惊呆了。碍于君王的颜面，楚平王没有表现得过于惊讶，但是眼睛已经在秦国公主身上无法移开了。他心里想着：健儿真是好福气呀，能娶到这样一位绝世美人，真是天底下男人都想有的福气。

费无忌在一旁观察着楚王的神情，当他看到楚王的目光投射在秦国公主身上不肯移开时，心中就开始暗喜，自己的计划一定会成功。

他将秦国公主请了出去，小声地对楚王说："秦国公主无论是美貌还是品格，都是大王该享有的。大王每日为了国事操劳，更应该有这样一位美人服侍在侧。何况，这样的美人别说在咱们楚国找不到，就是世间也难寻。难得的是，她现在就在楚国，要她与谁完婚，那都是大王一句话的事。"

楚平王听到费无忌说这些话，一时有些惊讶。本来是给自己儿子定下的婚事，如今怎么可以变成自己的婚事呢？这件事若真像费无忌所说的那样办，要如何向健儿交代？费无忌自然明白楚平王的疑虑，接着开口："太子年少，以后选妃的机会多着呢。楚国国力强盛，其他国家的公主们都排着队要嫁到咱们楚国来，大王还怕没有太子中意的？以后大臣会为太子多留心的。可是，秦国公主，世间只有这一个，大王可别错过了。"见楚平王态度有些松动了，费无忌赶紧补充道："至于太子那边，微臣自然会替大王说清楚这件事。太子一向孝顺，不会多加追问的。"

这样，就在楚平王没有明确表态的状态下，费无忌将这件事解决了。他将这件事说得很微不足道，就像自己去秦国请来的本来就是给楚王准备的妃子一样。而楚平王亦是实在贪图秦国公主的美色，当晚就将其留在了楚王宫，儿媳直接变成了楚王妃。

等到木已成舟，费无忌奸笑着赶到太子府。见到太子，他马上换上了一副焦虑的神情，告诉太子：楚王非要见秦国公主，并且看上了她，硬是要他把公主留在了楚王宫。而他这个做大臣的，又没办法劝说大王，只好照办。太子听后，大惊失色。自己的父亲怎能做出这等丢人之事。世间女人千千万，何必非要去抢费无忌给自己找的太子妃？这件事说出去，简直成了他们父子间的奇耻大辱，要外人如何看待他们？

太子的反应，早在费无忌的预料之中，他想要的就是这种效果。为了让这件耻辱之事显得更加严重，费无忌摆出一副无奈又痛苦的表情，嘴里念叨着："唉！君命不可违！君命不可违呀！"他的这些话，令太子更是咽不下这口气。待费无忌走后，太子找到自己最信任的老师伍奢，委屈地将整件事情告诉了老师。伍奢听后，楞了半响，他敏锐地意识到，这件事并没有太子说的那么简单，一定有人故意生事，来挑拨楚王与太子之间的关系。

伍奢下意识地想到了费无忌。首先，整件事都是费无忌极力撮合，才导致事情发展到今天这种局面，从最开始向楚王和太子提议，到后来亲自去秦国提亲，甚至将秦国最美貌的公主直接带回楚国，接着，没有将公主送到太子府，而是先让楚王见到，这一步一步的细节，绝非偶然，费无忌在这件事上定是脱不了干系。

伍奢亦不是木讷之人，他留意到费无忌平日看自己的眼神里，总是透露着不满。而伍奢对于费无忌这个人，实际上也没有太好的印象。众所周知，费无忌对楚王和太子总是一副逢迎的嘴脸，表现得过于明显，令人厌恶。而从他平时的一些行为来看，此人绝不是胸怀宽广、能屈能伸之人。但凡谁得罪了他，他定要想出很决绝的招数令对方难受。但是伍奢转念又想，自己与他并无瓜葛，他实在没有理由加害自己。

忠厚的伍奢如何也想不到，费无忌仅仅是妒忌他的位置比自己高，权力比自己大，就费这么一番周折来陷害他。然而，伍奢毕竟是博学之人，他了解晋国历史，知道晋国曾因为晋献公父子为了争夺一个女人险些造成晋国大祸，想到这里，伍奢惊出一身冷汗：若是费无忌仿照晋国的历史，故意用这一招离间楚王与太子，那恐怕他的计划已经成功了一半。至少目前楚王确实将秦国公主留在了宫里，原本的太子妃变成了父王的女人。而太子也的确因为此事十分恼火，甚至觉得对自己是一种莫大的侮辱。这种情绪岂不是正中费无忌的圈套？

伍奢越想越觉得恐怖。若是他猜的没错，那么费无忌这个人可以说太可怕了。他先是利用秦国公主离间楚王与太子，让平王对太子失望，并让太子对父王产生愤怒的情绪，这样两人就成了对立状态。平王哪受得了自己的儿子这种态度对他？他很可能会一怒之下将太子废掉。太子被废，自己这个老师自然也是没有存在的必要了。这就是费无忌的真正目的！

这种小人之事恐怕只有费无忌想得出来。伍奢满心愤怒，决定第二日上朝之时参费无忌一本，决不能让他的阴谋得逞。

可是第二天早朝时，百官都已到齐，却迟迟不见楚平王露面。伍奢怀揣奏章等得心急如焚，就怕这一夜之间事情有什么变化。他想，如果现在能抓住机会向平王说明事情原委，或许平王会相信自己的判断，并将这件荒唐之事了结。可是他等到的，却是太监带来的平王口谕：大王新婚之喜，三日免去早朝，并任费无忌为太师。

太师？这一消息迅速在文武百官中炸开了锅。这可是一人之下、万人之上的肥差，费无忌何德何能，凭什么能坐上这个位置？而对于平王大婚这件事，多数大臣还不知道来龙去脉，此刻更是一头雾水。但是，这天下没有不透风的墙，这时已经有几位大臣在窃窃私语，表情讳莫如深地私下议论着平王与太子这件丑事。

而费无忌，此时正站在众人的目光之中洋洋自得。他有意地瞥了一眼伍奢，脸上的傲慢是显而易见的。伍奢叹了一口气，现在的局面，已经不是他所能扭转的了。不明所以的大臣们纷纷过来询问伍奢，到底是怎么一回事。伍奢实在没法告诉他们，整件事情都是平王被蒙住了双眼，是费无忌那个小人一手策划的。他只是甩了甩袖子，故意提高音量说了一句："楚国从此无宁日也！"然后愤愤而去。

伍奢心中明白，这时候无论自己如何对平王分析、解释，平王也不会相信自己的推断了。因为在平王眼中，只剩下秦国公主的美貌以及费无忌的奸笑。一个女人，就可以离间一国之君与儿子的关系，一个女人就可以让楚王被奸臣的计谋蒙骗。费无忌的位置，显然已经扳不倒了，而太子之后的命运，也只能靠他自己去解决。想到以后还要看费无忌的脸色，而对方一定会费尽心思陷害自己。这样的楚国，留下又有何用？伍奢绝望至极，与其等着被费无忌那个小人暗算，不如自己主动隐退，离开这个是非之地。

于是三天后，伍奢假借自己年老，身体状况欠佳为由，向楚平王申请，至此告老还乡。

伍奢原本以为，楚平王就算如今重用了费无忌，可是并不妨碍对自己的信任。伍家几代人对楚国尽忠职守，自己也始终尽最大努力为楚国效劳。自己这一次要走，平王无论如何也会挽留自己。可令他失望的是，楚平王非但没有露出半点儿挽留他的意思，干脆直接同意了他的请辞。楚平王原以为，伍奢作为楚国重臣，一向严明正直，并且作为太子的老师，在这件事上，他一定会站在太子的角度质疑自己，并且会不依不饶好一阵子。现在伍奢主动要求离开，并且半句没有提起此事，楚平王高兴还来不及，当然是当即准了。

遵 循 先 祖 的 轨 迹

可是，随着伍奢的离开，这件事并没有结束。奸诈的费无忌虽然挤走了自己的眼中钉伍奢，却还是不肯罢手。他觉得，这个结果还不是他想要的，他还能将事情弄得更严重，让伍奢即便走了，也不能安心。

太子建在伍奢走后，便开始一蹶不振。没有了老师的开导，他始终走不出这件事的阴霾。特别是在他看到秦国公主绝色的容貌之后，更是愤恨父王抢走了原本属于自己的女人。虽说自己年纪尚轻，不愁将来找不到好妃子，可是像秦国公主这样的美貌之人，恐怕再也遇不到了。于是太子心中的怨恨越积越多，但是父王毕竟是父王，即便自己有再多的不满，都不能肆意地表达出来。太子只好忍气吞声，以沉默做无声的抵抗。这种消极的回应一天天地持续着，楚平王与太子的关系也一天天地疏远了。每次父子两人相见，太子都是郁郁寡欢、一副心事重重的样子，而楚平王本就对这件事有些心虚，看到太子这样，更是不愿多见他。这样，父子两人的隔阂也就越来越深了。

对于一个君王来说，最担心的事情就是谋反。谁都想长久地保持自己的统治地位，因此对有谋反苗头的一些人会格外防范。甚至有时候会"宁错杀一万，也不能放过一个"。费无忌深知这一点，也清楚楚平王本就是一个疑心极重的人。因此，费无忌决心用这一点来继续实施自己的计划，进一步加大楚平王对太子的不满。

费无忌来到楚平王身边，又装作一副焦虑的样子告诉楚平王：大王成婚后，太子似乎一直对此事耿耿于怀，心中积压了不少怨恨。并且太子最近频繁来往的人，都是平时对大王不满的人。这些人聚在一起，恐怕有所谋划。楚平王一听，顿时火冒三丈。历史上儿子谋反，甚至逼死生父的事例屡见不鲜，自己绝不能做了他们的刀下鬼。

可是，毕竟无凭无据，自己也不能就这样将亲生儿子处死。就算将他处死，大臣们也一定会对此事加以诟病，自己以后的威望也会大打折扣。楚平王一时犯了难，他用迷茫的目光看向费无忌。费无忌早已是楚平王身旁最受信赖的军师，无论楚国的大事小事，都要先通过费无忌才能进行下去。费无忌看时机已到，就不再假装发愁。他用坚定的语气对楚平王提议：太子若是真的有谋逆之心，谋反一定是在郢都。既然太子留在大王身边令大王担心，不如将他派走。

楚平王想了一下，点点头表示同意。自从他将秦国公主留下以后，太子就对他横眉冷对，再也没有从前那般尊敬，这让他在大臣们面前很没面子。而且楚平王也知道，这件事本身就是自己做得过分，因此见到太子时更觉得尴尬。现在费无忌的提议刚好解决了这个问题，将太子派出去，总比杀了他要好。可是，派往哪里呢？

老谋深算的费无忌这时将早已筹划好的计划说了出来：楚国边境小城城父此时正需扩建，以防外族入侵，正好可以派太子去监督扩城。这个建议正中楚平王下怀。太子到楚国北方镇守，自己留在南方坐镇。这样既可以巩固楚国边境稳定，又可以考察太子是否真的对自己忠心。而且父子两人分开，也可以避免尴尬。想到这儿，楚平王迫不及待地下令派太子建去镇守北方。

而得到命令的太子建还以为父王派自己去那么重要的地方，是因为信任自己的能力呢。他庆幸父王没有因为之前的事对他产生厌恶情绪。善良的太子此时还为自己之前的行为感到自责，认为自己实在不该用那种态度对待父王，那毕竟是一国之君。何况，这件事说到底，还不都是为了一个女人。

太子建带着消息去乡下找到老师伍奢，告诉他自己即日就要启程。伍奢在楚国做了这么多年的官，当然知道楚平王将太子调到北方意味着什么，也很清楚这一定又是费无忌计谋的一部分。无奈自己年老无能，在楚平王面前早已说不上话。而他所推测的这些，并不能同太子说。否则以太子年轻气盛的个性，一旦制造出什么麻烦，恐怕连同他都要一起送了命。在太子离开之际，老师伍奢只嘱咐了一句话：到了城父，只扩兵，而不用兵权；只交城父之友，不交外邦之人。只有这样才可避免惹祸上身。

太子建虽然一时还没有明白老师的意思，但还是记住了这位他最信赖的长辈的话。到了城父，他全心用在城父的建设上。或许是太子建天生就在这方面擅长，只用了很短的时间，他就将城父从一个很小的城市逐步变得富足起来。在他的统筹之下，城内人口快速增加，城市规模也逐渐扩大。可是随着时间的推移，对自己的成果很满意的太子建慢慢地忘记了老师的嘱咐。他觉得，既然城市规模和人口数量在发展，那么军队人数自然也要相应扩大，否则偌大的城父没有人把守，岂不是随时都会被别人攻破？

太子建的想法并没有错，但伍奢能想到的事情，他是想不到的。他的扩军，正给了费无忌陷害他的机会。

从当初太子建离开郢都开始，费无忌就等待机会进一步扳倒他。因为即便伍奢走了，太子也去了城父，但是没准儿哪一天太子继位了，还是会对自己不利，因此费无忌仍然抱着置他们于死地的想法。现在他听说太子在城父的种种措施，心想，终于让他等到算总账的这一天了。搬弄是非、挑拨离间可是费无忌的专长。他找到楚平王，苦着一张脸告诉对方：太子在城父扩充兵马，日夜操练。同时，他还与晋、齐、鲁、宋等多个诸侯国的使节交往过密。据从城父回到郢都的士兵报，太子与这些使节似乎密谋着造反。

造反！听到这两个字，楚平王心中一颤。这是他长久以来最害怕听到的两个字。可是他想不明白，自己的儿子为什么要做这么多事来推翻自己？费无忌佯装愤怒地说："一定是太子为了报之前的夺妻之仇。他想通过在北方建立起来的势力，另立朝廷，与大王分庭抗礼。"楚平王听了他的分析，又难过又担心。由于长时间依赖费无忌这个军师，他已经逐渐丧失了独立思考的能力，变成了一个没有主见的人，甚至连自己的儿子都不相信。

见楚平王神情落寞，费无忌心里激动万分，他更是抛出了自己的老对手伍奢，说其是太子的同党，辞官之后去了乡下，正是为了隐蔽地为此次谋反准备条件。费无忌更是故意扭曲伍奢的意思，告诉楚平王，在楚平王大婚当日，伍奢就曾说过：楚国从此无宁日也。如果说，太子的谋反让楚平王难过更多一些，那么伍奢的参与则令楚平王更添了一分惧怕。毕竟伍奢在楚为官多年，他若想造反，恐怕会勾结不少势力。

一个是亲生儿子，一个是已经告老还乡的臣子，楚平王还是想再确认一下这件事的虚实。他主张派人去乡下打探一下伍奢的行踪。这个任务自然也是交给了费无忌，而打探回来的结果毫无疑问的，这件事被坐实了。

伍氏家族的悲剧

事到如今，楚平王也只好先下手为强。他先是派王宫卫队长奋扬去杀掉太子建。奋扬武功高强，一向深得楚平王信任。然而奋扬在出发之前，就派了快马赶到城父，告知太子建楚平王要派人来杀他。太子建吓得赶紧收拾东西逃到了宋国。

奋扬空手而回，遭到楚平王的质问。奋扬只是回答：末将已经完成了大王的命令。楚平王没有听懂。奋扬解释到："大王曾嘱咐我辅佐太子，要像保护大王一样悉心保护太子周全。现在大王要我追杀太子，面对这两个极为矛盾的命令，末将都要执行。我首先执行大王的第一个命令，保护太子。因此有人要刺杀太子，我必须派人去提醒他；接着我执行第二个命令，即刺杀太子。可是太子提前得到了消息，已经逃往宋国，末将追之莫及。"

听了奋扬的一席话，楚平王脸色有些难看。的确，当初是他要奋扬保护好太子，如今又要他去刺杀太子。这显得自己是多么的前后不一。因此，尽管费无忌在一旁使劲鼓动楚王将奋扬处死，楚平王还是饶恕了这个忠心的臣子。

可是，伍奢就没有奋扬这么幸运了。费无忌派人将伍奢抓进大牢，以谋逆的罪名要将他处死。

其实对于自己的这场灾祸，伍奢早已有了心理准备。当初他提醒太子不要在城父扩兵，就是担心费无忌以此来诋病太子。后来听说太子没有听从他的劝告，一意孤行地扩充军队，伍奢就料到会有今日的大祸。因为太子犯下滔天大错，他作为老师一定会被诬陷成参与者之一，甚至就是出谋划策之人。或许在楚平王看来，伍奢很可能就是利用太子的年幼无知，来达到自己的目的。所以，当伍奢听说楚王派人去刺杀太子时，就断定自己的命是保不住了。楚王连自己的儿子都杀，何况一个大臣？伍奢又想到自己的两个儿子，伍尚和伍员。他们在许国做楚国特使，因此目前还是安全的。

此时的费无忌，已经不是单纯的阴险狡诈，甚至可以用恶毒来形容他了。处死伍奢不是他的目的，他想要的是斩草除根，要灭伍家的门！他向楚平王提议，不仅要杀掉伍家所有人，更要杀掉伍奢的两个儿子。可是伍尚和伍员在许国，总不能派兵去抓呀。费无忌的聪明才智，从来都是用来害人的。他来到大牢里，逼迫伍奢写信给他在许国的两个儿子。信中对儿子们说明要他们回到楚国，在郢都相见。伍奢心中明知他不会饶了伍家大小，但最后还是写了这封信。

费无忌拿到信没有急着派人送往许国。他知道伍奢的头脑在自己之上，恐怕他在信中要什么把戏。他回到太师府，拿着信左看右看，最后也没看到有什么端倪，他这才放心地将信送出。接着，就等着伍奢的两个儿子自投罗网吧。

而在许国的伍尚和伍员，在接到楚国特使送来的父亲的信时，立刻意识到，父亲出事了！因为早在两人出使许国之时，伍奢就告诉两个儿子：到许国之后，专心做事，不要记挂楚国的亲戚，更不要记挂父亲。如果哪天收到父亲的信，说要他们回到楚国与其相聚，那一定是父亲在郢都出了事。到时候，你们一定要尽快逃走。

千算万算的费无忌，绝不会想到伍奢早已安排好了一切。伍奢心里清楚，一旦两个儿子收到他的信，一定会想起当初他们之间的约定。大儿子伍尚为人沉稳，他定会带着弟弟逃出许国。只是，二儿子伍员性格暴躁，自小习武，有时会鲁莽行事。伍奢最担心的，就是伍员得知是费无忌陷害他们一家之后，会不顾一切地复仇。他一定会这样做的。知子莫若父。伍奢断定伍员将来一定会与费无忌为敌，与楚王为敌，与楚国为敌。想到伍家世代忠良，在楚国尽忠尽孝，无一人做过有损名誉之事。而自己的儿子，将来要成为楚国的逆贼，让伍家背负反贼的骂名，这真是比杀死自己还难受。可是那毕竟是自己的儿子，伍奢不能眼看着他们被费无忌害死。因此他必须要在心中写出当初预定的暗号，救两个儿子逃出这场劫难。

　　兄弟两人看到信，先是难过了一阵。想不到父亲对楚王忠心耿耿，现在却遭此大祸。伍员主张两人赶快逃走。既然父亲要他们赶快逃，他们又无法救父亲于水火，还不如先保住自己的命要紧。

　　伍员建议两人赶快逃命。可是伍尚迟疑了。他是父亲的大儿子，现在父亲不在，他更要保护好弟弟。现在有人要他们的命，而且是连父亲都解决不了的问题，他们两个年轻人更是束手无策。但他不能任凭这些人害死父亲，哪怕回去与父亲一同赴死，也算是报答了父亲的养育之恩。而弟弟伍员自小聪慧过人，有勇有谋，他将来一定会找到机会为他们伍家报仇。

　　伍尚将自己要回到郢都的想法告诉了伍员。伍员激动地挽留哥哥，可是见他不为所动，也就不再说什么。在生死面前，他们还都太软弱，对敌人的陷害根本无法招架，只能听之任之。兄弟二人分手后，伍尚回到了郢都。结果可想而知，伍尚刚到郢都，就和他父亲一样被关进了大牢。就这样，伍家上下，除了伍员逃脱了，其他人全部被处死。

　　楚平王见伍员没有抓到，心中一直不踏实。他派几路士兵追杀伍员的下落，势必要找到他将他除掉。刚刚从死亡圈套中逃脱的伍员，开始了他的逃亡历程。为了不被楚平王的人马抓到，他只能骑着快马，日以继夜地赶路。逃亡的路是如此漫长，时间又过得如此慢。慢得足以让他分析清楚当前的局势。若是投奔强国，诸如宋国或晋国，他们虽然在实力上可以与楚国相抗衡，但实际上并不愿意与楚国开战，毕竟楚国目前的国力是不容小觑的。凭他这样一个流亡的年轻人，人家凭什么为了自己就向楚国宣战？

　　只有联合楚国的敌人，才能达到自己的目的。而此时吴国与楚国正处于交战之中。虽然吴国此时的能力略显不足，但他们的游击军也着实令楚国头疼。如果自己此时投奔吴国，定会受到吴国的热情接待，至于能否真正实现自己的复仇计划，更要看自己的能力。父亲伍奢是最了解这个儿子的，他知道，一旦伍员决定要做的事，一定是不达目的誓不罢休。而伍员本身也是相当智慧的，他会用尽一切办法为父亲以及所有伍家的亲人报仇。同时，他也是一个有血性的人，他不会轻易放过那些诬陷父亲的凶手。他会无所不用其极地让他们血债血偿！所有这些目标，都需要他的超凡勇气与智慧。

伍员的这个决定，造就了一代传奇，他就是后来吴国大名鼎鼎的伍子胥。他可以说是春秋战国时期实施复仇计划并得以成功的第一人。他的成功，不仅仅是机遇或是巧合，更重要的是，伍子胥本身就是一位能做大事，有大勇，有大谋的人。

伍子胥像

在希望中等待机遇

就在逃往吴国的途中，伍子胥想起了太子建。自己的父亲曾是太子建最信任的老师，而且父亲和太子建都是被费无忌这个小人所害，落到今天的田地。这样看来，太子建是自己的同盟，因为他们有着共同的仇人。因此，伍子胥改路先去了宋国，想要了解一下太子建在宋国的现状，也想邀请太子建与他一同去吴国，助他实行复仇计划。

到了宋国，伍子胥顺利见到了太子建。他从太子建那里听到了父亲和兄长已被下令处死的消息。虽然早有准备，伍子胥还是难掩悲痛。可是在悲痛过后，还有更重要的事情等着他，这也是他来到宋国找太子建的目的。

可是当他对太子建说出自己的复仇大计时，太子建立刻回绝了他。原来，太子建虽被奸臣所害，如今逃到宋国之后，却享受着宋国给他的优厚待遇。平日的吃穿用度从来不愁，地位更是高人一等，很受宋国人的尊重。

而且太子建并没有打算在宋国久留。他始终期盼着楚平王能够查明事情真相，还他和老师一个清白，在处死奸臣之后召自己回到楚国。他总是想着，终究是父子，自己又并没有做错什么，父王一定会相信自己。时间是证明真相的最好方法，父王不会一直被圈套蒙住双眼，到了真相大白的那一天，他就可以光明正大地回到日思夜想的楚国了。

伍子胥听到太子建这幼稚的想法以后，心中不免替他感到难过。楚平王什么时候才能看清事情的原委？什么时候才能看清费无忌的真面目？恐怕谁心里也没底。看到太子建一心的期盼，伍子胥真不知该如何劝告他。他无法要求要一个年轻人去反对自己的父王，反对自己的国家。毕竟，那里曾给了他一切。

反过来，太子建倒想要伍子胥留下来，陪伴他在宋国生活。老师伍奢已经被费无忌害死，他身边更需要一个能够给他指条明路的人。他希望伍子胥能接替其父亲的位置，作为他的太子师，教授他治国之术。这样，将来有一日父王召他回楚国继位时，他便可以手到擒来了。

伍子胥见太子建态度坚决，一时半会儿也无法动摇他的决心，只好暂且同他一起留在了宋国。他要等待时机改变太子建这种不切实际的想法。同时，他不得不承认，太子建今日的落难，也和自己父亲有关系，因此他更不能丢下太子建一个人在这儿。他一定要帮助太子建，就算是为了了却父亲的心愿也好。

这一住就住了一年半。就像过了半辈子一样漫长，伍子胥每日都是在煎熬中度过的。他无法不去想父亲和兄长的死，无法不去面对伍家的悲惨命运。最折磨他的，就是他心中那个日益膨胀的复仇计划。为了能够真切地实现那个计划，他必须暂时压制着自己，这种压制是令他极其痛苦的。

就在伍子胥快要熬不下去的时候，机会终于来了。太子建终于对回楚国的事情不再抱有幻想。他在宋国已经留了这么久，始终没有等到父王召他回去，甚至还不断有楚国的杀手暗中刺杀他。虽然他不确定这些杀手究竟是父王派来的，还是费无忌那个小人指使的，但是一次次的心惊胆战已经让他接近崩溃，他不再幻想可以回到楚国继位，只要能保住性命就行。

然而，当下的宋国，内部也是混乱不堪。原本宋国的侍卫戒备森严，能抵挡住楚国刺客的攻击。可是现在宋国自己人都打得天翻地覆，根本无暇顾及他的安全。太子建觉得与其留在宋国等死，还不如另寻他处。他知道伍子胥一定会建议一同去吴国。可是即便对回国继位不抱期望，太子建仍然以太子自居，自己生于楚国王室之家，怎能叛国呢？他不愿做一个被人唾弃的太子，哪怕牺牲掉自己的性命，他还是对自己的父王抱有一丝希望。或许有一日父王还会找回他这个儿子。

太子建不愿叛国，因此便想了个折中的地方，他主张去郑国。因为之前楚平王将郑国的土地归还于他们，太子建觉得郑国会友善地接待他们。拗不过太子建，伍子胥只好跟随他去了郑国。可是出乎意料地，郑国人并没有接纳他们。郑人的理由是，他们不愿与楚国为敌，因此就不能收留被楚王追杀的两个人，哪怕是太子。

在郑国碰了壁，太子建又提议去晋国。伍子胥一听这次是晋国，说什么也不同意。一旦两人到了晋国，回楚国报仇就更是遥遥无期了。最后两人意见无法统一，只好各自寻找出路。临别之际，太子建将自己的儿子公子胜托付给伍子胥，声称若是自己此生无法回到楚国，要伍子胥一定将公子胜带回楚国，毕竟，那是楚国的骨肉啊！

伍子胥带着满腔的悲痛与太子建告别。太子建最后的嘱托令他久久不能平静。但就像是父亲给他的任务一样，他一路上悉心照料着公子胜。两人白天躲避追兵，晚上赶路。

费无忌安插在郑国的眼线早已将伍子胥的下落报告给了他。而楚平王听说太子建和公子胜两人分道而行，亦是十分担心。他最不愿见到的，就是他日这二人其中的某一个回到楚国来找他报仇，因此他更加支持费无忌对他们的追杀。

好在以伍子胥的机智，是不会让费无忌轻易得手的。等到楚国的刺客得到消息，再赶到楚国与郑国的边境，伍子胥和公子胜早已经进入吴国境内三四天了，哪里还追得上。

当伍子胥带着公子胜进入吴国的土地，他的血液顿时沸腾了！多日来的奔逃，夜不梦寐的辗转，令他疲惫不堪，现在他终于站在了这个自己夜以继日奔向的地方。他知道，这是他复仇计划的起点。他要在这里，筹划并实施他余生几十年所要做的那件事，一件天大的事！

处心积虑　一意复仇

见到了吴王僚，伍子胥迫不及待地向他说出了自己的复仇计划。可对方对他的计划并不感兴趣，始终不肯答应出兵攻打楚国。伍子胥明白，如果站在吴王的角度来看，出兵攻打楚国，并不是一件明智的事情。

目前吴国的国力与楚国相比较，还是处于下风。若是直接正面与楚国交锋，定是负多胜少。与其这样，吴国还不如继续出动游击军作战，既不损伤吴国军队，又能骚扰楚国边境。更何况，伍子胥个人的恩怨，或者说伍家与楚国的恩怨，与吴国何干？吴王凭什么要冒着被灭国的风险去帮助一个毫不相干的人？

可是吴国是唯一一个能够帮助自己实现复仇计划的地方。为了父亲与兄长的性命，为了吴氏家族的冤屈，就算再难，伍子胥也要在这里等待时机。

这样一等，就是六年的光景。这六年中，伍子胥无数次向吴王僚提起攻打楚国的事。可是吴王始终没有答应，总是以各种借口回绝他。此时的伍子胥，才充分体会到当年太子建在宋国时的滋味。等待是最令人难受的事情，因为你等的，很可能只是一个遥遥无期的梦而已。

在这期间，楚国传来消息，楚平王病逝，楚昭王继位。这个消息给了伍子胥一个不小的打击。他无时无刻不在想着亲手杀掉那个昏庸的楚王，以此告慰父亲的在天之灵。现在楚平王病逝，真是便宜了他。不过没关系，费无忌还在，他才是伍子胥最想杀掉的人。只要他还活着，伍子胥复仇的火苗就不会熄灭。

在漫无目的的等待中，伍子胥逐渐对吴王僚失去了耐心与信心。他终于明白，虽然吴王僚一直对他的遭遇表示极大的同情，但从未真正打算派兵助他复仇。伍子胥这时才意识到，他必须另寻他人帮助他实施复仇计划。他盯上了吴国的公子光。可以说，公子光是伍子胥想要寻找的最佳人选。

公子光是吴王僚的堂弟，在吴国的地位却不比吴王僚差。他手握兵权，统领着吴国全部的人马。伍子胥发现公子光除了权势显赫，还有一个重要的方面就是，他对吴王僚一直心怀不满。当初老吴王过世，在众人都推举公子光继位的时候，吴王僚抢先一步夺得了王位。为了平复公子光的怨恨，吴王僚将兵权交给他，封他为吴军元帅。虽是一人之下，万人之上，可眼看着属于自己的王位另属他人，公子光还是不能咽下这口气。伍子胥是多么精明的一个人，他怎么会看不出公子光的野心。他知道对方始终在觊觎这个王位，只是暂时还没有找到合适的机会。吴王僚将军权给了公子光，就以为他能死心塌地地屈居自己之下，实在有些幼稚了。公子光权力越大，野心也就越大，对他的威胁也就越大。这种威胁大到一定程度，只需要一个引子，就可以瞬间爆炸。

公子光与伍子胥平日里关系还算不错。只是二人从未走得太近。伍子胥锁定目标以后，就开始盘算着如何接近公子光。只要能说服他出兵攻打楚国，自己沉冤得雪的日子就不远了。可是如何让公子光信任他呢？最简单也最有效的办法，就是助其夺得王位。

伍子胥与公子光虽说关系不算亲近，但也从未有过任何过节。而这二人最后能够结盟，归根结底还是利益的驱使。因为当伍子胥提出向公子光借兵攻打楚国时，公子光以吴王不会答应为由拒绝了他。可是当伍子胥提出，他会帮助公子光成为吴王时，对方的眼中闪现出一种从未有过的光芒。虽然他强压住内心的悸动，但是他的这些变化以及刻意的行为，还是逃不过伍子胥的眼睛。伍子胥早就知道公子光对吴王的这个位置垂涎已久，现在通过一句话就试探出他确实有这个打算无疑。

不管是没有足够的勇气也好，还是没有足够的能力也罢，公子光虽然有着贼心，却始终没有进一步筹划这件事。伍子胥既然肯助他夺得这个梦寐以求的位置，他也要考虑伍子胥是否有这个能力来帮他。弑君之罪可是要掉脑袋的，没有十足的把握，谁也不敢轻举妄动。他知道，伍子胥在吴国等了六年，无数次请求吴王出兵攻楚，都没有得到吴王的允许。因此伍子胥对吴王的绝望，是能够确定的。至于他到底有没有能力帮助自己顺利登上王位，目前还不可知，也只有做了之后才知道。或许这一次，将是他公子光一生中唯一一次机会，不如就此放手一搏吧。

两人首先都有一个共同的认知，就是若是想要夺取吴王僚的王位，必须先要夺了他的性命。否则就算赶他下了台，以他多年来在吴国的权势，迟早有一天还会对他们二人产生威胁。

伍子胥在吴国等了这么多年，对吴王僚毕恭毕敬，一直期盼他能出兵为自己报仇，何况，打败楚国，对吴国来说也是一件有着重大意义和利益的事情。可是吴王僚一直顾左右而言他，不肯明确表明自己的态度，致使伍子胥浪费了这么长的宝贵时间，甚至一直拖到楚平王去世，都没能报仇。

而对于公子光来说，他相信自己是有能力的。他不止一次地想，如果自己做了吴王，吴国会比现在要更强盛更稳定。虽然他一直很受吴王僚的器重，但终究不是能做主的人。而且吴王对吴国的很多大事上的判断和决定，公子光都是不赞成的，可是这根本没有用。他的急迫，也不是一天两天了。至于吴王僚对他的知遇之恩，他是否心存感激，是否不忍心就这样杀害自己的堂哥？他想，恐怕在他的堂哥霸占他的位置那一刻开始，这种感激和不忍心，就已经消失殆尽了。

可是要刺杀一国的国君哪有那么容易？吴王僚因为自己的位置是抢夺过来的，总是担心坐不稳，因此身旁日日守卫森严，即便是伍子胥和公子光二人其中的一个可以近身，恐怕都没有机会动手。一旦事情败露，两人连性命都保不住了。如此这样地商量了一番，两人决定找刺客代劳。而寻找刺客这个任务，就交给了行动方便不太引人注目的伍子胥身上。

他们定下了半年之期用以选人。半年后，伍子胥将他中意的人选专诸带到公子光面前。公子光了解伍子胥的能力，知道他认真挑选来的人能力一定没问题。只是他还是不免担心，伍子胥认识专诸这个人不过几天，要他去做这样的一件大事，实在有些冒险。他想试试专诸有什么本事。专诸自我介绍说，他在常年屠杀牲畜的过程中，练就了一刀封喉的本事。在公子光的授意下，专诸以闪电的速度瞬间杀死了公子光身边的侍卫。伍子胥和公子光都对他的身手很满意。

接下来的问题是，如何让专诸顺利到达吴王僚身边。三个人商量了半天，发现有一条路可行。吴王僚爱吃鱼，特别是红烧鲈鱼。而专诸最擅长的，就是做这道菜。如果专诸端着这道菜献给吴王僚，就有机会走到他身边实施刺杀了。

就这样，一场惊天的阴谋就要被付诸实践了。

这一天，天还没有大亮，伍子胥就起身在屋内踱步。这天是他和公子光制定好刺杀吴王僚的日子。尽管之前的几次碰面，三个人已经将整件事情安排得妥妥当当，除非有特别出乎意料的事情发生，否则可以说是万无一失。但伍子胥还是止不住地紧张和担心。这种既恐惧又兴奋的情绪笼罩着他，令他坐立不安。如果今天可以成功刺杀吴王僚，那么他的复仇大计就可以正式开始了。如若不成，恐怕他也要追随父亲和兄长而去了。

临近中午，吴王僚应公子光邀约来到元帅府。与以往相同，吴王僚身边的王宫卫队团团围住了他，将他安全地送进府内。

宴会开始，吴王僚与公子光像往常一样，谈论国事，觥筹交错。一切看起来都是那么平常，吴王僚有些微醉，眼神也有些迷离。他被公子光和众人捧得忘乎所以起来。他心情很好，因为在出发之前他就听公子光说，找到一个做鱼的高手，一定会让吴王满意。

下一道菜就是红烧鲈鱼了。只见专诸端着一个大盘子走到宴会厅，他毕恭毕敬地弓着身子，眼睛没有看向两边，一副卑微的样子。走到距离吴王僚较近的地方，有侍卫过来在专诸身上上上下下搜了一遍，确认他身上没有武器才允许他靠近吴王。

专诸低着头，但是已经感到了吴王僚的眼睛正专注地盯着他手中的那条大鱼。吴王僚一定想不到，此时的他，才是专诸眼中的大鱼。

专诸的沉着稳健让公子光放下心来，这一刻，他已经能够确定，此次刺杀任务，专诸一定能顺利完成。公子光仿佛看到了自己继位的样子，想到了自己对着吴国上下发号施令时的不可一世的神情，只是这样想一想，他都觉得浑身充满力量。而这个梦，或许在几分钟之后就可以变成现实了。

专诸端着盘子走到了吴王僚身边，将盘子放在了吴王僚面前的案子上。所有人都关注着盘子里的那条鱼，特别是吴王僚，他已经迫不及待地要一尝美味了。就在众人的注意力都被大鱼吸引住时，专诸迅速地腾出手，从鲈鱼腹中取出早就藏在里面的一把刀，对着吴王僚划了过去。

时间好像静止了一般，没有人看清楚专诸是如何出手的。待众人都缓过神来，看到的已经是躺在地上的吴王僚。由于刀子直接划在脖子上，吴王僚瞬间就没了气息。护卫、士兵，所有人都愣了，接着才开始一拥而上，将专诸砍得血肉模糊。这时公子光和伍员带着人马，里应外合地杀散了吴王僚的卫队。

一次刺杀国君的行动，就在一片厮杀声中结束了。公子光与伍子胥对视了一眼，两个人都满意地点了点头。

吴王僚被杀死，吴国的统治阶级一下子乱了。作为元帅的公子光召集吴国的群臣开会，讨论下一步该作何打算。大臣们听说吴王被杀，都傻了眼。公子光对大臣们说，自己的想法是将这个位置交给四叔季札，也就是吴王寿梦的四子。季札听说吴王僚死了，伤心痛哭。他对国事从来不感兴趣，也不愿去争什么。因此吴国国君的位置，就顺理成章地落到了公子光的手中。

可悲的是专诸这个人，他与吴王僚无冤无仇，却甘愿冒着生命危险去刺杀他。他本来是想凭借这件事立个大功，可以得到官位，得到土地和房屋。可刺杀一国国君哪有他想得那么容易。古人说到这个人刺杀吴王僚的原因，把他归结于"彗星袭月"，也就是天上的扫把星袭击了月亮。

这一天之后，公子光开始了对吴国的统治。他给自己取名为"阖闾"。阖，是关闭的意思；闾是巷子里的门。阖闾合在一起，表示关门，不与外界联系。这一年，是公元前514年。如果说，杀死吴王僚这件事对于伍子胥来说，是复仇行动的正式开始，那么对于公子光来说，却是终极目标的达成。

公子光先是按照国君的规格，厚葬了吴王僚，谥号为"吴武王"。之后，他没有忘记给他带来这个王位的最大功臣专诸，将这个刺客妥善安葬。当然，最重要的事，就是重用伍子胥，让他做自己的左膀右臂。

刚一上位的公子光，位置并没有坐稳，但是伍子胥已经没有耐心再去等待。他迫不及待地建议吴王阖闾出兵伐楚。因为之前吴国的游击军与楚军作战时表现得很出色，对楚国的威胁很大，因此伍子胥准备继续沿用这种作战方式。毕竟，楚国的军队实力还是在吴国之上，想要硬拼，几乎不可能取胜。

吴王阖闾

针对目前吴国军队的情况，伍子胥提议将军队分成三部分，每次派出一个师的兵力去攻打楚国，这样轮番作战，楚国定会疲于应付。而且经过这么长时间的游击作战，伍子胥知道楚国仍然不会下决心与他们一决高下。

在古代，国与国之间的战争就是这样，假如一国的战术制定明确并且精准，即便是只派出一百人的队伍，也能消耗对方不少实力。吴国的一个师，对于楚国的国力消耗也是很大的。等到三个师轮番出兵将楚国的国力消耗得差不多了，再统出三军，一举将楚国击败。这应该是目前局势下，对付楚国最合适的战术了。

从此，楚国边境出现了"无岁不有吴师"的局面，吴国对楚国的骚扰，逐渐成了常态。可是楚国并不知道吴国采取的是什么样的战术，也无法判断对方究竟哪一次是小规模的骚扰，哪一次是大规模的进攻。因此，楚国只能出动精锐部队在边境上加以防守，以防吴国三军的突袭。

可以说，楚昭王是一位倒霉的君王。他从上任开始，就一直在忙着抵抗吴国的进攻，一日都不得安生。而在吴军不断派出小规模军队骚扰楚国的过程中，伍子胥始终在做一件重要的事，那就是加紧操练吴国军队。因为不久之后的某天，吴国军队就要向楚国发动一场真正的战争了。

楚国上上下下，被长久以来吴国的骚扰弄得狼狈不堪。就在这种长时间的抵抗下，楚国竟然逐渐失去了防备能力。他们忘记了吴国随时会发动大规模战争的危险，始终以抵抗小规模骚扰的状态作战，而这才是一个国家最脆弱的时候。

想要击败楚国，除了楚国本身令吴国有机可乘，还需要吴国自身的军事力量不断增强。要提高吴国的军事力量，就需要一位有能力的军事领袖。伍子胥自认无法胜任如此重要的角色，他想到一个人，只是不确定这个人是否能为他所用，这个人就是孙武。

在吴王的授意下，伍子胥动身去找隐居深山的孙武。他驾着马车，一路赶往居住在山中的神秘人物。伍子胥内心是忐忑的。他希望孙武能如他所愿亲自到吴国率军伐楚。只是孙武这个人已经不问国事很多年了，现在邀他出来主持军事，不知他是否愿意。总之，无论如何也要请他出山，否则以现在的能力伐楚，怕是有些蛇吞象了。马车越行越艰难，孙武住的这个地方十分偏僻，平常很少有人来访。但这里环境幽静，有鸟叫，有虫鸣，着实是一个修养生息的好地方。

见到了孙武，伍子胥先是行了个大礼。毕竟此番前来是有求于人，自然要谦卑一些。年轻的孙武对他的到来似乎并不惊奇，就像早已预料到了一般。

吴国伐楚　郢都大劫

两人寒暄了一阵，伍子胥道出了此次前来的真正用意。

此时的吴国正迅速强大，吴王阖闾也在四处招兵买马。伍子胥认为孙武是难得的军事人才，若能受到吴王的重用，吴国定能早日破楚。当然，伍子胥做的这一切，都有他自己的小算盘。

而对于孙武来说，这或许是个大展宏图的好机会。前半生的波折与苦难，日日夜夜在竹简上挥洒的汗水，是否可以经这一次的机会全部实践于沙场？听到伍子胥诚恳的邀请，孙武也逐渐激动起来，他的眼前展开了一幅生动的画面，在这幅画里，那些在他脑海里翻腾无数遍的兵法战略，像是滴入水中的墨汁，迅速地蔓延开来。在孙武面前，伍子胥一再保证，吴王一定会对孙武委以重任，不枉孙武的才华与抱负。就这样，伍子胥带着孙武拜见了吴王。

同时，向吴王推荐孙武的，还有伯嚭。伯嚭当初也是为了避难才从楚国逃到吴国的，吴王对他一向十分看重。在吴王眼里，伯嚭是个沉稳老练的人，做任何事都会三思而后行。如今，伯嚭能极力向自己推荐一个二十四岁的年轻人，并且是在对国家来说如此重要的时刻，要自己重用这个人，那这个人一定是有过人之处。另外，吴王也想到了，由于伍子胥和自己之前的矛盾，他也可能和孙武串通好来报复自己。可是，吴王又对这个孙武十分好奇，他想知道，孙武究竟有何等过人的本事，能让伍子胥和伯嚭这样的人都为之折服？不管怎样，吴王决定先见了这个传说中的孙武再说。

春秋末期军事家孙子

当看到孙武的第一眼，吴王的心凉了一半。这哪里是一位雄才大略的军事能人，这分明是个弱不禁风，脸色蜡黄的穷酸文人。这样的人，能指望他上阵打仗？简直是天方夜谭！伍子胥和伯嚭眼见吴王脸上显现出失望的神色，都着急起来。二人你一言我一语地夸赞起孙武的才能。吴王根本听不进去他们的话，因为他有自己的想法。于是他冷冷地问孙武："伍大夫和伯大夫都说先生是当今难得的军事人才，此话夸张吗？"

"有点儿夸张，但不太过！"孙武面露自信地回答。虽然面前是一国之王，但他丝毫没有怯懦之感，反而觉得对方现在十分需要自己这种人才，何况经历过这么多年的煎熬与奔波，他也不想再浪费时间去试探和寒暄。

孙武拿出自己所著的《孙子兵法》十三篇，并且就用兵问题和吴王做了简短的交流。吴王这才发现，眼前这个貌不惊人的年轻人，他的军事才能，远在伍子胥等人之上。就这样，孙武受到了吴王的重用，开始挂帅带兵。

此时的楚国，人心涣散，人人自危，一旦有外来强兵入侵，楚国的军民很难在短时间内一心向战。其次，楚国子常正出兵讨伐蔡国，国内兵力空虚，就算来得及调回兵力，军力疲惫，也无法应战。孙武与吴王商议，此时正是出兵伐楚的好机会。

正如吴王等人所料，吴军一入楚国，便势如破竹，一路打到了郢都附近。子常听到消息，连忙调遣军队赶回。于是吴军与楚军在汉水两岸对峙起来。而这一次的对峙，是三万吴军对九万楚军，这么大的悬殊，仗要如何打？

孙武料定了楚军中定有足智多谋之人。因此想要在劣势的情况下取胜，就更要巧取。他先是派夫概打头阵，但要他只许败不许胜。虽然夫概极不情愿，无奈军命难违，只好答应。孙武这样做的目的是，将楚军引诱到群山之中，这样他们离开了熟悉的地势，优势就小了一半。同时，孙武在柏举这个地方留了五千兵马，就是为了埋伏楚军。更绝的是，孙武安排了三千个宫娥混在这五千人之中，又派两千名囚犯在前面应战。待楚军冲过来，定会轻而易举地冲破这两千名囚犯的围困，越战越勇的楚军见到三千个宫娥，定会在混乱中抢夺美女，导致阵型大乱。此时再由五千兵马击破楚军，就并非难事了。众人听了孙武的计谋，无不对他佩服得五体投地。

毫无作战能力的楚昭王，这时只知道害怕。他急忙下令要子常速速救驾。而子常本还有其他的用兵计划，又不能违背楚昭王的诏令，只好带兵应战。可惜这一次他的对手看似不强大，却切切实实地要了他的性命。楚昭王听说楚军打败，仓皇逃走。因此当吴军赶到郢都，城门口已经无人把守。吴军进入楚国的地盘，见男人就杀，见女人就掳，整个郢都瞬间变成了人间地狱。

吴军势如破竹，五战五胜，他们的士气令楚军闻风丧胆。楚军从来没有想到，吴国的军队竟然有如此势不可挡的力量。之前还真是小看了这个不起眼的小国。

而楚人小看的，并不只是吴国，还包括十几年前从楚人刀下捡回一条性命的伍子胥。谁也不会预料到，当时胆小懦弱的年轻人，如今竟带着吴国全部的军队来攻打自己的国家。为了复仇，他不惜背负历史的骂名。他宁愿背叛自己的国家，背叛自己的国君，背叛自己的百姓，只为了替父亲替伍家报仇雪恨。

伍子胥骑着高头大马，又一次踏上了楚国这片土地。只不过这一次，这里再也没有他的亲人，甚至没有一个他的朋友。他在楚国，是叛贼，也是令楚人害怕的一个人物。他的马蹄，践踏着这片曾经不可一世的土地。他沿着父亲曾经走过的路进入了楚国王宫，想到父亲曾全力辅佐楚王，最后却落得被杀头的下场，甚至连一句自我辩解的话都没有机会说。他不由得设想，他的父亲，他的兄弟，他们伍家老小，当时是在哪里被害死？他们凄凉的哀嚎声，是否响彻楚国的每一个角落？他们的泪和血，是否流淌进楚国的每一条河。可是这一切，都没能阻止楚王放下杀人的屠刀。那种场面，是他一生都无法忘记的痛。也正是这种刻骨铭心的痛，支撑着他走到今天。支撑着他，不顾凶险，不顾尊严，甚至不顾性命，来报这杀父之仇。这条复仇的道路，他整整走了十六年。

在十六年前逃离楚国的时候，伍子胥曾在逃亡的路上遇到申包胥。他毫不忌讳地将自己的复仇计划告诉了对方。当时，申包胥也直接告诉他，若有一日伍子胥攻打楚国，他一定会想尽办法阻止他的行为。

现在，计划成为现实。伍子胥将吴国的军队带来攻破了楚国，申包胥眼看楚国无力继续抵抗，就赶紧跑到秦国去搬救兵。可是秦国国君在得知他的来意后，并不想出兵救楚。可是，只有秦国出兵才能救楚国。申包胥实在别无他法，就跪在秦王宫外面不吃不喝七天七夜，最后眼睛都哭出了血，秦王才同意借兵。

然而，从客观来说，就算申包胥不这样做，秦国也会出兵救楚。在春秋战国时期，诸侯国之间没有绝对的敌人，也没有绝对的朋友。出兵或不出兵，唯一的目的都是为了自己的利益。

晋国与吴国关系甚好，楚国与秦国相对交往密切。如果此次吴国攻打楚国成功，吴国的国力定会大增，这样晋国也会跟着强大起来。而楚国的破灭，势必会给秦国带来灾难。因此，秦国不会就这样看着楚国倒下去。因为今天楚国倒了，明天很可能就轮到秦国。

吴军虽然强大，但毕竟是后于楚国崛起的国家。楚国多年来征战不断，加上本就是尚武的国家，对于战争，他们再擅长不过了。吴国的大肆侵犯，令楚国上下更加紧密地团结起来。除了将士之外，楚国的百姓也都纷纷加入战斗。他们不会就这样眼看着自己的国家被他人轻而易举地灭掉。秦国援兵的到来，更让楚军势气大增。从之前的恐惧退缩，变为直面应战。

吴军原本计划的突袭战，也因为楚军的顽强抵抗而宣告破产。伍子胥的计划，虽然在最开始产生了很好的效果，但到这一刻彻底失败了。因为吴军虽然战斗能力不输于楚军，但毕竟是出兵打仗，供给是相当重要的事，而吴军正是因为供给不足，实在没有精力再与楚秦联军长期作战下去。

就在吴军想尽办法攻击楚国和秦国联军之时，一个噩耗传来。秦楚的盟国越国趁乱侵入了吴国境内。此时的吴国只有一些地方部队，根本没有招架之力。吴王无奈，只好派大将夫概带五百乘战车赶回吴国进行抵抗。

吴军自从进入郢都以后，就像疯了一样残害楚国百姓，破坏楚国房屋，连妇女孩子都不放过。可是在吴军杀害楚国百姓的同时，将士们心中也一直在担心着远在吴国的父母妻儿是否也早遭受越国军队的残害。可是他们无暇顾及太多，只得遵照吴王的指示，将楚国郢都洗劫一空。

如此过激的行为，令孙武十分心痛。他虽然答应帮助吴国攻打楚国，却没有想到，事情会发展到如今的局面。而且，他还听人说，吴王看到战争胜利在望，有些得意忘形，竟骄傲地说，就算没有孙武，吴军也能取得这样的胜利。这句话令孙武更加伤心了。

吴军的残暴，也成为楚人奋勇抵抗的原因之一。毫无理由的杀戮，向来都是不得人心的。吴军的这种做法，显然将自己推向了悬崖边上。而吴王阖闾，竟对此毫无异议。或许他认为，两国交战，残害百姓是必不可少的过程。在这一方面，他明显与孙武的想法背道而驰。

吴国毕竟国力有限，想要快速给楚国致命一击是有可能的，但要打持久战，一定会以失败告终。吴军入郢十个月，终因后期补给的缺陷，从楚国退了出来。

楚国幸运地保存了下来。虽然将吴军赶走了，可是楚国已不再是昔日的那个楚国。吴军给郢都造成了前所未有的重创。楚昭王回到残破不堪的王宫，心中不免悲痛不已。这个他曾经指挥千军万马的地方，如今就这样被吴军残暴地摧毁了。这对他一个国君来说，简直是奇耻大辱。如果说，楚昭王之前还活在自己编造的梦里，还以为楚国多么强大，军事力量多么雄厚，可是当吴军进入郢都的那一刻，这个梦就醒了。他意识到，原来自己，还有自己统治的楚国，是如此不堪一击，这简直会被天下人耻笑。

内乱频起元气大伤

　　这之后，楚昭王下令将王宫迁往纪南城，可人们还是习惯地称这里为郢都。楚昭王重赏了在抵抗吴军时做出突出贡献的大臣们，这其中包括主动请缨去秦国搬救兵的申包胥。可是申包胥没有接受楚王的好意，而是辞去了自己的官职，准备云游四方，不问国事。一个挽救了楚国命运的英雄，从此消失了。

　　孙武在这次战争之后，也没有再出现。没有史书明确记载他究竟去了哪里，也可能又继续辅佐了吴王一段时间。只不过从吴国伐楚开始，孙武就被吴王伤透了心，即便继续留在身边，也难免会隔心。

　　战争结束后，楚人要重新建造他们的国都。他们用惊人的速度，迅速地让一座座房屋拔地而起。或许灾难更能让众人团结起来，战争之后的楚人，发现自己有着不可估量的巨大能量。这种能量足以令他们快速忘掉吴人给他们带来的伤疤，反而将注意力都用在了国都重建上。

　　在国都迁往纪南城，并且很快就建好之后，楚昭王又看到了希望。他想到，自己从上位开始，就一直忙于应付战事，从没有享过一天的福。之前的那些楚国国君，不管功过如何，至少都过着享乐的生活，只有自己，活得根本不像一个国君。现在吴国的事情告一段落，楚国内部稳定，百姓市井都是一派欣欣向荣。在纪南城前的路上，每日的马车络绎不绝，都是来自各国想要一睹纪南城风采的使臣。楚昭王的虚荣心得到了极大的满足。他真的想休息享受一下了。于是楚昭王对大臣们宣布，他要到荆台游玩。

　　在楚昭王眼里，这本来是一件非常普通的事，没想到却招来了群臣的反对。众臣认为，国家还处于复苏阶段，并没有完全站稳脚跟，百姓们还没有达到安居乐业的程度，身为一个国君，怎么能在这个时候沉迷享乐，四处游玩呢？

众人的反对反而加剧了楚昭王想要出游的心情，他觉得若此时不能成行，以后就更没有机会走了。这样的日子，自己活得连个大臣都不如。可是令众人没有想到的是，令尹子西竟没有反对楚昭王的决定。相反地，他为楚昭王准备了一份大礼——一把残剑。这是当时在吴军攻破郢都以后，子西在旧的宫殿中拿到的。那时候楚国几乎要被吴国灭掉，危在旦夕。子西的告诫不言而喻：战争虽然已经结束，但危险随时会再来。若是一国之君都放松警惕，沉迷声色犬马，那楚国距离灭国之日就真的不远了。

楚昭王明白了子西的意思。他也不想做亡国之君，昏庸之君。他宁愿放弃那些物质的诱惑，也不想让自己一手建造起来的楚国毁在别人的脚下。这之后，楚昭王专心朝政，收敛起贪图享乐的心。同时，吴国带给他的这场危难令他瞬间成熟了。他一改往日散漫的状态，每日勤于问政，毫不怠慢。

楚昭王认为，毕竟楚国多年的征战过程中，经济等多方面的发展都受到了制约。想要恢复，可不是一朝一夕的。如果再这样打下去，楚国只会滞步不前，楚国百姓也一直生活在水深火热之中，这可以说是他作为一国之君最大的失败。因此，既然战争告一段落，不如休养生息，让楚国从根部向良好的方向发展，而不是继续扩张领土或是讨伐别国。如果说进攻导致了楚国如今的局面，那么楚昭王选择暂时后退。

让每一棵树都能安心地生长，让每一个百姓都能平静地生活，让每一条街道都充满欢笑，这就是楚昭王目前最大的心愿。为了这个目标，他从上到下施行了一系列的改革。对上层权贵阶级，限制他们的权利；对下层百姓，实行休养生息政策。这些改革有效地促进了楚国经济和民生的发展，并极大地提高了百姓的生活幸福感。虽然表面上看，这些改变并没有令楚国国力变得更强大，实际上却是在弥补这个国家空缺的部分，不至于让这个国家最终成为一具空架子。

可是，现实的如意，并不能洗去曾经的耻辱。在吴国攻打楚国之后，虽然楚国没有因此灭国，毕竟遭到了重创。楚昭王一直对吴国怀恨在心，一直等着找机会报仇。这期间，吴王阖闾被越王勾践打伤，后因伤势严重丢了性命。吴王夫差六年，吴国准备出兵讨伐陈国。陈国是楚国的附属国，一直在楚国的保护之下。陈国有难，楚国一定会派兵支援，这样，吴国就又一次与楚国正面交锋了。

楚国等的就是这个机会。

可是，此时的楚昭王已是重病缠身，虽然一心想要亲手灭掉吴国，却也是有心无力。眼看身体一天比一天虚弱，楚国大臣想尽了办法想要延长昭王的寿命，在种种方法都试过之后，纷纷宣告失败。

公元前489年的某天，与吴国之间的战争起起伏伏，始终不能结束。不能痛快地诛杀吴国，楚昭王就无法从郢都之战的阴影中走出来。这时，昭王看到西方的天空上，接连三天都在太阳的旁边出现了一朵很明显的红云。

古人对自然的认知十分有限，因此对很多自然现象都是通过猜测来解释。盛行巫术的楚国，认定这种现象是楚昭王要大祸临头，而解除这场灾难的唯一办法，就是举行"禳灾之祭"，即施行巫术，将楚昭王身上的灾祸转移到楚国令尹和司马等大臣身上去。

这种做法在当今看来或许有些不人道，可在当时来说，由大臣替君王来挡煞，是再正常不过的事情。甚至如果哪位大臣因此立了功，他自己都会觉得很自豪。

可是楚昭王没有丝毫犹豫就拒绝了。他的说法是：将我心上的病转移到我的胳膊上，那不还是在我的身上吗？由此可见，楚昭王对他的大臣们，就像珍惜自己身上的某个部位一样，甚至如同父对子一般的爱护。对于自己的儿子，他更是寄予厚望。

楚昭王将两个哥哥子西和子期还有弟弟子闾叫到一起，交代一些他放不下的事情。在最后的叮嘱里，他说出了自己心中满满的怨恨，对吴国的怨恨，对伍子胥的怨恨。还有最重要的，他放心不下他的儿子。等他走后，他的儿子就会继位。可是孩子太小，恐怕无法担此重任。因此，他拜托三位兄弟，将来一定尽力辅佐他的儿子。只有王位稳固，才能确保楚国的稳定。

最终，楚昭王没能亲手灭掉吴国，就静静地闭上了眼睛。他的三个兄弟没有违背承诺，在他过世之后一心辅佐他的儿子熊章为王，即楚惠王。但新王毕竟刚刚继位，楚国局面不稳，因此众人商议后决定先撤兵，不与吴国对抗。楚惠王延续了其父王的休养生息政策，让楚国国力得到了进一步的稳固。

三位叔叔成了年少的楚惠王最大的支柱。他的年少无知，并没有成为叔叔们利用的弱点，反而让他们三人更加尽心地教授于他。特别是子西，史书记载他"三更即起，食不甘味，夜不安寝"，将全部精力都投入到对楚惠王的教导和对楚国的管理上面。有他作为楚惠王的后盾，楚国国力不断增强，也多年没有他国来骚扰，度过了相对稳定的一段时期。就连吴国也没有再对楚国出过兵。

外在的威胁消失了，楚国内部却出了乱子。楚惠王继位的第二年中秋，惠王与三个叔叔共度佳节。可是这热闹的气氛反倒引起了子西的伤怀。他想起大哥太子建的儿子公子胜如今还在吴国吃苦，一个人孤零零的不知现在生活得如何了。楚惠王得知他在中秋之日还要唉声叹气的缘由后，立刻派人去吴国打探公子胜的消息，并承诺：若是公子胜境况不如意，随时都可以接他回到楚国。

楚惠王一定想不到，他很随意的一句话，差点夺了他的性命。

从吴国回来的眼线报告说，太子胜已与伍子胥分开，原因是伍子胥拒绝出兵帮助公子胜为父报仇。无奈之下，公子胜只好暗自招募刺客，想要刺杀郑国国君。他与伍子胥之间的矛盾也越来越大，最后只好分道扬镳。

楚惠王听说公子胜如今日子过得惨淡，自己又答应了三位叔叔要将其接回，就直接派人到吴国去找公子胜。此时公子胜正因为伍子胥不帮自己报仇而耿耿于怀，听说楚国派人来接自己，自然大喜过望。这位在吴国过着寄人篱下生活的楚国公子，终于如愿以偿地回到了楚国。他心中怨恨着伍子胥，连离开吴国也没有通知这位曾带着他出生入死的老人。返回楚国这天，公子胜衣冠楚楚，一副盛气凌人不可一世的神态。当他踏进楚国王宫的那一刻，他觉得自己终于迈出了复仇的第一步。楚惠王为了表示对公子胜的照顾，特意给他封了地，公子胜从此变成了白公胜。

白公胜看到楚惠王对自己的这种态度有些喜不自胜。他认为，所有的这些想象都说明自己返回楚国就是为了复仇的。而且只要他提出出兵，楚惠王以及子西等人一定会支持他。

没想到的是，白公胜在子西那里碰了钉子。子西本就不是好战分子，而且他清楚楚国目前的状况，坚持休养生息才是最适合楚国发展的政策。白公胜为了替父报仇，硬要出兵攻打郑国，显然太不理智。为了说服白公胜放弃复仇的想法，子西罗列出一大堆的理由，甚至提到贸然出兵会影响楚国的安危。子西都把话说到这种程度，白公胜也就没法再继续坚持。不过他根本没有将这些话当真，反而觉得子西在危言耸听，故意将事情说得严重来拒绝他。至此，白公胜对子西也生出了怨恨。

总之，阻挡他复仇的人，都将成为他的仇人。而他报复的方式更加极端，那就是夺权。

不久后，吴国再次挑起事端，对楚国发起进攻。可是他们进攻的地点，正是白公胜的地盘——巢地。白公胜之前在吴国时曾招募一些刺客。这些刺客武功高强，又不怕死，都是一些亡命之徒。白公胜认为这样的人才可以为他所用。回到楚国后，他仍然不停地招兵买马，以便今后用这些人去实现自己的计划。渐渐地，刺客团队竟然发展到300多人，成为一个强大的暴力团体。

面对吴国的这次进攻，这个刺客团队终于有了用武之地。而这些刺客也果然没有令白公胜失望，没费多大劲就将吴国的进攻击退，还俘获了不少吴国带来的物品。楚惠王听说白公胜如此轻而易举地就击退了吴军，又惊又喜。子西也十分高兴，毕竟是自己提议要接回这个侄子的，看到他这么有出息，心里相当安慰。白公胜趁机向楚王报告，说在剿灭吴军的过程中，缴获了对方不少物品，想要献于楚王。

　　这个借口堪称完美。此次与吴军的交战，打得干净利落，实在大快人心。楚国长期受吴军骚扰之苦，这一次的大胜仗定会让吴军安静一段时间。自楚惠王上位以来，这真是最痛快的一次胜利。因此当白公胜说出要向惠王进献宝物时，惠王毫不犹豫地答应了。

　　人生最悲哀的事，就是你曾帮助过信任过的人，反过来将刀尖对着你。

　　白公胜带着三百个刺客伪装成随从来到了郢都。这些人顺利地进入了楚王宫殿，并且站在距离楚王很近的位置。楚王和他的三位叔叔丝毫没有意识到此时危险已经向他们靠近。这三百个随从，手中拿着的是从吴国缴获来的宝物，实际上都是一些刀剑武器。但凡对白公胜有一点儿防备，楚王都不会让这些人来到朝堂上。连一向沉稳谨慎的子西，都完全没有疑虑。

　　正当所有人都聚精会神地观察白公胜献出的宝物时，白公胜一声令下，三百个刺客齐刷刷地拿起准备献给楚王的刀剑对准了楚王以及子西等人。

　　楚王宫一时间被白公胜的人控制住了。这种场面是谁都没有预料到的。楚惠王自然成了最重要的人质，子西几人也被刺客们控制。楚惠王的表情显示他此刻十分惊恐，这种局面他可从来没有经历过。子西则气得破口大骂，可是想要扭转局面却一点儿办法都没有。

　　除了子西等人，楚国的多数大臣都在场。可是没有人敢仗义执言，阻止白公胜的荒唐行为。子西气得浑身发抖，直嚷着看错了白公胜这条白眼狼。他的话刺激了白公胜。想到他阻止自己为父报仇，将自己接回楚国却没有得到重用，白公胜索性一刀将子西杀死。

　　子西的鲜血流淌在楚王宫的大殿之上，喷溅得到处都是。而白公胜的下一刀，还不知道要架在谁的脖子上。眼看这么多刺客在场，根本没有反抗的机会，楚惠王被吓瘫了。周围的大臣此时也都无暇顾及楚王的安危，他们恨不得在这大殿的地上打出一条地缝钻进去避难。

　　子西的弟弟子期算是一条好汉。他看到哥哥被白公胜亲手害死，却无力救他，心中顿时充满了悲怆。他们兄弟几人一世英名，不料今天却惨死在这个一无是处的晚辈手里，心中实在不甘。这种想法让他万念俱灰，只想赶快追随哥哥而去。白公胜认为子西几个兄弟都是一伙的，当然也不会放过子期，也一刀将其杀死。之后，杀红了眼的白公胜连子闾也没有放过。兄弟三人就这样惨死在侄子的刀下。可以想象，他们在临死前，该是多么懊悔当初引狼入室，接回这个当时还在吴国吃苦的公子胜。

楚惠王这时候已经吓得面部惨白，双腿发抖。他可不想死在白公胜手中。白公胜也不是糊涂人，他清楚若此时杀了楚惠王，定会遭到天下人的反对。即便能顺利成为新一任的楚王，这个位置也坐不长久。

或许是没有料到事情进展得如此顺利，白公胜一时竟没了主意。他下令先将楚惠王关押起来，等到他想好如何处置再说。白公胜自知没有能力也不敢就这样自称楚王，楚国的大臣们虽然在他发动政变之后都唯唯诺诺不敢直言，但他们宁愿死，都不想与他同流合污。白公胜也懒得去想究竟要谁做楚王的问题，因为他最开始的目的就是杀死子西等人来泄恨。既然一时找不到合适的人选，不如先享受享受楚王的待遇吧。

白公胜就这样明目张胆地在楚王宫开始了他为期两个月的楚王生活。他曾经所羡慕的，美女、美食、权利，现在他都享受到了。至于下一步要如何进行，他并没有打算。没过几天，有消息传来，楚惠王竟然在严密看守之下逃脱了。这让白公胜十分恼火。最重要的人质跑了，自己身边又没有一个能拿主意的。他想做的，能做的，只是留在楚王宫继续享乐。多留一天，就多享受一天。

悲哀的是，偌大的楚国，为数众多的官员大臣们，此时竟没有一个人敢站出来说话。自从子期兄弟三人被杀害之后，白公胜又害死了楚国仅有的几个敢于拿命来反抗他的忠臣。剩下的这些大臣，早已经缩在角落里，恨不得自己变成透明的。伺候白公胜的随从和宫女们，一个个大气都不敢喘，生怕惹了这位定时炸弹一样的刽子手发怒。

楚国，曾经如此辉煌，如今再看，竟让一个小人作了主。这真是楚国历史上的耻辱！不得不承认，此时的楚国，正处在一个黑暗的时期，佞臣当道，其他人默不作声。楚国百姓听说白公胜所做的事，虽愤恨不平，却也无计可施，这也不是普通百姓能够解决得了的。但是众人心中清楚，白公胜不可能一直留在楚国王宫里，早晚会有人站出来收拾他。

这个人就是沈诸梁。

沈诸梁是楚国忠臣沈尹戍的儿子。他的品德很像他的父亲，一生都在为楚国的发展拼搏。在楚国为官多年，他了解楚国每个大臣的情况，特别是子西三兄弟，他们是他最为敬佩的人。因为他们不仅尽心辅佐楚惠王，稳定了楚国局势，更有智慧和胆魄。可是这样难得的三位忠臣，竟然死在白公胜那个小人的手中。

沈诸梁气得眼睛发红，他无法忍受楚国大臣任人这样凌辱。对楚国忠心耿耿的大臣无辜冤死，受楚国恩惠却又背叛楚国的人竟然还在楚王宫内寻欢作乐。沈诸梁发誓，不铲除这个逆贼决不罢休。沈诸梁率军攻回郢都。此时郢都已是乱作一团。本就没了君王做主，白公胜又在楚王宫胡作非为。楚国百姓看在眼里，都感叹楚国恐怕要灭在白公胜手里了。听说沈将军率兵回来想要赶走白公胜，楚国百姓自发地迎接这支队伍。而白公胜身边的那三百名刺客，也有一百多名不太傻的，知道留在这里迟早会被杀掉，早就逃命了。剩下这一百多人，哪里是沈诸梁的对手。不费吹灰之力，楚王宫就恢复了清净。

之后，沈诸梁找回了楚惠王。无论是在做了人质险些丧命的楚王面前，还是在千里迢迢带兵回来平息事端的沈诸梁面前，楚国大臣们都像犯了错的孩子一般，一个个站在那里羞愧难当。这些大臣，加上王宫里的随从等，加在一起三百有余，却被白公胜手下那一百多人控制，说出来真是要被天下人笑掉大牙了。

毫无悬念，楚惠王处死了白公胜，这个熊氏的败类。而后，楚惠王想到要对在此次政变中立下汗马功劳的沈诸梁进行嘉奖，封他为令尹。可是出乎意料地，沈诸梁以不能胜任如此重要位置拒绝了。他只想继续回到他的封地，去做回之前的那个沈诸梁。

一切都恢复平静，就好像什么都没有发生过一样。可是，整件事留给人们的阴影根本无法挥去。最受影响的，自然是楚惠王。他像是挨了狠狠的一击，如梦初醒。此时，他开始重新审视身边这些曾经委以重任的大臣们。在关键时刻，谁能真正以命相随呢？

吴起变法功败垂成

历史是一个无限循环的圈。在不断循环的过程中，春秋时期经历了一百多个国的出现、兴盛和灭亡。到了战国初期，只剩下了十几个国。其中，实力较强的大国分别是：秦、楚、燕、韩、赵、魏、齐，史称"战国七雄"。

从春秋到战国，似乎没有一个明确的分界点。可是如果我们将两个时代对比来看，却截然不同。这种不同最明显地表现在人们对道德追求的变化。在春秋时期，多数是外交家们用诗书来讲道理。他们用道德这两个字就可以说服很多君王停止战争。可是到了战国时期，人们已经将这种制约忘得一干二净，剩下的只有血淋淋的战争。战国时期的战争，规模更大，持续时间更持久，结果也更为惨烈。

这究竟是一种进步，还是一种倒退呢？

魏国国君魏文侯是一位高瞻远瞩的君王。他通过了解各个诸侯国的历史与如今的发展情况，深刻意识到，只有改变才能让一个国活起来。于是他重用大臣李悝在魏国进行了大刀阔斧的变法。而李悝也没有令魏文侯失望，他一方面制定更加严格的法典，另一方面又奖励农耕。在他的规划下，魏国君臣一心，百姓亦是积极响应，形成了一个良性的循环。魏国从此迅速地发展起来。

　　楚国此时正是楚悼王在位。他对魏国的变法很感兴趣，派人搜集了很多资料回来。其中包括，魏文侯是如何支持变法的，李悝是如何将变法实施下去的，百姓的反应如何，最后成果如何。同时，他也得知了他们在变法中遇到了哪些困难，是如何解决掉这些困难的，特别是具体了解了变法带来的好处。仅仅是短时间的一个变法，就让魏国翻了身。楚悼王看到了变法的神奇功效。他在年轻时就对楚国的治理很用心，如今年纪越来越大，而楚国的发展似乎也遇到了瓶颈。楚悼王决定效仿魏国，也做一次变法。既然他们取得了成效，咱们楚国就要比他们更迅速更彻底！

　　要变法，首先是选对人。历史上但凡有所作为的君王，身边都有一个十分得力的大臣辅佐。可是纵观如今楚国的局面，竟没有一个可用之人。楚悼王觉得自己太失败了，多年来连一个人才都没有培养出来。

　　变法的事似乎因为无人主持而停滞不前了。楚悼王只能将这个打算搁置在心里。可是随着时间的流逝，他开始心急起来。自己年纪大了，精力大不如前。再看看楚国的现状，为官的贪腐无能，贵族势力越来越大，军力却大为削弱。如果这样继续下去，恐怕到他的下一代，楚国的统治权就要易主了。眼看着楚国在自己手中走向衰败，他着实不甘心。穷则思变。为了楚国的发展，变法非实行不可！

　　就在楚悼王愁眉不展之际，有消息传来：魏文侯过世之后，河西郡守吴起因不受魏武侯重视，一气之下离开魏国不知去向。楚悼王听说过吴起这个人。他虽是武将，但在镇守河西的过程中却展示出异于寻常莽夫的过人本领。

　　吴起是卫国人，年少时到鲁国学习儒家思想，后又改学兵法。之后他来到鲁国，希望得到鲁穆公的重用。恰逢这时齐国进攻鲁国，鲁穆公经人推荐准备立吴起为大将。可是因为吴起的妻子是齐国人，鲁穆公担心吴起会因此不能尽全力。鲁穆公的忧虑被吴起得知后，为了打消他的疑虑，吴起竟亲手杀死了自己的妻子。而当鲁穆公看到血腥的头颅时，不得不认可了吴起的忠心。

　　结果这场战争中鲁国大败齐国，吴起在军事上的才能也初露头角。可是有才能的人总是惹人嫉妒。鲁穆公听了他人谗言，不再重用吴起。于是吴起到了魏国，希望能有施展才能的空间。魏文侯任用吴起为将，直接讨伐秦国。同样也是以夺得秦国西河之地告终。此时的吴起已是声名鹊起，可最后在魏国，同样没有得到重用。

吴起

　　从楚悼王得知这个消息开始，吴起的名字便在他脑中挥之不去。他觉得，吴起正是他要找的合适人选。这样的人才若是被他国抢了去，楚国只会损失更大。楚悼王来不及多想，赶紧派人到魏国去找吴起。果然，吴起尚未离开魏国，他躲在河西不远处的一个偏僻地方，过着隐居的生活。楚国使节表明了此次来访的目的，并一再表达出楚王对吴起的欣赏，希望他能到楚国接受重要的任务。

　　吴起有些意外。从魏国退出来之后，他已经不打算再做官。曾经受排挤、遭冷落的日子简直是一场噩梦。他好不容易逃出来，想过安静悠闲的生活，远离纷争困扰，如今还要再跳回这个坑吗？吴起的犹豫在楚国使节的预料之中，他按照临出发前楚王交代给他的说法，告诉吴起：将军此次前往楚国，再不会遭受魏国一样的难堪，这句话刺痛了吴起的神经。要说他不忌恨在魏国的遭遇，那是不可能的。既然现在有人赏识自己，又可以大展拳脚，何必还要为难自己呢。

一身布衣的吴起跟随楚国使节来到了郢都。楚悼王见到吴起，并没有因他的衣衫破旧而看不起他。相反，他眼中是一个气度非凡，眉宇间都透露着英气的年轻人。这种气质是他在其他大臣身上找不到的。

楚悼王使用了楚国接待外人的最高礼节。楚国文武百官全部出现在王宫内，毕恭毕敬地接待吴起的到来。楚悼王更是将距离自己最近的一个座位赐给了吴起。吴起坐在那里，看着下面的楚国大臣们都站着仰视自己。虽然这种礼遇使他受宠若惊，但却有些浑身不自在。他几次三番地起身想要退下去，都被楚悼王拦住。楚悼王就是想用这最高礼遇告诉吴起，他在楚国的境遇与在魏国完全不同。曾经他在魏国发生的所有不愉快都已经过去了，如今他要做的，就是全身心投入到楚国来。并且楚悼王要吴起相信，除了国君，他现在不用受任何人的制约，他可以在楚国大展拳脚，实现自己的抱负。

楚悼王确实有些心急。虽然对吴起印象很好，但一切都只是源于听说。在没有实际了解的情况下，他这样做无疑是冒险的。楚国的大臣们见此情景，也都议论纷纷。一个从魏国来的郡守，难不成还要到楚国来做现在空缺的令尹？可是看到楚悼王对这个吴起欣赏有加的样子，众大臣也不好说什么。

吴起在魏国时长时间受到贵族权势的排挤，他自然懂得自己如今的处境。楚悼王确实是打算重用自己，可是在楚国大臣们眼里，自己却是一个平步青云的幸运儿。因此，他一再请求楚悼王，先不要给他过于重要的职位，至少先让自己多了解一下楚国的现状，再做打算。楚悼王为了封住悠悠之口，又拗不过吴起，就先命他为南阳郡守。这样，吴起和众楚国大臣都松了一口气。这件事总算是压下来了。

其实楚悼王也有他的顾虑。吴起本就来自魏国，对楚国现状不能说十分了解。况且他刚一到楚国就过于重用他，未免会让他过度骄傲，以后怕是没办法控制他。一个外人来楚国，一下子就掌管整个楚国的变法事宜，也确实不是明智之举，还不如让他先管理一个郡，看看他的能力。

吴起到了南阳郡，开始了他的特色管理。有了在魏国时的管理经验，加上他结合楚国的实际情况做出的一些变动，使得南阳郡在短短一年的时间里就变成了楚国发展最好的地区。之前等着看笑话的楚国大臣们这次不得不佩服吴起的能力。楚悼王更是庆幸自己没有看错人。他不想再等了，决定马上启用吴起进行变法。

楚悼王将吴起叫回郢都，对他说了自己的想法。吴起虽然也很想把握住这次机会，可他总是担心自己会重蹈覆辙，再次陷入在魏国时的尴尬局面。楚悼王向他保证，一定全力支持他的变法。看到一国之君如此诚恳地向自己保证，吴起心中感动至极。作为臣子，最想得到的，也是最难得到的，就是君王的赏识和信任。吴起在魏国没有得到的这些，在楚国得到了。他忽然觉得，老天待自己不薄，之前那些年遭受的屈辱，如今终于有了回报，他也绝不会辜负楚悼王对他的信任。

吴起同楚悼王面对面地商议了变法的过程以及中途可能遇到的障碍。变法措施有四：第一，均爵平禄；第二，整顿吏治；第三，奖励耕战；第四，广辟土地。见楚悼王眉头紧锁，吴起知道自己说得过于笼统，于是分析给楚悼王听。

楚国目前贵族团体庞大，消耗了楚国很大一部分资源。而自下而上的推举人才机制几乎为零，这就造成了楚国目前可用人才的严重缺失。因此，此次变法的重点，就在于撤去一部分作用不大的官吏，废黜较为疏远的公族，以此节省下来的费用用来补给士兵。这种举措可以有效地加强军队建设，扩充军力，增强楚军的战斗力。将无功者的俸禄收上来转给有功者，这样才能提高各方面势力的积极性，大大提高各种势力的驱动作用。这样，楚国想不发展都难。

楚悼王听得热血沸腾。他被吴起的勇气和智慧征服了。这位国君终于意识到，之前为了保护贵族的利益而将下层人的利益压榨到最小，实在是得不偿失的一种做法。而那些无用的王族，除了吃喝享乐，对楚国的发展起不到一丁点儿作用。反而是最底层的士兵和百姓，在流血流汗建设和保卫着楚国。对！将那些对楚国没有贡献，却拿着高官俸禄衣食无忧的无能官吏淘汰出去。让底层的有志的能人得到机会来发挥他们的才能。这样，楚国才能从上到下活起来。

在楚悼王还没有从吴起之前的话中完全反应过来时，吴起又继续了下面的陈述。除了废黜无用贵族阶级的俸禄，节省开支，供给士兵百姓，还有一点非常重要，也就是吴起提到的第四点：广辟土地。

表面上看来，楚国疆域辽阔，土地多到用不完。可是仔细探究起来，多数都是闲置用地。很多土地一直放在那里没有人去开发。一方面是粮食不够吃，一方面是土地闲置，这岂不是暴殄天物？

至于这些土地要谁去开发，也是一个问题。百姓自然是开发土地的最好人选。可是实际情况却不尽然，百姓虽有开发土地的技能，却没有充足的精力。目前楚国百姓手中的土地已经需要他们用足全部力气去维护，若再给他们增添负担，怕是只会引来民怨，同时也不能高效率地将废弃土地重新使用起来。说到这里，吴起停了一下，他需要楚悼王理解他话中的深意，特别是意识到问题的利害关系。等了一会，他继续阐述到：开荒扩土的任务，不如交给贵族来做。

又是贵族！百姓无暇顾及更多土地，而贵族们一个个可都是吃饱了饭没事做，与其让他们每天为了看什么戏、吃什么东西发愁，不如让他们实现自己的价值，为楚国尽一份力。这样，他们在领取俸禄的时候也不至于不好意思伸手。

吴起的语气中透露出一丝狡黠。作为一个务实派，他最看不起的就是那些每天无所事事，养得肥头大耳的贵族们。他们就像是一群蛀虫，四处啃噬，无恶不作。可以说每一个诸侯国内部都存在着这类问题，不能消灭这些蛀虫，国家就无法大步向前走。因为百姓和士兵的所有贡献，都会被这些人吞噬掉。

楚悼王听得已经双眼通红，他太期待这场变法可以尽快实施了。他又一次向吴起保证，一定会让此次变法一路顺畅。没有人会理解，楚悼王对于变法的决心，已是坚定如铁。

第二日一早，楚悼王就宣布，封吴起为楚国令尹，全面主持变法事宜。楚国百官虽已心有准备，却还是扎堆起来窃窃私语。这一年来吴起对于地方的管理成效，确实让他们心服口服，谁也提不出异议。他们相信吴起能够胜任这个位置，并且他的变法对楚国的发展也是大有好处的。

可是多数人想的最多的，还是自身的利益。吴起的变法是为了楚国。可是楚国如今要面临一场改革，这改革之中，会不会冲击到自己的利益？作为楚国臣子，他们已经习惯的衣食俸禄，会不会因为变法而缩减？甚至，有吴起这么能干的大臣在楚悼王身边，显得自己像是吃白饭的，这些都是权贵阶级所要面对的问题。他们不是害怕变法，而是害怕变到自己身上。

变法势在必行。吴起心里清楚，他的变法一定会受到楚国权贵势力的百般阻挠。他太清楚这个阶层的人在想些什么了。他们害怕改变，害怕成为变化下的牺牲品，害怕已经习惯了的安逸生活像泡沫一样碎掉。吴起能做的，只有尽量减少他们的疑虑，也希望能得到这些在楚国举足轻重的大臣们的支持。

准备了几日后，吴起派人去请几位官员到令尹府用膳。这是一次友好的邀请，吴起想将自己变法的一些措施陈述给他们，以便能得到一些好的建议和反馈。楚国大臣司马子伍和贾无猜都很不情愿地到了场。从吴起来到楚国那天起，他们二人就抱着看笑话的心态等着吴起出丑。没想到吴起做郡守做得有声有色，最后竟然真的成为了位居他们之上的令尹。这宴请是非去不可的，毕竟吴起现在是手握大权的重臣，他们得罪不得。

意料之中的是，当吴起刚刚提到自己会在变法中涉及贵族阶级的权益时，几位大臣当即表示出不满情绪。楚国贵族与官宦之间有着盘根错节的利益关系，想要削弱贵族的权力，就相当于在大臣们头上动刀。这自然是所有人都不想看到的。尽管在场的大臣们都给吴起泼冷水，但吴起始终没有松口，一再强调，变法必须实施，任谁都不可能阻止。

大臣们虽人数上占据优势，但并没有强有力的理论依据。在一场激烈的争论之后，宴会不欢而散。吴起惆怅地坐在那里。他第一次感觉到，变法困难重重，不是他想的那样简单。虽然他的变法确实会影响到众人的利益，有一些反对的声音也很正常。可是大臣们如此激烈的反应，是他没有想到的。众人反对的声音如同雷电般响彻他的心。难道个人的利益，比国家的发展还重要吗？这一夜，吴起坐在令尹府的中央，熬得双眼通红。

楚悼王听说宴会在尴尬的气氛中结束，知道吴起心中定会很难过。于是他特意来到令尹府，安抚吴起的情绪，坚定他的信念。吴起又重拾了信心，只要有国君的支持，变法一定可行！

就这样，一场声势浩大的变法在吴国开始了！吴起变法的主要内容为：

第一，制定法令，加强王权，削弱贵族特权。改革爵禄制度，削减大臣的封爵，收回封君三代以后的封爵和俸禄，废黜远房公族的世袭制度，并强迫他们搬到地广人稀的边疆。

第二，精简机构，裁减冗员，节省国家开支。整顿吏治，打击徇私舞弊，任贤用能，提高办事效率，改变社会风气。

第三，在经济上下令打击游手好闲之人，奖励"耕战之士"，鼓励从事农业生产，保证生产发展。

第四，扩充军备，提高战士待遇，建立一支富有战斗力的军队，并由国君统一指挥。

这场变法早于秦国的商鞅变法二十年，并且是四个举措同时在楚国推广开来，其中的困难可想而知。在这个过程中，除了吴起自身的智慧与勇气，楚悼王的全力支持也起到了关键作用。要知道，在一个国家，要拿权贵势力开刀，那可是一场翻天覆地的变动。没有点魄力的人，谁也不敢轻易实行。就算一时取得了成功，也担心将来会遭到报复。

吴起的变法在楚国受到绝大多数人的推崇。呼声最高的就是最底层的百姓。因为变法给他们带来了最直接的利益。而最难受的，莫过于养尊处优惯了的上层贵族。他们曾经的一些权利被剥夺，俸禄也减少了，甚至有一些人在这场变法中被取消了官职。贵族阶级的愤怒，已经不是"愤怒"二字可以形容。他们被吴起断了口粮，想杀掉他的心都有。

这场声势浩大的变法给楚国提供了富国强兵的出口。变法之后，楚国在经济和军事等方面皆有了很大程度的发展。特别在军事方面，变法的成效显得尤为突出。主要表现为，之后伐魏救赵，收复了被晋占领的陈国、蔡国故地，将势力扩展到黄河附近；向南，平定百越，疆域延伸至江南。这一系列扩张，使众诸侯国都对楚国惧怕三分。

可以说，楚国的这一次变法，是打击世袭贵族政治经济特权的行动。这不仅对楚国的发展有着强大的推进作用，对整个历史都有着深远的影响。

可是，楚国的贵族阶级相当顽强。他们占惯了，吞惯了。现在一下子夺了他们的特权，他们怎么可能善罢甘休？变法中提到的"均爵平禄"等等都直指贵族阶级。要他们去开垦荒地，还减少了他们的俸禄，这简直要了他们的命。这些贵族内心都对吴起恨之入骨，恨不得即刻就杀之而后快。无奈楚悼王一直护着吴起，谁也没有能力敢动吴起分毫。

看到变法之后的楚国一派欣欣向荣的场景，最高兴的自然是楚悼王。他觉得这不仅是吴起的功劳，也是自己的功劳。作为一个国君，没有什么比看到自己治理的国家迅速发展更让人欢欣鼓舞的了。楚悼王仿佛瞬间年轻了十几岁，连走路都飞快起来。

历史上，主张改革的人都是先进的，但是这些人往往会得罪一些权势集团，导致最后不能善终。之前只懂得享乐的贵族们被强迫去开垦荒地，这让他们难受极了。你让我难受，我也不能让你好受。这些人联合起来，暗中给吴起罗列了很多条莫须有的罪行。这些罪状最终汇总到子伍和贾无猜那里，他们二人是最恨吴起的人，他们拿着罪状到楚悼王那里去告状，将这件事说得十分严重。

楚悼王对吴起的信任，是这些人随便说点什么就能改变的吗？当然不是！楚悼王将子伍和贾无猜两个人训斥了一顿，并将他们赶了出来。碰了一鼻子灰的二人越想越气，他们意识到，此刻想要扳倒吴起，根本不可能。

可惜，天不遂人愿。楚国的变法刚刚开始两年多，楚悼王就一病不起。毕竟自己年事已高，楚悼王能接受自己即将离开人世的事实。况且统治楚国这些年，他自问用尽了全力，没有辜负楚国百姓的信任。唯一让他放心不下的，就是吴起的变法。这场变法仅仅进行了两年多，就极大地推动了楚国的发展，若是能够持续下去，势必会将楚国推向一个新的高度。到时候，不要说其他诸侯国，楚国就是成为世界第一大国也不是不可能。

楚悼王担心自己死后，自己的儿子继位之后不能像他一样支持吴起继续变法。他将吴起和太子叫到身边，千叮咛万嘱咐，要太子保证会全力支持变法，这样他泉下有知也就安心了。太子哭着做了保证。跪在一旁的吴起，此时已泣不成声。楚悼王对他有知遇之恩。他永远不会忘记，在自己最落魄的时候，楚悼王用楚国最高礼节唤来了他。一位德高望重的国君，常常与他探讨变法的细节直至深夜。对于吴起的每一个想法，楚悼王都无条件地支持。若是没有楚悼王，恐怕吴起现在还待在魏国的某处偏僻角落里砍柴呢，哪里有机会在这里呼风唤雨，实现自己的人生价值？

吴起舍不得楚悼王离开，同时也担心楚悼王离开以后，变法不能顺利地持续下去。从目前来看，变法初显成效。但想要这些成效稳固地在楚国各个阶层实施，并且保持几十年毫不动摇，才算是真正的变法成功。这一点，他与楚悼王的想法一致。

可是，没有了楚悼王，变法真的能成功吗？一切都是未知，这才是最让人害怕的。

楚悼王死后，他的儿子继位，是为楚肃王。本来应该令尹吴起来主持筹备楚悼王的丧礼。可是自从楚悼王离世以后，吴起一病不起，甚至连起身出席都很难。在这时，子伍和贾无猜开始谋划刺杀吴起。子伍和贾无猜知道，吴起虽受先王重用，但与楚肃王的关系并不十分亲近。吴起这个人本身就不善于阿谀逢迎，对于刚刚上位的楚肃王来说，自然是敬而远之的。楚肃王虽然曾在父王临终前痛哭流涕地保证过会支持吴起变法，可是现在先王已去，谁还记得当时的眼泪和保证？

自从楚悼王离世以后，子伍和贾无猜的胆子大了起来。他们不再只是单纯地想扳倒吴起，而是直接想要他的命！他们筹划得天衣无缝：在楚悼王丧礼上，安排弓箭手将前来参加仪式的吴起射死。

送别楚悼王的这天，虽有人提醒吴起会有危险，但吴起还是去了。只是他没有想到，丧心病狂的楚国贵族势力，竟然会在这么重要的一天对他下手。他即便逃得过今天，早晚也会死在他们手里。

当吴起出现在大堂之上，子伍和贾无猜立刻读起吴起的罪状，并直接忽视楚肃王的存在，叫出了弓箭手。楚肃王刚刚上位，面对这种局面根本无法掌控。而对于权贵集团对吴起的指控，楚肃王一时也无法辨别真假。这个没有头脑又没有胆识的年轻人，就这样被子伍等人摆布，最后只好沉默。

吴起自知无法逃脱，他做的最后一件事，就是在弓箭手动手之前跑向楚悼王的尸体。弓箭手为了射死吴起，竟连同楚悼王的尸体也没有放过。而吴起这样做的目的是，用自己的命，去夺这些贵族的命。吴起的计划果然奏效了。因破坏了先王的尸体，所有参与刺杀吴起的贵族都没有逃脱掉。最后有七十多家贵族全部被处死。吴起虽然丢了性命，却给楚国来了一次贵族大清洗的机会。

这之后，昏庸无能的楚肃王，迫于王族的压力，下令全面终止了变法。楚国难得出现的一次有望中兴的机会，就这样无疾而终了。说到吴起变法失败的原因，最主要的是楚国的权贵阶级势力庞大。与其他国家相比，楚国的王族是最不容易受到破坏的一个集团。他们掌控着楚国大多数重要的职位，各种关系错综复杂，可谓牵一发而动全身。想要拆散他们进行改革，风险是相当大的。

关于吴起这个人，可以说他是一个极尽功利主义的人。当年他为了得到鲁穆公的信任而毫不留情地取下妻子的头颅，就可以看出他的心狠手辣，以及急切想要上位的那种心情。还有一件事可以看出他的心机。吴起在楚国期间，曾亲自用嘴为战士吸疮上的脓。这一举动非但没有令士兵的母亲感动，反而是号啕大哭。因为吴起曾为士兵的父亲做过同样的事，对方深受感动，从此在战场上一往无前，直至战死。士兵的母亲知道，吴起用这种方法去感动战士，让他们不顾生气，拼力厮杀。

连一个无知妇人都看得出吴起心中的打算，其他人怎么会不了解呢？因此吴起变法的失败，与他个人的品性也有着很大的关系。变法一开始，吴起就将涉及面扩展到最大，将王族势力打击到最痛，给自己树立了不少敌人。若是当初他能给这些王族留一些退路，变法措施别那么死板，别那么简单粗暴，或许结局就不会这样。

可惜，历史没有如果。吴起留给楚国的，是一个发展的高峰。而留给我们的，只能是一声叹息。这是时代的遗憾，也是吴起性格中的固执所在，这些都值得我们深思。

第五章
中兴·走向盛世的巅峰

　　楚宣王和楚威王两人连续在位，使楚国长期处于平稳发展的状态中。他们坚持韬光养晦的治国方针，不好高骛远，不轻易动用民力去做为自己建立丰功伟绩之事。对外采取以静制动战术，既不轻易出动，又不会错过时机。他们在位的多年间，楚国每一次扩张领土，都是在极优越的条件下迅速出击，一招制敌。楚国，从来没有这样迅速地将领土扩张到如此辽阔的程度。此时，他的国力已经是世界上首屈一指的国家。

楚国的文化厚积薄发

公元前510年至前475年，吴国与越国之间进行了旷日持久的战争。经过了檇李之战、夫椒之战、笠泽之战和姑苏围困战，越王勾践战胜了吴王夫差，并逼迫夫差自杀，至此，吴国灭亡。越王勾践成为了春秋时期最后一位霸主。

关于吴国的灭亡，与其说是后起之秀越国国力强大，不如说是吴国自取灭亡。在楚国崛起之后，吴国曾作为刚刚起步的蛮夷小国对其进行了长时间的侵扰，甚至在几次战争中险些对楚国造成重创。但是楚国始终屹立不倒的原因，除了本身军事力量雄厚以外，更因为其深厚的文化底蕴。楚国向中原学习，表面上看只是丰富了文化，实际上从根部上增强了楚国的国力。因此尽管后期吴国迅速壮大起来，也没能彻底灭掉楚国。

可是吴国本身的命运就不同了。吴王夫差是纯粹的莽夫，他虽有些蛮力，能够成为一国之君，但他却没有足够的智慧，让一个国家稳固。他曾蛮横地说过：我们是满身刺青的蛮夷国家，不需要学习中原文化。而看似强大的吴国，正是因为缺少了文化底蕴，所以才不堪一击。就像一棵大树，看起来茁壮挺拔，深处的根却是烂的。而越国是在吴国之后发展起来的，也是趁着吴国烂根之时将其一举击灭。

由此看来，楚国推崇的文化确实成了改变国家命运的一把金钥匙。这其中不得不说的，就是楚国的各种礼仪。楚文化在发展至高峰阶段之后，其礼仪文化与中原地区有很多相似之处，但也有独特性。

礼，是古人的一种信仰。

关于冠礼。

在中国古代，男子的成人礼称作冠礼。楚国的冠礼过程较为繁琐。首先要择人进行占卜，选择吉日行礼。接着，主人要挨家挨户地来到宾客家的大门外，邀请客人届时来参加。宾客会做两次推辞，再答应主人的邀请。

楚国冠服

在举行冠礼的前三天，通过占卜挑选出在冠礼上为受冠者加冠的正宾。冠礼由受冠者的父亲或兄长主持，此外还有一位德高望重的正宾来给青年加冠。而这位正宾，需要主人家亲自到其家门口迎接出来。待加冠时间约定好，会有专人到宾客家转告。

正式的冠礼仪式也分为几个步骤。首先要准备好仪式中需要的各种备品，在仪式开始之前陈列出来。仪式的地点一般定在父庙，宾客先向受礼者加三次不同样式的冠。接着正宾们走到室门西边，以甜酒款待受冠者。品过甜酒，受冠者从座席上下来，来到座席南端面朝北坐下，取些肉脯，然后自西边台阶走下，到东边的小门外拜见母亲。最后，由正宾主持，宾客为冠者取表字。仪式正式的部分基本完成。

仪式结束以后，主人将宾客送出庙门。宾客们在门外更衣处等候主人接下来的宴请。受冠者此时需见其姑姐兄弟等，再拜见国君、卿大夫和乡先生，手中还要提着礼品，表示自己已正式成人。主人用酒水招待宾客后，在他们临走时还要送上鹿皮和一束帛作为礼物，并亲自将宾客送到门外。除了这些礼品，主人还要派人送一些肉到宾客家中，以示感谢。

关于婚礼。

婚礼向来是我们最重要的仪式之一。因此，婚礼有着更为明确的礼节流程和深刻的礼制内涵。而楚国对于婚礼的诸多细节，也是十分严谨苛刻的。

文献中没有告诉我们关于楚国夫人的详细内容。从《史记·楚世家》的记载中可以看出，楚太子娶妇的年龄在15岁左右，甚至可能更早。而女子基本上12岁就可以成婚了。

楚王正妻的称谓，是需要根据爵位来推算的。按照诸侯爵制，楚为子男之国，楚子之正妃应当称夫人。对于举行婚礼的时间月份，从楚国与秦国和晋国的联姻来看，楚国的贵族至少有两次是在春季娶妇，但实际的时间是否有明确的规定却不得而知。而在娶妇之前，必须向先人禀告，擅自做主的婚礼是不被贵族承认的。同时在婚礼之后，新娘还会有归宁的过程。至于楚国娶妇时，新娘是否有陪嫁的随从，人数是多少，史书并未有详细记载。

关于丧礼。

古人对于丧礼很重视，其最终目的是将凶礼转换为吉礼。

当一个人病重之时，他的家人们都会尽量陪在他身边。一旦发现此人将命不久矣，就会赶快将他的身体移到正寝。因为古人对方位、位置的讲究是很严谨的。他们认为人死在其他地方，将来就会变成孤魂野鬼。这样即便后人如何祭拜，他都享用不到。

和现在的礼节相同，在病人临近过世之前，他的亲友都要赶过来探望一遍，以作最后的告别。这期间他的家人要开始斋戒，并且停止一切娱乐活动。同时，还要将家里打扫得一尘不染，也为病人换上新衣。来到的亲友都会为这位即将离世的人祈祷。

古人用来判定病人何时真正离世的方法是：将丝絮放在病人的口鼻处，

观察丝絮的变化。一旦发现丝絮没有晃动，则表示病人已经断气。从这一刻开始，死者的兄弟要开始大声地哭泣，声音越大，表示对死者越是怀念。

而死者死亡后的第一项重要的环节，叫作"复"，也就是我们所说的招魂。这件事要由家中的侍者来做，侍者要从屋顶的东南角登上，转身将脸朝向西北，像是在呼喊生者一样拉长声调喊着"某某，快回来吧。"这句话要喊三遍，才算招魂结束。古人认为，这种方式能够将死者刚刚游荡出门的魂魄再次叫回家中，以免他无家可归四处流浪，成为孤魂野鬼。

关于招魂，有一篇名为《招魂》的楚辞作品。这首楚辞正是根据民间的招魂习俗写成的。在这首楚辞的言语间，充满了生者对于死者的怀念与不舍之情。也包括生者对死去之人的祝愿，希望他早登极乐，脱离困苦。但是对于这首楚辞的作者却有争议，多数人都认为这是屈原的作品。而这首作品的目的并不是召唤已故之人的魂魄，而是召唤楚国的灵魂回到楚国来。因此可以说是一首爱国主义情怀极为浓厚的作品。

在这篇作品中，作者不仅写出了内心的悲伤，同时还刻画了楚国当时的现状。虽然内忧外患不断，楚宫内部还是夜夜笙歌，美女、美食不断。作者细致地描绘了楚国宫殿庞大却又秀丽的景象，还有宫女们婀娜的舞蹈，众人饮酒作乐，十分逍遥。这一派欢乐的景象与作者所要表达的招魂的哀伤之情形成了强烈的对比。因此在这篇作品中，我们能够深刻感受到作者的无奈。从他眼中看到的这些美好的画面，实际是多么的肮脏。而他虽义愤填膺，却无力改变任何事情。他恨这个时代，恨这个国家，也恨自己。

而关于丧礼，在招魂者结束呼喊之后，就要走到屋顶的南角，将手中的衣服扔下去。同时，屋檐下面有专门的人来接着。再将这件衣服盖在死者身上，以期望死者的魂魄真的可以回到死者体内。最后，侍者要从房顶的西北角下来。

为了防止死者尸体僵硬后无法放置饭食，家人会用平时用的饭匙塞入死者口中，以便固定住死者的口腔。接着为了在死者死后便于包裹，还要在尸体没有僵硬以前，用坚硬的物体将死者的两只脚固定住。

古人是十分重视祭祀活动的。在死者刚刚过世之后，祭祀活动就已开始。古人认为死者刚刚离世，而灵魂还在漂浮的过程中无所凭依，因此要准备一些祭品放在死者身体的东侧，作为众人供奉的地点。

在这些事情都顺利完成以后，就会将死者的尸体用布遮盖起来，准备装殓。

死者的嫡长子作为丧主，会派使者到各处去报丧。而家中的亲属们，则留在各自的哭位进行哭泣。在得到通知以后，众人纷纷来到家中悼念。丧主如果出门迎接，则不能哭着出去。等到吊丧者传达完问候以后，丧主才能头触地跪拜感谢，同时开始哭泣，还要夹杂着三次已足的跳踊动作，以表示自己悲哀到极致。前来吊丧的宾客会赠送衣物被子之类的以表示尽心助丧。若是国君或者尊者派人来吊丧，丧主要恭敬地送出门去，普通的亲朋则不必如此。

死者过世以后，生者要为其设铭，即旌铭。用三寸宽的两截布连起来，上面写着"某某之枢"，用三尺长的竹竿撑挂在西阶之上。家中的庭院西墙下面还需要用土块垒灶，准备烧水沐尸。在两阶之间偏西处挖一浅坑，以备倒沐尸的水。沐尸后殓尸所穿的衣服，都放在东房内。还有很多细小的物品都会放在一起。接下来就是沐尸环节，同时还会剪短头发，剪去指甲，并将剪下来的东西埋在两阶之间挖好的那个坑里，再将准备好的衣物都给死者穿上。

亲属为死者穿衣服的仪式称为"小殓"。仅仅是穿衣服这一件事，就可以单独列出成为一项仪式，由此可见，古人对丧礼的重视程度。在"小殓"的过程中，除了死者必备的衣物外，还要准备一些祭品用以祭祀。正常情况下，家人会为死者准备19套衣服。同时这19套衣服的穿法也有讲究。通常是将最好的衣服穿在最里面，粗糙的衣物则套在最外面。穿好之后还要用带子从最外面扎紧，避免在移动的过程中滑落。

这个过程结束之后，亲属会将死者的尸体抬到铺好的床上，并且覆盖起来。这时尸体的头要朝向南方，丧主在走动时，必须从尸体的脚边绕过。至此，小殓完成。

我们不难发现，古人在丧礼中对方向的要求是十分严格的。每一个方向都代表着不同的意义，若是一时弄错了方向，会被视为不吉利的表现。因此每家有丧事时，都会有几位附近居住的老人过来指点，生怕晚辈们弄错了细节。

大殓的过程自然要比小殓复杂。在死者过世后的第三天天亮以后，亲属会拿出为死者准备的30套衣物。这些衣物仍然从里到外将尸体裹住，再用带子从最外面扎紧。另外还要准备大殓时需要的一些器具。家里的男人会在家中西阶的地方挖一个洞穴用来埋棺材。这个洞的大小因棺材大小而定。待众人将棺材抬过来，再小心翼翼地放入洞中。最后一道程序仍然是亲属围着尸体大哭，以示哀思。

大殓之后便是成服。这时的仪式会较之前更为正式。因为众人的穿着会按照血缘关系的远近而有所不同。到了入葬的时间，先要将棺柩抬出来，经过存告神魂的仪式之后，再抬到祖庙去，这表示死者最后一次与祖先告别。

落葬仪式要等到第二天才进行。这期间，商祝会装饰柩车，把棺柩装饰成宫室的样子，象征着死者死后将要去往的世界。接着要把下葬用的葬具和明器抬到车上。亲朋们所赠的礼品也都准备好一同下葬。到第二天下葬之前，亲朋所赠的所有物品，都会一一清点，当众宣读。

下葬是丧礼中最后一个环节。其主要内容是将棺材运送到墓穴前。除了下葬的棺材外，亲属还会为死者准备一些明器放在道两旁陈列，接着按照顺序将随葬品放入墓中。而棺材是最后放进去的。整个棺材用绳子拴住，在众人共同的提拉之下缓缓放入墓中。之后再加一层隔板，以隔开下葬的器具，最后封土。丧礼完成之后，还有一系列祭祀的程序，以表示丧礼的延续。

关于祭礼。

天神、地祇和人鬼是上古中国的主要祭祀对象。这三种神的分类最开始似乎并没有那么明显，但后来历代经史典籍都以此作为古代祭祀对象的分类。然而，这些神并不是谁都可以祭祀的，而是根据不同等级有着不同的祭祀范围。

古人祭祀仪式是十分虔诚和神圣的。在上古祭祀时，有一个关键仪节，即立"尸"。虽然这种仪式在后来逐渐消失了，但在上古时期却是相当重要的一个环节。这个"尸"，就是代替死者受祭的人。尸必须由受祭者的孙子充任。如果孙子年幼，则由成人抱着进行。代替受祭的尸，其性别必须与受祭者相同。

到了汉代，这种祭祀环节逐渐消失，改为用木主或者神像代替。

祭祀祖先是古人进行的最普遍的祭祀活动之一。这种祭拜表达了古人对祖先的怀念与崇敬，而并非驱逐鬼神之类的迷信活动。是一种尽孝道的方式。而对于祭拜神灵，则是古人祈祷风调雨顺，身体健康的一种最虔诚也是最淳朴的方式。

关于宾礼。

古代的礼仪随处可见，而最不能忽视的，就是宾礼。在错综复杂的人际关系中，若是在礼节方面出了问题，会让他人认为你不懂规矩。这还是小事。若是在君主面前失了礼节，恐怕是要掉脑袋的。古人对规矩礼节重视的程度，可以拿命相比较。历史上不乏宁愿丢了性命也要坚持遵循礼数的例子。在大大小小的宾礼中，有几方面是最常用也最重要的。

首先说朝觐礼。朝觐的目的是区分君臣关系。在礼制要求严格的西周时期，朝觐仅限于觐见周天子。进入春秋以后，由于天子式微，诸侯争霸迭起，各国之间也常常举行朝见之礼。这虽然是对天子的不敬，却也根本没有人管得了。

文献中所记载的朝觐仪式分九种。

第一，告庙辞行。诸侯在进行朝觐之前都会有庄重的告庙仪式，即向自己的先祖辞行。上古时期，但凡贵族远行，均有告庙、祖道之礼，返家亦然。

第二，郊劳。诸侯到达天子京郊，设坛并用帏布围之。天子派遣使者慰劳来访诸侯以及辅助行礼的副使。

第三，赐馆舍。天子派司空为来访诸候及随行人员安排休息之处，称为馆舍。诸侯再拜稽首以受馆，并于所受馆舍之内"傧使者"，以示对天子的尊敬。

第四，告觐期。天子使大夫告知诸侯觐见天子的日期。诸侯再拜稽首。

第五，觐见。朝觐之日，诸侯先在馆舍中行释币礼，祷告道路之神，乞求神灵保佑自己出访成功。然后乘坐墨车、载龙旌、执瑞玉，往朝。天子在堂上等候，诸侯入门右，坐，奠圭，升，王受圭。诸侯北面再拜稽首。

第六，三享王。诸侯用束帛加璧以及国中特产对天子三次献礼，王受之。

第七，述职请罪，天子劳之。诸侯肉袒右臂，立于庙门外，入门右，北面立，谦虚地向天子禀告自己治国无能。天子摈者传王话："伯父无事，归宁乃邦。"诸侯再拜稽首，出。又适门西，入门左，北面立，王以对待宾客之礼慰劳之。

第八，赐诸侯车服。天子遣使者前往诸侯馆舍，赐车服。诸侯升堂，西面而立，大史读天子命书。诸侯降阶，再拜稽首。大史加书于服上，诸侯受。使者出。诸侯赠使者、大史束帛匹马。

第九，飨、食、燕之礼。最后王要设宴招待来访诸侯，飨、食、燕是三种不同的招待礼节。飨、食是国君在宗庙以太牢宴请使者，席间有赠币。食以饭为主，飨以酒为主。燕则是在寝内招待使者，席间无赠币。

而楚国作为诸侯国，在朝觐天子时自然也要按照爵位行礼。楚国最初作为子男之国，按照六服朝觐的礼制规定，应三年朝见周天子一次。但是楚国自楚武王时即自封为王，与周天子维持着若即若离的邦属关系。据史料记载，整个春秋战国时期，楚国和周王朝之间的往来并不多。即使楚王即位，应当亲自接受周天子赐命而行朝见礼之时，也未严格按照礼制施行。

除了朝觐礼，还有聘礼。聘礼主要包括使前之仪，聘、享之仪，礼宾、私觌之仪，归饔饩之仪，飨食之仪，使者回国前之仪，使者归国后之仪。

首先，出使前之仪较为简单。国君决定派使臣出访之后，先确定出访人员，使团一般由正使和进行辅助工作的上介和众介组成。在出行之日的早晨，正使身着朝服将币放在父庙中的神主前，向祖先回报将要出行之事，随后，将一束帛埋于西阶东面，以示对神物之敬，并乞求神灵保佑自己出访成功。国君用圭和璧授给使者，使者复述君命而后出行。使者在到达国郊时，要将旗帜收起并换上便服。

第二是誓境假道之仪。使者在经过他国国境时要先立誓言，以表示对所经国家的尊重。这时，次介以束帛之礼请求所过之邦给以向导，得到允许后，方能过邦。被假道的国家要对过往使者进行接待，提供食物和其他供给。

第三是触至受聘国之仪。使者正式入境之前要郑重地演习行聘礼节，以防在正式行礼之时出现差错。使团到达之后，主国边境上的关人会询问来者的数量，国君则派士礼节性地询问来由，并迎接入境。使者入境后，收起在受聘国边境时竖立的旗帜，换上朝服，并分别于刚入境时、步入远郊时以及进入远郊馆舍时三次展币，重新清点所带礼物，以示敬重。接着，使者行至主国都郊，主国派遣卿用束帛加以慰劳，使者则用皮及束帛酬谢。主国夫人亦派大夫慰劳使者，入朝后由大夫引导使者及随行人员进驻馆舍，并为使者及随行人员提供丰盛的食物。

第四是聘、享之仪。使者到达后的次日清晨，住过派下大夫至馆舍迎宾。聘礼在庙中举行，宾客向主国国君献奉圭并转达本国国君的问候。聘礼结束，主国国君将圭授宰藏之。接着，宾客奉束帛加璧，陈皮于庭上，揖让而升，宾致命。主国国君再拜受币。宾客还要对主国夫人进行聘享之礼。

第五是礼宾、私觌之仪。主国国君以醴礼待宾，这是受聘国国君为表彰使者的功劳而象征性地招待使者。宾礼辞后听命。之后，宾客以个人名义拜见主国国君，奉束锦与马作为礼物。介也用相同礼节进行私觌。私觌结束以后，宾客告事毕，国君出寝门送宾至大门，向使者询问其国君及大夫的情况，并慰劳使团成员，之后使者回馆舍休息。

第六是归饔饩之仪。饔表示死的牲口，饩表示活的牲口。聘享礼的次日，主国国君会派卿前来馈赠给宾客介饔饩五牢。上介三牢，士介一牢，此外还有一些米之类的物品。次日傍晚，国君夫人派下大夫归礼与宾客。

第七是飧食之仪。受聘国国君要设宴招待使者。君为宾，介行飧、食、燕之礼。飧、食、燕是三种不同的礼节。之前曾有交代。

第八是使者回国前之仪。君使卿至宾客的馆舍还玉。君以束帛赠与来聘使者，以玉、束帛、乘皮为礼，这些物品都是要带过去给国君的，以回报其聘享之意。使者回国之日，国君亲自到使者所住的馆舍看望，使者需回避以示不敢接受。待国君回朝之后，宾客再次朝见，请求国君允许自己回国复命。使者离开之时，仍需向国君辞行，并表达对其款待的谢意。到达所聘国国郊后，稍作停留，国君要派卿大夫赠送礼物给使团，礼节与郊劳时相同。

第九是使者归国之后之仪。使者回国到达国都近郊时，竖立旗帜表示要复命于国君。使者将公币、私币皆陈于朝，宰受圭，璋藏之，国君慰劳使者，并赏赐士介。这之后，使者归家，先将礼物放在自家的大门外并酬劳随行者。

关于军礼。

战争前的军礼，主要是一些祭祀祖先的活动。战前告祖是祖先崇拜的一种表现。除此之外，战争之前还有一些准备工作，如分发、修理武器的授兵和治兵等。

战争中的军礼，指的是交战双方在开战前到战争过程结束时的一系列行为。在战争中的军礼表现为对礼制的遵守，是上古先民尚武精神的仪式体现。具体表现有我们曾提到过的，宋襄公之仁，指的是在战争中对处于劣势的敌人网开一面以及避免不光彩的手段袭击对手的现象。另外还有杀人之礼，指的是在战斗中遵守礼制，不以多杀邀功。

战争后的军礼，可以分为两大部分。一是战胜国在战争结束后的仪式，一是战败方归国或向战胜方投降的仪式。这些仪式其实与战争前的军礼属于同一性质，在战争前要祭祀的神灵，一般来说在战争后也要进行祭告以示酬谢和尊敬。战胜一方回国后也会有诸多礼节。"饮至"是指国君或大臣外出归国后的慰劳仪式，"策勋"是指记录出征者的功劳，"数军实"是指在战争之后对军事力量进行清点。而战败国要通过一系列的礼节向战胜国表示臣服。

世界第一大国的气魄

一个国家但凡经济上发展迅速，其文化一定相应地有所发展。在楚肃王之后，楚国出现了两位颇有成就的国君，即楚宣王和楚威王。在他们的用心治理下，楚国迎来了又一次复苏，在文化上也有了非凡的成就。

楚宣王名良夫，是楚肃王的弟弟。因楚肃王没有儿子，于是良夫继任，是为宣王。历史上对这位君主评价颇高。特别是他虚心纳谏这一方面，确实是一位国君难得的好品质，值得很多国君学习效仿。楚宣王听得进去不同的声音，哪怕是反对他的声音，他也能虚心接受，并主动反思自己的行为。

在楚宣王身边，有一位名臣叫江乙。他是魏国人，后在楚国做官，是楚宣王得力的大臣。有一天他提醒楚宣王的男宠安陵：君主为什么对你好，你没有高贵的血统，他只是因为你俊朗的外貌而宠爱你。可是你迟早有一天色衰而爱弛。外貌是最靠不住的，甚至连所睡的席子还没有破的时候，你就失去宠幸了。安陵急忙向江乙讨主意。江乙告诉他，你最好抓住一个机会，告诉君王说，你与他同生共死，便会长期得到他的信任和眷顾。两人对话之后的三年，安陵都没有找到合适的机会向楚宣王表达自己的想法。终于有一次楚宣王带安陵外出狩猎。这天楚宣王心情不错，打到猎物后，随口说到：打猎确实是令我忘记忧愁的事情，只是不知在我死后，还有谁会和我一同享受这快乐。此话一处，安陵立刻意识到机会来了，赶紧跪下发誓道：愿随大王于九泉之下。楚宣王听后很高兴，封他为安陵君。

由这件事可以看出，江乙是一位观察能力很强，并且十分有智谋的人。他告诫安陵君，一个人在得势时千万不要被冲昏头脑，一定要为自己未来可能发生的危机和后事做筹划。得势之时要想着失势之时。

众所周知的"狐假虎威"的典故，也是在江乙身上发生的。楚宣王问群臣："听说北方诸侯都害怕令尹昭奚恤，果真是这样的吗？"群臣无人回答。江乙想了想说："老虎寻找野兽以便吃了充饥。捉到一只狐狸。狐狸对老虎说'你不敢吃我，天帝派我来掌管森林中的野兽，如果你吃掉我，就是违背上天的命令。'老虎将信将疑。狐狸建议说'不信的话，我在前面走，你跟在我后面，看看其他动物见到我，有哪一个敢不逃跑呢？'老虎被狐狸的说辞弄糊涂了，为了一探究竟，他果然跟在狐狸后面。动物们见到他们，都立刻逃命了。老虎不知道群兽害怕的是自己，以为他们害怕的是狐狸。现在大王的国土方圆五千里，大军百万，却有昭奚恤独揽大权。所以北方之后害怕昭奚恤，其实是害怕大王的军队，这就像群兽害怕老虎一样。江乙的解释令楚宣王茅塞顿开。这位反应迅速、品德正直的大臣正是在一次次的危机中获得了楚宣王的信任。

楚宣王亦是一位德才兼备的君主。他在任时期，楚国在经济和军事等方面都有所提高。公元前340年，楚宣王去世，他的儿子熊商继位，是为楚威王。楚威王治理国家的能力相比他的父亲毫不逊色。他一生励精图治，以恢复楚庄王时代的霸业为理想，力图使楚国成为众诸侯国之首。这位仪表堂堂，气宇轩昂的君王，每日勤于朝政，毫不懈怠。在他的治理下，楚国呈现出一派上升势头。

此时的齐国，在齐威王的治理下也是日益强盛，军事势力更是突飞猛进。对自己的功绩很是满意的齐威王迫不及待地想要一试身手。公元前334年，齐国军队在马陵之战中击败魏国。齐威王与魏惠王在徐州会盟，相互承认其王位，并相约合力讨伐楚国。楚威王对于他们两人的会盟十分愤怒，但又找不到合适的机会出兵讨伐，只好先忍了。

齐威王的少子田婴在马陵之战中立功不小。齐威王要将薛地奖赏给田婴。这件事引起了楚威王的大怒，他亲自率军讨伐齐国，并在徐州将齐军打得落花流水。战胜后，楚威王要求齐国即刻驱逐田婴。

齐国的张丑欺骗楚威王说："君王之所以能在徐州取胜，是因为齐国没有用田盼子。田盼子对齐国有功，齐国百姓都拥护他。田婴不喜欢田盼子而任用申纪。申纪这个人，大臣不亲附他，百姓不为他效力，所以君王才会胜齐国。现在君王要齐国驱逐田婴，田婴被驱逐后，田盼子必然要被起用。齐国再整顿士卒来与君王交战，一定对君王不利。"张丑的话说服了楚威王，他不再要求驱逐田婴。

徐州之战，击败了国力雄厚的齐国，这是楚威王整个君王生涯中最绚烂的一笔。在这场战争之后，楚国国力达到战国时期的顶峰：其版图西起大巴山、巫山、武陵山，东至大海，南起五岭，北至汝、颍、沂、泗，囊括长江中下游以及支流众多的淮河流域。

苏秦是战国时期有名的纵横家、外交家和谋略家。根据《史记·苏秦列传》记载，苏秦曾对楚威王说："楚，天下之强国也；王，天下之贤王也。地方五千余里，带甲百万，车千乘，骑万匹，粟支十年。此霸王之资也。"楚威王对苏秦说："寡人之国西与秦接境，秦有举巴蜀并汉中之心。秦，虎狼之国，不可亲也。而韩、魏迫于秦患，不可与深谋，与深谋恐犯人以入于秦，故谋未发而国已危矣。寡人自料，以楚当秦，不见胜也；内与群臣谋，不足恃也。寡人卧不安席，食不甘味，心摇摇然如县旌而无所终薄。"由此可见，楚威王对当时楚国所处局势的清醒认识。

楚宣王和楚威王两人连续在位，使楚国长期处于平稳发展的状态中。他们坚持韬光养晦的治国方针，不好高骛远，不轻易动用民力去做为自己建立丰功伟绩之事。对外采取以静制动战术，既不轻易出动，也不错过时机。他们在位的多年间，楚国每一次扩张领土，都是在极优越的条件下迅速出击，一招制敌。楚国，从来没有这样迅速地将领土扩张到如此辽阔的程度。此时，它的国力已经是世界上首屈一指的国家。

直到楚威王去世后，他的儿子楚怀王执政的前期，公元前323年，亚历山大大帝去世，这个世界著名的军事家、政治家，即便生前再风光无限，还是在他33岁之时撒手西去。他一手建立起来的庞大帝国，因他的去世瞬间瓦解。由此，楚国毫无悬念的一跃成为世界第一大国。

熠熠生辉的文化

广阔的土地面积，迅速崛起的经济，稳步发展的民生，所有的这些都给楚国的文化发展提供了良好的条件。不得不说的是道家学派创始人老子。

老子

老子，姓李名耳，字聃。华夏族，出生于春秋时期的陈国。他是中国古代伟大的思想家、哲学家、文学家、史学家，是道家学派的创始人和主要代表人物，被唐朝帝王追认为李姓始祖。老子思想对中国哲学发展具有深刻影响，在道教中，老子被尊为道教始祖，也被称为"太上老君"。同时，老子与后世的庄子并称老庄。

老子年轻时曾做过周朝管理藏书的官员。历史上关于他的生平细节有些出入，有些人认为他是老莱子，也是楚国人，跟孔子同一时期。老子在出函谷关之前著有《老子》一书，又名《道德经》或《道德真经》。这本书的成书年代至今仍无法确定，但据推算至少应在战国中期。

在《老子》一书中，老子以"道"解释宇宙万物的演变，以为"道生一，一生二，二生三，三生万物"，道乃"夫莫之命而常自然"，因而"人法地，地法天，天法道，道法自然"。

除了朴素的唯物主义观点，此书中还包括了大量的朴素辩证法观点，如以为一切事物均具有正反两面，"反者道之动"，并能由对立而转化。此外，书中也有大量的民本思想："天之道，损有余而补不足，人之道则不然，损不足以奉有余""民之饥，以其上食税之多""民之轻死，以其上求生之厚""民不畏死，奈何以死惧之"。

在老子的思想里，一切事物都遵循"道"的理论。事物本身的内部不是单一的、静止的，而是相对复杂和变化的。事物本身即是阴阳的统一体。

老子崇尚"无为"，主张顺其自然，合乎天理，否定有神论。他主张"不尚贤""使民无知、无欲"，设想要人们回到一种无矛盾的"无为"境界。而这种"无为"并不是以"无为"为目的，而是以"有为"为目的。因为根据之前提到的"道""无为"会转化为"有为"。

老子的著作、思想早已成为世界历史文化遗产的宝贵财富。从十九世纪初欧洲就开始了对《道德经》的研究，很多世界著名学者都对老子的哲学思想进行过研究，并有不少专著或专论问世。

虎狼之师秦国崛起

秦国是周朝时华夏族在中国西北建立的一个诸侯国，其建立者是华夏族西迁的一支。秦国的祖先赢姓部族，早在殷商时期以镇守西戎立功，颇受商朝天子的重用。到周孝王时期，秦先祖秦非子因擅长养马被周王封为附庸。此后，秦人世代为周王室养马并在边境对抗西戎。直至后来周王室日渐衰败，就越来越依靠秦人在西部的力量来巩固边防。

公元前821年，秦庄公击退西戎有功，被周宣王封为西垂大夫，并赐封地。公元前771年，周幽王被西戎力量杀害，秦襄公又一次在战乱中立了功，得到了周平王的赏识。公元前770年，秦襄公派兵护送周平王东迁，被封为诸侯，又被赐封岐山以西之地，自此，秦国正式成为周朝的诸侯国。

秦国因长期与西戎交战，练就了能征善战的本领。在秦穆公时，先后灭掉了西方戎族所建立的12个国家，可谓战功赫赫。与众多诸侯国相比，秦国的历史不算长。它地处偏远地区，一直不受中原的重视，同时它受中原文化礼仪制度等方面的影响也很小。可以说，秦国一直是默默无闻的。

到了秦孝公继位时期，他看到秦国的经济远远落后于齐、楚等国。而此时的政治局面已经不同于春秋时期的平缓。在战国时代，停步不前就等于等死。所有国家都在积极筹划对策，以迅速增强国力、扩张领土。在春秋时代，所有的战争都只是攻打，并不存在吞并。可是到了战国时期，稍不留神的工夫，就有可能被灭国，因此众诸侯都是一日不敢松懈。

秦孝公看到楚国吴起变法颇有成效，决定效仿楚国。他积极引进人才，变法图强。商鞅是卫国人，后来到秦国受秦王重用，委派他主持变法。商鞅吸取了李悝、吴起等人在魏、楚等国实行变法的经验，结合秦国的具体情况，对变法政策作了进一步发展。

商鞅首先在秦国颁布了《垦草令》，作为全面变法的序幕。之后，变法进行了两次。第一次变法的主要内容为：实行魏国李悝的《法经》，添加连坐法，轻罪用重刑；废除旧世卿世禄制，奖励军功，禁止私斗，颁布按军功赏赐的二十等爵制度；重农抑商，奖励耕织，特别奖励垦荒；规定，生产粮食和布帛多的，可免除本人劳役和赋税，以农业为"本业"，以商业为"末业"，并且限制商人经营的范围，重征商税；焚烧儒家经典，禁止游宦之民；强制推行个体小家庭制度。这次变法扩大了国家赋税和兵徭役来源，为秦国经济实力和军事实力的壮大奠定了坚实的基础。

为了便于向函谷关以东发展，秦孝公下令迁都至咸阳，同时令商鞅进行第二次变法。此次变法的内容为：废除贵族的井田制，"开阡陌封疆"；废除奴隶制土地国有制，实行土地私有制，国家承认土地私有，允许自由买卖；普遍推行县制，设置县一级官僚机构；"集小都乡邑聚为县"，以县为地方行政单位，废除分封制，"凡三十一县"，县设县令以主县政，设县丞以辅佐县令，设县尉以掌管军事。县下辖若干都、乡、邑、聚；迁都咸阳，修建宫殿；统一度量衡，颁布度量衡的标准器；编订户口，五家为伍，十家为什，规定居民要登记各人户籍，开始按户按人口征收军赋；革除残留的戎狄风俗，禁止父子、兄弟同室居住，推行小家庭政策。规定凡一户之中有两个以上儿子到立户年龄而不分居的，加倍征收户口税。这是对第一次变法"异子之科"法令的补充，也是对社会风俗的规范。

相对于楚国的吴起变法，商鞅在秦国的变法可以说更加彻底更加完善，同时取得的成果也更为明显。经过此次变法，秦国发生了翻天覆地的变化。在经济方面，改变了旧有的生产关系，废井田开阡陌，从根本上确立了土地私有制；在政治方面，打击并瓦解了旧的血缘宗法制度，使封建国家机制更加健全，中央集权制度的建设从此开始，在军事方面，奖励军功，达到了强兵的目的，极大地提高了军队的战斗力，发展成为战国后期最强大的封建国家，为秦国的下一步发展创造了有利条件。

历史上称商鞅的这一次变法是一次进步的变法，也是一次顺应封建历史发展潮流的变法。变法中颁布的一系列法令，有效地推动了奴隶制社会向封建制社会的转型，并且符合新兴地主阶级所需求的利益，大大推动了社会进步和历史的发展。通过这次改革，秦国壮大了国力，实现了富国强兵。秦国在商鞅主持的一系列变法之后，旧制度被彻底废除，封建经济得到了发展的机会，秦国逐渐成为战国七雄中实力最强的国家。

商鞅变法

与秦国相比，楚国起步较早，在历史上持续的时间较长。楚国在落后于其他诸侯国的时候，一心学习中原文化，用中原的知识、礼仪来丰富楚国自身。同时，楚国的文化更具有包容性，这种包容体现在军事方面。在楚国领土不断扩张的过程中，对其他国家并非只有杀戮，更多的是采取怀柔政策，王道与霸道兼用，武力与怀柔并重。虽然为了本身的扩张而攻打过很多国家，但是对一些小国从来都是存而不灭。而不像秦国那样，在战争中动辄砍杀数万人。

六国合纵抗秦大计

对于秦国不可一世的发展速度，众诸侯国都明显地感觉到了危机。此时，一位外交家从赵国出发，赶到了楚国。他就是苏秦。

苏秦，字季子。年幼时曾与同时代的政客张仪拜鬼谷子先生为师。学成之后，曾先后去东周和秦国请求出仕欲施展抱负，却一直未被重用。无奈之下，他回到故里，继续埋头学习，攻读兵法、医学、经济和法令等方面的书籍，并对当时各国的具体情况进行了客观的分析。后来，苏秦意识到秦国已经以势不可挡之势崛起，若是再不采取措施，恐怕其他国家都会遭遇噩运。因此苏秦离开家乡，到各国游说。他的这一做法，可以说改变了整个历史发展的局势。

苏秦的车队来到了郢都。第一次来到郢都的苏秦，被这个繁华的城市吸引住了。这座宏伟的纪南城，城垣周长达15.5公里，共有八座雄伟的城门，南北还各有水门一座，城市面积为16平方公里，城墙高达14米左右，水井就有400多口。这些数据充分地说明了，当时的纪南城规模之大，建筑之雄伟。苏秦常年周游列国，可以说见惯了诸多国都的盛世景象，却从未见过哪个国家的国都如此繁盛。据史料记载，当时纪南城的人口已达三十余万。苏秦的车队在城内行驶时，苏秦不住地四处张望。城内街上人头攒动，买卖的货品十分丰富，叫卖声此起彼伏，好一派欣欣向荣的景象。而这些，还不足以显示楚国这超级大国的实力。

待苏秦到达楚威王所住的宫殿，他更是瞠目结舌。这座宫殿体积之庞大，装饰之精美，超出了苏秦的想象。宫殿内部的设计也十分巧妙，可以看出，处处都是经过了细心的雕琢。这一切，都让苏秦确信，楚国，果然是一个国力雄厚且文化底蕴深厚的超级大国。楚国的文化不同于其他诸侯国，有其强烈的独特性。苏秦被这种风格独特、不落俗套的文化深深地吸引了。

苏秦虽然到达郢都，却要在三日后才能见到楚王。可他没有因为楚王的冷漠而灰心。他想要得到楚王的重视，就要沉得住气。

见了面，他没有迫不及待地将自己的想法全都讲给楚王。相反地，苏秦以退为进，首先向楚王辞行。他的这种举动反而掌握了心理上的主动权，让楚王更加迫切地想知道他要说些什么。甚至楚王唯恐错过了苏秦的建议，导致楚国命运的转折。

于是，楚王将苏秦奉为座上宾，态度谦虚地接待了他。在他们谈话结束以后，楚王对苏秦说："我听先生的指教就像听到古代先人的教诲一样，现在先生千里迢迢来见我，竟不愿留下来。我想听听您的意见。"苏秦回答说："楚国的粮食比珠玉还贵，柴草比桂木还贵，掌管进谏的人像鬼一样难见，大王像天帝一样难得见面；现在要我吃珠玉，烧桂木，依靠小鬼见天帝。"楚王听后有些难堪，对苏秦说："请先生在客馆住下，我接受教导了。"由此可见，楚威王是一位虚怀纳谏的君主。而苏秦更是一位足智多谋、见多识广的政客。他不仅将当时各国的局面掌握得一清二楚，更将这些国君的心理把握得八九不离十。

楚威王与苏秦有着统一的认识，那就是目前秦国的国力，已经开始对众诸侯国产生了威胁。苏秦前来的目的，就是希望齐、楚、燕、韩、赵、魏六国能够联合抗秦，以保全自己不被秦国所灭。而此时，苏秦的合纵计划，已经得到了另外五个国家国君的同意。只要这其中最为强大的楚国能够加入，合纵计划必然万无一失，可以避免这六国的亡国之灾。

楚威王虽然对于楚国的国力很有信心，但是面对虎狼之国秦国，也难免心存惧怕。近些年秦国的迅速崛起，始终是他的一个心结。而秦国在一次次战争中的胜利，也仿佛在给自己敲响警钟。他知道，秦国的魔爪虽然还没有伸向楚国，但他们从来没有停止过对楚国的威胁。将楚国纳入囊中，或许就是他们的下一步计划也未可知。而今天苏秦的到来，楚威王觉得正是时候。

就这样，六国抗秦联盟正式形成。

在苏秦的一手策划下，六国决定在赵国的洹水"歃血为盟"，举行誓师大会。六个国家形成联盟，共同抵抗秦国。

表面上看，六个国家的力量联合在一起，足以使秦国不敢轻易出手。这种局面使秦国陷入了不利境地。可是往深层挖掘的话，我们会看出，这种联盟并不如想象的那样稳固。因为战国时期各国都是随时准备应战和出战的，战争已经成为他们的家常便饭。这六个国家虽然惧怕秦国的实力，担心自己会遭到秦国的攻击，但在私下里，又会不停地筹划着扩张领土，灭掉实力不如自己的国家。征战，防范，都已经成为了一种常态。每个国家都是在为自己的利益做打算，而不是想着如何让这个六国合纵更加稳固，甚至会趁着合纵的机会灭掉六国其中之一也未可知。

苏秦离开赵国，将六国签订的合约书送到秦国。秦王果然惧怕这六国的联盟，特别是强大的楚国。如此，秦国"不敢东窥函谷关十五年"。不过后来六国纵横也因张仪的计谋而瓦解。

第六章
涅槃·浴火腾飞的凤凰

"楚虽三户，亡秦必楚。"虽然秦国将楚国灭掉，占领了楚国国都，控制了楚国百姓，杀死了楚国国君和将士。可是最后，秦国同样死在了楚人手中。从楚人陈胜、吴广的起义，对秦王朝造成了重创。再到张楚政权的建立，楚怀王势力的扩大。以及最后楚人项羽和刘邦在巨鹿之战击垮秦军，一举推翻暴秦的统治。可以说，楚人没有输给秦人，他们血液中流淌着的坚韧与果敢，终将载入史册。

屈原变法　非秦必楚

　　屈原，战国时期楚国诗人、政治家。芈姓，屈氏，名平，字原。公元前340年出生于楚国丹阳，是楚武王熊通之子屈瑕的后代。在春秋初期，楚武王熊通的儿子被封在"屈"这个地方，叫作屈瑕。他的后代都以屈为姓氏。屈原是楚王的本家，其身份自然不一般。屈氏子孙在楚国都曾担任要职。

　　屈原自幼嗜书成癖，博学广识。他虽出生于贵族之家，却心怀善念，十分同情贫苦的百姓，少时就曾做过许多体恤民众的好事，口碑颇好。在其年少秦军犯境之时，屈原就初露锋芒。屈原组织乐平里的青年们奋力抗击，他一方面居高临下地对青年们进行思想教育，一方面巧用各种战术，用智谋打败了敌军的入侵。后来他一直在楚国任职，直至楚怀王时期，屈原担任左徒之官时，因上官大夫向楚怀王进谗言而被罢黜，任三闾大夫一职。

　　屈原除了在政治方面的成就，最伟大的就是他在文学上的成就。他创立了"楚辞"这种文体，他留下来的作品大概25篇，虽数量不多，但都是经典。其中，《离骚》《天问》《九歌》是屈原作品三种类型的代表。《离骚》是屈原以自己的理想、遭遇、痛苦、热情乃至整个生命所著而成的宏伟诗篇。在他的作品中，我们可以看到他所生活的那个时代的状况。通过屈原富有感情的描述，当时的情景就像一幅画卷一样展现在人们眼前。他经常会在作品中揭露楚国的黑暗政治，以及现实社会中的种种矛盾。我们不难看出，他的确是以楚国的忧患为生命的最大痛楚。他的生命，是与楚国紧紧地联系在一起的。

　　时至今日，屈原的很多作品都脍炙人口。"路漫漫其修远兮，吾将上下而求索。"尽管屈原的一生经历了很多悲怆，他却将楚国的发展视为比自己的生命还重要的事。在后来被流放的日子里，他也没有放弃对楚国复兴的希望。相反地，他始终在为楚国考虑一条翻身之路。哪怕自己粉身碎骨，他也想为楚国开创一个崭新的世界。

"举世皆浊我独清，众人皆醉我独醒。"在他人还没有意识到他们的行为是多么可笑时，屈原已经看穿了这一切。他想要叫醒这些糊涂的人，这里面包括他最信任的楚怀王。楚怀王最初是多么的相信他，后来却逐渐疏远甚至怀疑他。

回头看看当初，在楚怀王的支持下变法的他，是多么的意气风发。

在吴起变法之后，楚国灭掉了70多家贵族，曾一度轻装上阵，快速发展。可是由于楚怀王下令停止变法，吴起变法的成果没能得以延续。到了战国中期，楚国的贵族实力日渐庞大，又一次威胁到了楚王的统治。于是，楚怀王重用屈原来主持这场变法，其内容有：奖励耕战；举贤能；反壅蔽；禁朋党；明赏罚；移风易俗。屈原主张对内重用贤人，对外联合齐国对抗秦国。

可以说，屈原的这场变法是卓有成效的。但是楚国的局面仍没有因此得到明显改善。特别是他的变法仍然遭到了楚国内部一些大臣的反对。因为变法的内容影响了他们的利益。为了将屈原扳倒，他们在楚怀王面前肆意搬弄是非，给屈原加上了许多莫须有的罪名。这些大臣了解楚怀王的性格，因此更加肆无忌惮地利用这个单纯的君王的弱点。最后，一向支持屈原的楚怀王也动摇了。他开始相信那些大臣的鬼话，对屈原的作为产生怀疑，甚至开始提防屈原功高盖主。

这样一来，屈原失去了变法的最大后盾。变法这件事，也就不了了之。

虽然屈原在变法之中以任用贤能为主，但楚国并不像秦国那样重视人才。这是楚国没能像秦国一样迅速崛起的重要原因之一。忽视人才，恐怕也是中原很多诸侯国的通病。楚国在对中原文化毫无保留地学习之后，自然也患上了"中原病"。中原诸侯国所存在的隐患，楚国全部都收入囊中。

这一时间，楚国人才大量流失，越来越多地出现了"楚材晋用"事件。

而并不擅长治理国家的楚怀王，根本没有能力看到这个巨大的漏洞。他所能做的，多数都是听大臣们告诉他的话。或者说，他治国是用耳朵，而不是用脑袋。

到最后，屈原受到楚国贵族阶级的排挤。这些势力已经不能容忍屈原在楚国的位置。最后楚怀王在对屈原的怀疑和迫于贵族的压力之下，将屈原流放。

丹阳之战与蓝田之战

公元前313年。为了打破楚、齐联盟，秦国派张仪到楚国游说。

张仪是魏国人，早年曾同苏秦一起拜于鬼谷子先生门下学习游说之术。同时被大家公认的，张仪的能力要在苏秦之上。此人属于为了达到目的无所不用其极的一类。苏秦当初在实行六国合纵计划之时，一直担心在他奔走之时秦国会出兵攻打这六国其中的一个，那么他的合纵计划就会被打破。因此他需要一个能帮他去秦国游说的人。张仪自然是最好的人选，因此苏秦派人去劝说其投奔他。

张仪以为苏秦的此次邀请是故人相邀，想要与他一同做些大事。可是当张仪赶到赵国想要会见苏秦时，苏秦对他的态度却十分冷淡。苏秦还特意交代随从，招待张仪的饭菜就和普通仆人所食用的一样便可。不仅如此，苏秦非但没有要重用张仪的意思，反而找机会当众羞辱他，令他难堪。他以高傲的姿态挖苦张仪，当初同是在老师那里学习，如今自己过得如何好，张仪却要到他的脚下讨饭吃，等等这一类的话，深深地刺痛了张仪。张仪没有想到，曾一同吃苦学习的师兄弟苏秦，如今竟变成这个样子。他们曾情如兄弟，为何现在要苦苦相逼。张仪实在想不出曾做过什么事伤害过苏秦，令对方如此痛恨自己。

苏秦的所作所为，让张仪有了一种利箭穿心之痛。张仪一气之下离开了赵国。他决心凭自己的本事，报今日之仇。苏秦今后做的所有事，他都会尽其所能去破坏。

想来想去，想要报复苏秦，最好的方式就是到秦国去。因为只有秦国才能威胁到赵国。也就是说，只有到比对手更强大的地方去，才能有机会扳倒他。于是，张仪出发来到秦国。

意想不到的是，张仪去往秦国的一路上，都得到了陌生人的资助。而这个资助他的人，就是在背后默默做这一切的苏秦。他了解张仪，知道只有激怒张仪，才能让他下决心去秦国。张仪得知此事后，并没有感恩，但他是可以表面上装作满意的人。他对赵国的人说，既然自己得到了赵国的资助，又怎么会让秦国出兵攻打赵国呢。苏先生对自己的资助，自己一定记在心里，他日必将报答。

至于张仪是如何得到秦王信任的，这自然也是多亏了他的智慧。公元前328年，秦惠王派公子华和张仪围攻魏国，并占领了魏国的蒲阳。张仪用他的三寸不烂之舌劝说秦惠王将蒲阳归还给魏国。之后，他又反过来对魏国国君施加压力，既然秦国对魏国如此宽厚，魏国又怎能不以礼相报呢？

魏国因此将上郡十五县和少梁送给了秦国，表示对秦惠王的感谢。这一来一去，秦国得到了实惠。秦惠王自然对张仪的能力刮目相看，从此任命张仪为秦相。而张仪后来的主要任务，就是进行外交活动。

张仪来到楚国，欺骗楚王说："楚国如果能和齐国结交，秦国愿意献出商、于一带六百多里土地。"楚王对此动了心。屈原知道张仪此行前来一定是不怀好意，于是极力劝阻楚王不要相信。可是楚怀王宁愿相信张仪，并将相印授予人，跟张仪去秦国受地。张仪回到秦国以后装病三个月，始终不肯见楚使。一根筋的楚怀王以为张仪这是怪他与齐国的关系断绝得不够彻底，竟派人去将齐王辱骂了一通。齐王大怒，既然楚国要与他断绝同盟关系，不如自己投靠在秦国之下，与楚国正式对立。

张仪见齐国已经就范，于是站出来将六里地封给了楚国。六百里变成了六里，这简直是在侮辱楚怀王的智商！楚怀王自恃楚国国力强盛，想与秦国一较高下，出了这口恶气。秦王派樗里子在雍氏击败楚军。之后，秦军在楚国汉中之地六百里设立汉中郡。楚怀王大怒，调集了全国的军队发动总攻，在蓝田再次败给楚军。

楚王损失了八万军队，70余名大将军被秦军所俘，这场战争称为"丹阳之战"。

可怜的楚怀王，真是赔了夫人又折兵。不仅没有在这场博弈中得到半点儿好处，反而被张仪的计谋给羞辱了一番。作为一个大国的君王，楚怀王的面子实在挂不住了。可是他又能怎样呢？他信任的屈原已经被流放，楚国再没有人能够与张仪周旋，何况张仪背后还有秦王撑腰。郁郁寡欢的楚怀王只能每日饮酒消愁，他终日只想着一件事，就是找个机会扳回这一局。

咸阳城里的落寞故人

楚怀王自小在父王的庇佑下成长，养成了单纯、善良的性格，遇事没有主见，容易听信谗言。这种性格用在治理国家，特别是战国时期的众多虎狼之中，注定是一场悲剧。

公元前299年，在破坏了六国合纵之后，秦国以无人可挡的气势一口气吞下了楚国八座城池。楚怀王虽怒不可遏，却也毫无办法。他想不通，明明不久前楚国与秦国国力相当，甚至在六国合纵之时都没有觉得秦国军队如此强大。可几次战争下来才发现，楚国军队竟如此不堪一击。无奈之下，楚怀王只好与秦国忍辱求和。秦国开出的条件是，只有楚怀王亲自去秦国议和，秦

国才考虑停止战争。同时，秦国提出将公主嫁给楚怀王，以此联姻，象征着
两国重修旧好。

面对秦国的提议，楚国出现了两种截然不同的意见。以屈原为代表的一
派，强烈反对楚王到秦国去。因秦国如今的国力已经非任何一国可比，且秦
国早就打算好了要将楚国灭国，楚怀王此次一去，必定再无机会返回楚国。
可是以楚怀王子兰为代表的一派支持楚怀王去秦国，他们认为如果能让秦国
停止攻打楚国并与楚国联姻，就算冒险也是值得的。

楚怀王内心忐忑，一时无法决定。想到之前张仪对自己的欺骗，他仍是
怒火中烧。可是这位天性单纯的君王，以为那只是出身卑贱的张仪不遵循礼
仪的个人行为，但秦王作为一国之君，绝不会以这种欺诈的手段迫害自己。
在他看来，以欺骗手段达到目的甚至杀害对手的，会被天下人所不耻。

作为一个国君，看到秦军大军压境，他已不能继续逃避。他将自己的决
定告诉众臣，大臣中有些人在高兴，他们更是行礼恭喜楚王，说此次从秦国
回来必定联姻成功，并且能够重新收回汉中的土地，与秦国重新交好。可在
临行前，在众臣欢天喜地地欢送楚怀王时，屈原却穿着丧服来为国君送行。
众人不解，屈原说："屈原怕大王一去不返，特意为大王送丧。"此话一
出，在场所有人都惊呆了。楚怀王更是发了怒，自己将要出行，屈原竟说出
如此不吉利的话。周围的大臣们，特别是平日里与屈原对立的那些，赶紧借
此机会添油加醋，说屈原诅咒大王早死，居心叵测。

屈原声泪俱下地劝阻楚怀王：咸阳会盟一定是个陷阱，大王若是中了小
人的全套，恐怕性命难保。可是楚怀王根本听不进屈原的话。他去意已决，
实在不愿再看到屈原在这里哭哭啼啼，竟派人将屈原赶了出去。

最后，楚怀王还是带着车队赶到了咸阳。这个从小深受礼仪之规影响的
君王，哪里想得到，他此次一去，就再也没有机会回来。从这一刻起，他彻
底失去了自由，最终客死秦邦。

在楚怀王到达之后，秦王派人直接将他作为人质控制起来。秦王不仅没

有像之前承诺的那样归还楚地。相反地，这位将诚信、礼仪看作累赘的秦昭襄王看到楚王已经落入手中，便肆无忌惮地张开他的贪婪大口。

秦昭襄王对被他囚禁的楚怀王提出，要楚王割让黔中之地给秦国，否则，就将他囚禁起来，再也不能回到楚国。楚怀王愤怒地拒绝了。一方面出于楚国的利益，黔中之地是对楚国来说非常重要的郡，绝不可以就这样让给秦国。另外一方面，楚怀王更觉得秦王不可理喻。他竟然以这种低级的骗术将自己骗到秦国，并以囚禁相威胁要求割地，这简直是闻所未闻的丑事。直到这时，楚怀王还无法相信，鼎鼎大名的秦国的一国之君，竟然做得出如此卑劣之事。

本以为楚国国君在自己手中，就可以不费一兵一卒地控制楚国，可秦王没有想到楚怀王竟宁愿失去自由，也不肯割让土地。或许，秦王一直以为，楚怀王天性懦弱，是典型的庸君，只要稍加威胁，就会乖乖就范。没想到这一次却打错了算盘。生在实用主义理念中的秦王，恐怕也无法理解，为何楚怀王会宁死不屈。

无奈之下，秦王只好将楚怀王继续囚禁。公元前296年，被秦王囚禁了三年之久的楚怀王，在秦国这片土地上，郁郁而终。直到临死前，他的心中仍然充满了对秦王和张仪的恨。可是他也恨自己。恨自己的天真，恨自己的无能，恨自己没有能力对付这些不讲诚信的小人。可惜最后，楚怀王还是被"诚信"二字害死了。

对于楚怀王的死，史书上只记载："客死秦邦"四字。但对于具体细节还是有不同说法；一为郁闷而死。楚怀王被秦王软禁在一别宫小院内，最后郁郁而终，因病而死。另一种说法是暴病因毒而亡。因秦王三番五次派人向楚怀王索要黔中之地均遭到拒绝，最后派人下毒，令楚怀王暴病而亡。此外，还有人说楚怀王被囚禁之后，曾有机会逃出去，却被亲兵追回并遭斩首。秦王还将楚怀王的首级送回了楚国。

无论最后楚怀王以何种方法离世，我们至少可以确定，他始终没有用楚国的土地去换取自己的自由。他对秦王和张仪的不耻行为不屑一顾，对自己的国家充满深沉的爱。虽然他在位时期，楚国国力迅速下滑，并逐渐成为了秦国的囊中之物，整个过程中他都没有能力做出任何改变，但他用最后的坚持向世人证明了：楚人，哪怕失去生命，也是不会屈服于强敌的。

泪罗河流里的叹息

没有从楚怀王身上得到好处，却落了个奸诈的恶名，秦王开始将愤怒发泄在对楚国的进攻上。公元前278年，秦国军队攻打楚国，并成功地夺取了楚国西部地区的土地，包括郢都在内的楚国半壁江山，都成为了秦国的领土。都城被占，楚国将都城迁往河南淮阳，史称陈郢。

这是楚国历史上一次大规模的迁都事件。当时秦军伐楚，是从武关出发经过今河南南阳盆地，湖北襄阳、宜城、荆门一线攻陷江陵楚郢都。实际上，秦军为了攻破郢都，不仅动用了骑兵、步兵，还动用了水师。水陆并进入郢的方向，分别是郢都的西面和北面。也就是说，纪南城想要迁徙到河南淮阳陈地，北走襄阳、南阳道是行不通的。因此楚人只能走江陵楚郢都的东路，即由郢都至今湖北潜江西北竟陵，沿天门、应城、安陆和今河南信阳、正阳、平舆、项城一线，进入淮阳陈邑。

可是，秦国的马蹄没有就此不前。他们一刻也不愿停下吞噬的步伐，继续对楚国进行一次又一次的进攻。在秦国的步步紧逼之下，楚国又不得不再次迁都至安徽寿春，史称寿郢。

秦国这种不停歇的进攻，使楚国毫无喘息的余地。一次次的战败，一次次的打击，使楚人对于再度复兴的渴望逐渐消失。或许战争最残酷的结果在于，它会逐渐杀死战败者对于生的希望，接着，便会出现苟且存活的奴性。

而曾经辉煌一时的郢都，如今已是满目苍夷，变为一座死城。

在楚怀王一意孤行前往秦国之后，屈原知道，此生几乎不可能再见楚王一面。在他遭到流放的岁月里，他怀念的，是当初与楚怀王商议国事的宝贵时光。可是到最后，却是楚怀王最让他伤心。他本可以一走了之，从此再不过问国事。可是，他没有完全死心。他觉得，楚国能从一个蛮夷之国发展到现在，其内部还存在着强大的力量，只要将这股力量发挥到极致，楚国一定可以再次站起来。

可是当屈原听到郢都沦陷的消息，他所有的希望都化作了泡影。他知道，楚国距离灭亡的日子，已经不远了。也没有人有能力再次救楚国于水火之中。在巨大的绝望之中，屈原跳入汨罗江中，了结了自己的生命。这位楚国诗人的离去，也带走了楚国绚烂的文化。

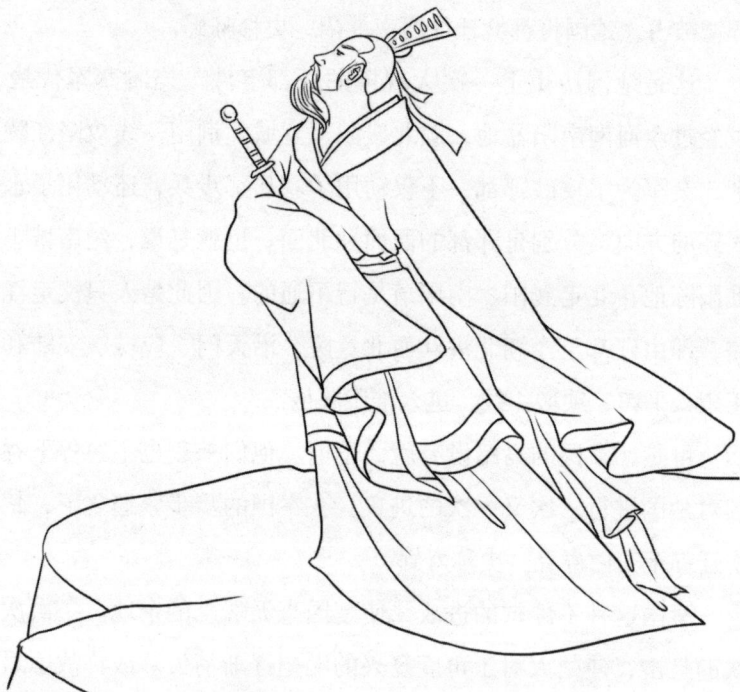

屈原投江

屈原的一生是不幸的，但他却给我们留下了宝贵的文化遗产。后人将"楚辞"说成是一种在上天入地的境界中探索出的真理，在不拘一格的言语中书写忧伤的崭新文体。

后人通过屈原的作品，可以真切感受到他对国家兴亡的责任感，以及他本身伟大的品格和情操。这位极具才能的诗人，用他的长诗，为我们描绘着他的政治理想。在他最著名的著作《离骚》中，屈原毫不留情地揭露了楚国贵族阶级腐朽不堪、争权夺利的丑恶嘴脸。他对平等的渴望，对自由的向往，对国家的深爱，都毫无保留地表达了出来。而当他最信任的楚怀王在治国犯错时，他也会在作品中表达出自己的愤怒和急切。

屈原被奉为中国古代第一位具有爱国主义思想的浪漫主义诗人。他开创了楚辞文体，形成了中国文学史中最早的浪漫主义文学流派，连同《诗经》一起构成了中国诗歌的两大源头。屈原的作品中，大量地使用浪漫主义手法，运用神话传说，展开丰富的想象，抒发了自己奔放的情感和对美好理想的追求。就像滚滚的汨罗江一样，屈原的情感也是源源不息。

在反映现实矛盾，抒发内心情感时，屈原继承并发扬了《诗经》的传统，巧妙地使用了比兴手法，使自己的观点表达得更自然也更具体。同时，他也在诗歌的篇幅和长度上也做了改变。句子加长，篇幅增大，这些都让诗歌变得更能表达内涵。这些都是屈原对中国文学的巨大贡献。

至于那位不遵礼法、不讲诚信的说客张仪，着实在政治场上风光了一些时日。在秦惠文王死后，秦武王继位。张仪仍是秦相。可是年轻的武王从小就听说过很多关于张仪如何运用诈术之事，对他毫无好感。因此在武王继位后，并不重用张仪。同时，秦国一些曾经嫉妒张仪的大臣们纷纷借此机会离间他与武王，说他功高盖主。这种说法令还没有坐稳位置的武王起了杀心。

张仪是聪明人，他觉察到了危险的靠近。自知无力扭转他在武王心中的地位，只好告老还乡。在回到魏国一年后，张仪离世，也算是落得一个善终。

楚怀王去世以后，他的儿子熊横继位，是为楚顷襄王。

初见战国公子黄歇

　　楚顷襄王继位后，楚国腹背受敌的局面仍然没有改善。秦王并没有因为新楚王的年轻就对他网开一面，而是进一步以武力相威胁。对于秦国的进攻，楚顷襄王毫无办法，只得将太子熊元送到楚国去做人质。由于太子年幼，就由楚王的弟弟子歇陪同，一起前往秦国。这一走就是十年的光景。这位子歇，就是后来政坛上鼎鼎有名的春申君。这个从楚国走出来的人物，加速了楚国的灭亡。

　　子歇本名黄歇，在年轻时曾四处拜师游学，见识广博，以辩才出众深得楚顷襄王的赏识。同时，这个人低调不张扬，虽然有才华，却从不会招致他人嫉妒，有着年轻人少有的成熟稳重。

　　黄歇知道，熊元虽此时落魄为秦国人质，但将来他回到楚国，很有可能就是下一任楚王。因此在陪伴太子作为人质的这十年，黄歇寸步不离太子身边，对太子照顾得无微不至。而太子从七岁就离开故乡来到陌生的国家做人质，更是对唯一的亲人黄歇完全依赖。为了与秦国处好关系，黄歇让太子认秦国国相范雎为"亚父"。每次楚王给太子送来的东西，太子都会送给范雎一份，以表孝心。

　　每次太子送来礼品，范雎都是高兴地收下。作为一个大国的国相，他不缺这些东西。只是因为太子乖巧懂事，深得他的喜爱，不管太子送什么来他都喜欢。黄歇见范雎是真心喜爱太子，便托人给楚王带口信，要楚王逢年过节给范雎送大礼，买通这个秦国国相。而范雎对于来自楚国的金银财宝，也一向是照收不误。

　　在范雎的庇佑下，太子熊元和黄歇在秦国并没有吃到什么苦，反而可以在咸阳城内行动自如。可是在太子十七岁那年，楚国捎来消息，楚王病重，要太子熊元返回楚国接替王位。太子一听，立刻着急起来。除了担心父王的身体状况，太子其实更担心的是，一旦自己没能及时赶回去，父王必会立其他人为太子，自己在秦国做了多年的人质算是白做了。

太子赶紧向秦王禀告，希望秦王同意自己回到楚国继位。可是秦王一口回绝了。太子急得团团转，赶紧找黄歇商量对策。

范雎对于黄歇，也是待他如自家兄弟一般。因为黄歇与太子熊元二人，对于范雎来说，根本不存在威胁，因此范雎对他们二人并不设防。同时，范雎也是惜才爱才之人，他看到黄歇这样的人才竟留在秦国做人质，心中十分痛惜。在听黄歇说完此次到来的目的之后，范雎虽有些为难，但是为了太子，他愿意尽力一试。

在范雎的努力下，秦王也只是同意了由楚国使臣先回到楚国，了解一下情况，若楚王确定离世，再让太子回去继位也不迟。

这个结果并不是太子和黄歇想要的。为了让太子即刻回到楚国，黄歇用计让太子混入使臣当中，而自己却留在秦国等待受罚。而太子熊元在回到楚国不久后就继位，是为楚考烈王。促成他继位的恩人黄歇险些死在秦王愤怒的刀下，最后还是平安地回到楚考烈王身边。对于黄歇以命换来的自己能够回到楚国继位的机会，楚考烈王感恩在心。可以说，如果没有黄歇，就没有现在的楚考烈王。因此在楚考烈王继位的第一天，就向楚国群臣宣布：封黄歇为楚国令尹，封号春申君；赏春申君淮北十二县。此令一出，楚国群臣为之惊叹。一直默默无闻的黄歇，竟平步青云做了令尹。而楚考烈王有了足智多谋的春申君做令尹，自然可以高枕无忧地享受一国之君的奢靡生活，不再用心朝政。因此，楚考烈王也是楚国历史上最平庸无能的国君。

春申君本就是文人，又有着令人羡慕的口才，自然他也是惜才爱才之人。战国时期有一类人叫作门客，就是一些怀才不遇的人，专门到高官人家做说客及食客。这些人每日聚在一起议论时局政治，对各国的现状进行分析，辩论。但他们的高谈阔论只是纸上谈兵而已，根本毫无建设。

春申君做令尹以后，广招天下门客，最多时竟达到三千多人。除此之外，战国四公子齐国的孟尝君、赵国的平原君、魏国的信陵君也喜好招徕门客。他们以门客的多少显示自己的富有。这些门客平日里跟着春申君吃好的穿好的，享尽了荣华富贵。可悲的是，春申君最后竟死在自己的门客手上。

或许是成功来得太快，春申君坐在令尹的位置上，谁都动摇不得。加上楚王对他百分之百的信任，令他有些忘乎所以。在朝堂上，他听不进别人的意见，所有人都必须同意他的观点，按照他的指示去做事。楚国朝堂变成了春申君的一言堂。稍有些不同的声音出现，就会被他用各种方法立刻打压下去。

如果说一个国家的主导者是一位独断霸道的独裁者，这个国家有可能走向两种不同的道路。一种是这个主导者用心朝政，有勇有谋，那么他的独断霸道算是用在了对的地方，这个国家也会相应地向前发展。可若是这个主导者不问政事，只知享乐，却又听不进去别人的意见，那么这个国家将会毁在他手里。可惜的是，春申君就是后者。

政坛上的春申君

在春申君长达二十年的令尹生涯中，很难说出他有什么像样的政绩。倒是在享乐方面，他从不肯落于人后。当然，对于他一手扶植的楚王，他还是很上心的。楚考烈王继位二十年，后宫王后妃子人数众多，却没有一儿半女。众人心里清楚，一定是楚王自己的问题。这件事愁坏了春申君。他四处找寻美女，希望楚王赶快有后，那么他这个令尹也算是尽职尽责了。可是美女到处都是，却没见谁的肚子有动静。

春申君有一位门客叫李园。此人阴险狡诈，满肚子坏主意。他本来带着他的妹妹李嫣嫣来到楚国，想要进献给楚王。可当他听说楚王不能生育时，又担心妹妹跟了楚王以后时间久了得不到宠幸。之后，李园找机会做了春申君的侍从。不久后，他故意透露出自己的妹妹美貌无比，齐王打算派人来迎娶这个李嫣嫣。春申君此时脑袋里想的都是楚王下一代的问题，听说是一位美女，就赶紧将李嫣嫣留了下来，想要进献给楚王。

可是当春申君见到李嫣嫣时，顿时被她的美貌折服了。李园看出了他的想法，就顺水推舟地直接将妹妹献给了春申君。不久后，李嫣嫣怀了身孕。此时这位枕边人，已经深得春申君的信任。在与李园商量过以后，李嫣嫣开始对春申君进行劝说："楚王尊重宠信您，即使兄弟也不如。如今您任楚国宰相已经二十多年，可是大王没有儿子，如果楚王寿终之后将要改立兄弟，那么楚国改立国君以后，也就会各自使原来所亲信的人显贵起来，您又怎么能长久地得到宠信呢？不仅如此，您身处尊位执掌政事多年，对楚王的兄弟们难免有许多失礼的地方，楚王兄弟果真立为国君，殃祸降在您的身上，还怎么能保住宰相大印和江东封地呢？现在我自己知道怀上身孕了，可是别人谁也不知道。我得到您的宠幸时间不长，如果凭您尊贵的地位把我进献给楚王，楚王必定宠幸我；我仰赖上天保佑生个儿子，这就是您的儿子做了楚王，楚国全为您所有，这与您身遭意想不到的殃祸相比，哪样好呢？"

这样一番话，倒是正中春申君的下怀。凭他的思维，怎么会想不到，若是楚王的兄弟做了下一任君王，恐怕自己就没有好日子过了。于是他真的将李嫣嫣进献给了楚王。之后，李嫣嫣果然生了个儿子。楚王激动万分，即刻封其为太子，李嫣嫣封为皇后。从此，李园也凭着妹妹的地位，深受楚王的重用。

可是，这等卑劣的事情，怎么可能就这样平静下去？做了楚国大官的李园，总是心事重重。虽然妹妹做了王后，生的儿子做了太子，可是李园总是担心这件事会败露。于是他打算找机会杀春申君灭口，那样，自己才能踏实地做官。

在春申君做令尹的第二十五年，楚考烈王病危。春申君的一位门客朱英这天突然急着见他。还在为楚王的性命担忧的春申君根本无心接待，不耐烦地应付着。

朱英提醒春申君，李园是左徒，又是国舅，如今楚考烈王就要离世，而太子才五岁。李园生性好强，怎会容忍令尹独揽楚国大权？等到楚王离世，李园一定抢先入宫夺权。这些年李园从不过问军事，但却在左徒府招了不少的刺客，难道不是等到此时来用的吗？

春申君听后哈哈大笑起来。他只怪朱英太多疑了。在他眼中，李园就是一个胆小如鼠的人。做了这么多年令尹，春申君相信自己看人的眼力，李园绝对不至于胆大包天到敢杀自己的地步。况且，自己对李园有知遇之恩，李园怎么会对自己下手？至于他们心中共同隐藏的那个秘密，这么多年谁都没有再提起，也根本不会造成什么麻烦。因此，无论朱英怎样急切地提醒，春申君都充耳不闻。无奈，朱英只好担心地离开了令尹府。

不久之后，楚考烈王病逝。正如朱英所预料的，楚王刚咽气，李园果然抢先入宫夺权，并埋伏了刺客准备杀死春申君。在李园将楚宫内部控制住以后，李园派太监去令尹府通知春申君。春申君听到消息，急匆匆地赶过来，结果在大门口就被刺客团团围住。此刻，春申君无比后悔当初没有听朱英的话，如今竟落到这个小人手中。枉自己一世英明，真是看错一次就毁了一生。李园担心自己的秘密被说出去，直接将春申君杀死，并将其满门斩首。

如果当初庇护太子回到楚国继位的黄歇，能够保持他的智慧和勇气，并能用在国家治理上，也许，就不会是这样的下场了。

在李园的拥立下，太子继位，是为楚幽王。可惜，这位君王命短，继位十五年就病逝了。临终前，他将八岁的儿子托付给了最信任的护国大将军项燕。楚幽王托付的，不仅是孩子，更是楚国的命运。他临终前最放心不下的，自然是秦国的武力威胁。楚幽王去世后，他的兄弟楚哀王继位。可楚哀王在位两个多月，他的兄弟负刍的党羽就将他杀害，立负刍为楚王。负刍成为了楚国历史上最后一任楚王。

此时，秦国国君嬴政在位。这位中国历史上有名的暴君，亲手结束了楚国的历史。在秦国相国吕不韦的策划下，秦国军事迅猛发展，早已是其他国家无法比拟的。根据潜伏在秦军的楚细作向项燕报回的情报：秦军已有战车万乘，火箭手万众，车装铁甲，所向披靡。秦王听从吕不韦的建议，先灭弱小诸侯，先后出兵灭掉了韩、赵、魏、燕等国。此时，在古代中国的版图上，只剩下了东方的齐国和南方的楚国。而秦军又在楚国边境陈兵四十万，以作震慑。

埋于战火中的楚国

项燕是楚国大将军。项家在楚国世代为将，全都骁勇善战，为楚国的发展立下了汗马功劳。项燕虽然出身贵族，却以布衣身份入伍。自小受项家众武将熏陶，武艺精良，勇猛过人。难得的是，项燕从不因此自傲，他的心中，藏着国仇。他最大的愿望，就是能够大败秦军，让楚国百姓过上安稳的日子。

可是连他自己都知道，这个愿望根本是痴心妄想。楚军的实力对于秦军而言，就像一只蚂蚁那么弱小。秦军若想灭掉楚国，根本不需费太多兵力。项燕入伍后，一路立功成了护国大将军。可他的一路攀升也恰恰说明了这一时期，楚国根本没有其他可用之材为国效力。凭项燕一人，又如何抵挡得了秦国的千军万马呢？

从人数上说，项燕当时率领的骑兵和步兵加起来共三十万人，而秦军人数过百万。从武器配备上说，秦军用的都是最新最先进的武器，而楚国在这些年的战争中剩下的武器和战车都已经破损不堪。这样悬殊的差距，项燕怎会看不到？作为护国大将军，项燕除了眼看着楚国像西边的太阳一样日渐衰落，再无他法。可是，惧怕并不能阻挡噩运的到来。

公元前226年，也就是楚王负刍继位的第二年，秦军攻打楚国，并大败楚军，楚国因此失去了十几座城池。楚王负刍向秦军提出以青阳以西的土地来求和。秦王未允，仍派二十万大军攻打楚国平舆等地。楚军奋起反抗，终将秦军击退，并杀死了秦军七位都尉，将失地收复，但这只是一次小规模的战争。秦王也只是想得到些好处，灭掉楚国，才是他最大的心愿。

公元前224年，秦王嬴政决定倾尽全国兵力，对楚国发起最猛烈的进攻。对于这一战，嬴政像是等了几辈子一样。秦国几代国君都曾想要灭掉楚国，独霸天下。直到嬴政这一代，秦国终于对灭楚有了十足的把握。而秦王嬴政，就像是为了这场战争而生的。消灭楚国，独霸天下，是祖先赋予他的使命。

可楚国毕竟是称霸了上百年的超级大国，他不能掉以轻心。嬴政派出他最信任的老将王翦率兵前去。这位大将军在秦军当中极具声望，并且爱兵如子，从不摆官架子，秦国的士兵对这位老将最为信服。

越是到关键时刻，越要起用这种有领导力的将军。因为在战场上，决定战争胜败的不一定是将军的智谋或者勇气，更多的是这个将军的领导力。哪怕处于下风时，一个将军的威望往往能带领士兵们反败为胜。如此看来，秦王嬴政在军事方面还是很有才能的。

而楚军这边，虽然项燕的能力较王翦也毫不逊色。但所谓上行下效，楚国多年来没有一位强硬的君主，多数都是贪图享乐，快乐一天是一天。因此楚军上下也是贪污腐化成风，没有一个大国军队的样子。

得知秦王派王翦率六十万大军而来，项燕知道，此战将是极其艰难的。他向楚王负刍建议，让他把远离边境的寿春作为都城，自己在郢都抵抗秦军的进攻。年幼的负刍明白他的意思。项燕是楚国的重臣，在最紧要关头，他关心的是楚国的命运和君王的安危。可是负刍不同意，他告诉项燕：就算秦军杀进来，得到的也只是一具尸体。

不难理解的是，在负刍继位之时，楚国的状态已经衰败不堪。秦军只要大军压境，就会毫无悬念地将楚国灭掉。他作为国君，面对就要破碎的楚国江山，早已将生死置之度外，又怎会在此时弃城而逃呢？

可是项燕深知，这一仗凶多吉少，只要国君在，国就在。不顾楚王反对，项燕派人将楚王送到了寿春。为了保全楚王安危，项燕派出了三万士兵护驾。如此一来，又削弱了楚军实力。王翦听说了城内状况，十分高兴。这真是老天赐给他灭楚的好机会！

在秦军不停地攻打楚国领土时，项燕大将军率领楚国将士浴血奋战，拼死保卫国土。虽然兵力悬殊，但借着不久前大败秦军的士气，楚军总还能抵抗一阵。如此悬殊的差距，要想获胜，只能用巧力。项燕决定诱敌深入，将秦军引进郢都。反正楚王已经被护送到寿春，可以在郢都与秦军决一死战。这样将秦军聚拢在一起，或许可以以少胜多，反败为胜。

项燕固然聪明，但王翦亦是不糊涂。他看出项燕的计划，自然不能配合他。在攻占了陈邑和平舆之后，王翦下令秦军按兵不动，在战线上挖筑壕沟，做好长期进攻的准备。王翦深知秦军胜券在握，没有必要冒险与楚军速战速决，就这样耗下去，恐怕楚军也挺不了几日。

一个想引诱对方进来，一个想逼迫对方出来。项燕与王翦两位大将的对峙开始了。两人都知道，本来秦军占优势的这场战争，很可能因为秦军进入郢都而反转。王翦自然不会主动送上门，但看到项燕也是迟迟没有动作，王翦决定逼他出来。王翦派蒙武将军率军前往寿春。秦国将士得知楚王逃到了寿春，知道抓到了楚王，项燕就不可能继续留在郢都。

蒙武的军队到达寿春后，遭到了楚军和当地百姓的奋勇反抗，同时派人报信给在郢都的项燕。他们心里清楚，楚王若是有危险，楚国就离亡国不远了。项燕收到消息后，再也沉不住气了。仅凭寿春那三万士兵和一些手无寸铁的百姓，想要保住楚王性命恐怕太难了。他必须率兵前去营救。可是，从郢都前往寿春，就必须经过已经被秦军攻占了的陈邑和平舆。无奈之下，项燕还是带着队伍直接攻向秦军的主力部队。

这是一个悲壮的决定，为了保护楚王，项燕不得已选择了自投罗网。一路在马背上驰骋的堂堂楚国大将军，却情不自禁地流下了眼泪，不为自己，而是为了自己的国家。就像一个垂死的病人，想要极力挽救自己的生命。楚国一直在挣扎中前行，可是，谁也逃不过历史车轮的碾轧，项燕就此成为楚国历史上最后一位大将军。

结果可想而知，楚军大败，项燕自杀而亡。他的倒下，也是楚国军事力量的倒下。这个绚烂了近百年的军事大国，最终还是被秦国的马蹄踩在脚下。

公元前223年，秦军南下，攻打楚国最后一个国都寿郢。没有了项燕的庇护，楚王负刍很快被俘。从一个国君沦为阶下囚，这种心理落差，或许比死亡更让人恐惧。失去了自己的土地，失去了自己的国家，失去了自己的百姓，失去了过往的一切繁华与绚烂。一个古国的历史在他手中就这样永远地结束了。

秦国取消楚国名号，将楚地设置为郡。这之后，负刍的弟弟昌平君熊启在淮南被拥立为楚王，定都兰陵，以长江作为屏障，占据吴越之地。最后兵败于蒙武将军的队伍，昌平君自杀。

楚国灭亡。

楚虽三户　亡秦必楚

征服了楚国，这个世界上再没有人能与秦国相抗衡。虎狼之势的秦国紧接着灭掉了齐国等诸侯国。秦王嬴政，彻底结束了战乱纷争的战国历史。这位39岁的君主，仅用了十年时间，就完成了自己统一的梦想。他是历史上第一个大一统王朝——秦朝的开国皇帝。同时，他也是有名的暴君。他制造了古代最大的一场文化浩劫——焚书坑儒。同时，在他在位时期，秦国大兴土木，赋税沉重。他的高压政策被视为最残暴的统治方式。

得道多助，失道寡助。如此穷凶极恶的统治，自然不会长久。

楚国大将项燕死后，他的部下将他的儿子项梁送到了淮南避难。这颗复仇的种子此时开始生根发芽。楚国被秦所灭，可是楚人一刻也没有放弃复国的希望。特别是看到在秦王残暴的统治下，百姓心中渐渐生出了强烈的不满。项梁曾因杀人躲到吴中。因其武艺高强，受到吴中人的追捧。他就在这里招兵买马，企图反抗秦王的暴政。

公元前209年，也就是秦王嬴政去世的第二年。楚人陈胜、吴广大泽乡起义。最初只因服劳役时遇到大雨而延误了期限，秦王就下令将这些人处死。反正都是一死，这些将死的农民干脆揭竿而起，以此反抗。可是这一个小小的意外事件，竟瞬间点燃了楚国故地反秦的大火。

随着起义的不断发展，起义军队伍越来越壮大。这些长期被秦王迫害的百姓，用尽全力誓死一搏。起义军越战越勇，不久就占领了楚国曾经的都城陈城。之后，他们以陈为中心，扩大了势力范围，建立了"张楚"政权。

楚人的这一举动迅速得到了全国各地的积极响应。各个郡县因不堪忍受当地官吏的压迫，将他们杀死来响应此次起义。一时间，各地几千人组成的起义团体不计其数。起义不到三个月，赵、齐、燕、魏等地就有人打着复国的旗号，自立为王。陈胜派兵向关中方向进攻，直逼秦二世所在的咸阳城。秦二世赶紧派兵进行镇压。起义经过了六个月，还是以失败告终。这是中国历史上第一次大规模的农民起义。他鼓舞了百万劳动人民起来反抗暴政的决心，并为后来项羽、刘邦灭秦做了有利的铺垫。

在陈胜吴广死后，一直参与此次起义的项梁开始密谋下一步计划。这时刘邦和他的侄子项羽都为他所用。同时，项梁还找到楚怀王的孙子熊心，立他为楚王，即第二个楚怀王。公元前208年，项梁击败了秦二世派出的章邯军队，接着继续带兵到达定陶，再度打垮秦军。在他的授意下，项羽和刘邦所率的部队也在雍丘打败了秦军。曾经不可一世的秦军如今还是败在了楚人手上。项梁因连续的几次胜仗不禁居功自傲起来。可没过多久，秦二世调动全部军队作为援军增援章邯，此次楚军与秦军的对战中，楚军打败，项梁战死。

但是反对暴秦的战争并没有因此结束。公元前207年，项羽在巨鹿城下歼灭秦主力军。之后，章邯击败赵军，攻占赵都邯郸。赵王等人退守到巨鹿城。章邯派王离率二十万军包围巨鹿。赵国将士设法在外围救赵，但都无计可施。于是向楚军求救。

此时的秦军，是各个武装分支的共同敌人。所有人都自觉地形成反秦联盟以抵抗之。楚怀王以宋义为上将军、项羽为次将军，率五万楚军北上救赵。可是宋义到达以后，并不急于出手相救，反而每日饮酒寻乐，企图等赵与秦对战之后享渔翁之利。项羽一怒将其杀死。楚怀王并没有因此怪罪项羽，反而命他为上将军，再次率军救赵。项羽率两万士兵度过漳河，并下令烧毁军营，破釜沉舟，每人只带三日粮，以示誓死决战的决心。楚军至巨鹿城外，将秦军团团围住。章邯企图营救王离军队，被楚军击退。项羽亲率楚军攻秦，九战九捷。受到项羽军队的鼓舞，赵军和其他诸侯组成的军队士气大振，乘胜追击，将秦军歼灭。

就在项羽率军牵制着秦军大部分主力军时，刘邦所率的另一支队伍则避重就轻，选择突袭秦军防守薄弱的地区。刘邦只带了数千人，先是在城阳和成武两次击败秦军，接着在栗和昌邑收编了彭越等反秦武装力量，进一步扩大了军队。刘邦的军队在进攻昌邑失利后，转而选择秦军防守薄弱的地区下手。秦二世三年，刘邦攻破陈留，又一次增强了军队实力。三月，在白马等地连胜秦军。四月，挥军南下，攻占颍川郡。之后在洛阳东部作战失利后，绕道南阳郡，经武关入咸阳。六月，刘邦留下一部分兵力驻守阳翟，自率其余部队击败南阳守军，迫使郡守退保宛城。刘邦步步紧逼，在张良的计策下，趁夜围困宛城，迫使秦军投降。

此时刘邦所率的军队已达数万人。于是他乘胜追击，连续攻破胡阳、郦县、析县等地，沿途招兵买马，扩大规模。九月，秦王朝内部出现动荡，子婴自立为王。刘邦再一次采纳了张良的计策，广布旌旗，假装是大规模的军队。同时派人利诱秦国守将，趁机率军入侵，大败秦军。

公元前206年十月，刘邦率军抵达霸上，逼迫子婴投降。刘邦遂入咸阳，秦灭亡。

项羽的破釜沉舟，刘邦的机智勇猛，以及全国各地的纷纷响应，终将秦王朝彻底推翻，这也开创了中国历史上农民起义推翻封建王朝的先例。

与其他诸侯国相比，秦国对楚国的毁灭，是最残忍最彻底的。从未学习中原文化的秦国，不知道什么何为诚信，何为规矩，他们所知道的只有赶尽杀绝。这种迫害不止是对于楚国将士、楚国百姓，包括楚国文化，都受到了严重的摧残。

可是，"楚虽三户，亡秦必楚。"虽然秦国将楚国灭掉，占领了楚国国都，控制了楚国百姓，杀死了楚国国君和将士。可是最后，秦国同样死在了楚人手中。从楚人陈胜、吴广的起义，对秦王朝造成了重创。再到张楚政权的建立，楚怀王势力的扩大。最后楚人项羽和刘邦在巨鹿之战击垮秦军，一举推翻了暴秦的统治。可以说，楚人没有输给秦人，他们血液中流淌着的坚韧与果敢，终将载入史册。

无人能挡的历史之轮

纵观楚国长达八百年的历史，我们能够发现，一个国家从兴起到灭亡，是存在一定规律的。

楚国最初只是一个不起眼的"蛮夷"小国，为了得到中原人的重视，做出过很多努力。一再地被打击之后，楚人甚至自立为王。那时的楚国，根本不将中原文化放在眼中。他们自认为蛮夷，期望用他们的方式来发展壮大。就像在与宋襄公的对战中，楚人无论如何也不明白，为何宋人白白浪费机会而不趁机出手。对他们而言，战争的结果可以说明一切。

可到了楚庄王时期，楚国的发展进入了瓶颈期。他们这才想起，原来他们缺少的，是文化的积淀，是礼仪的束缚，于是聪明的楚人开始向中原学习。从此，楚国国富民强，蒸蒸日上。

楚国的先例充分证明，没有文化的积累，任何以蛮力建立起来的政权都是不稳定的。后来秦国虽灭掉六国一统天下，却还是二世而亡。就是因为他们从未学习先进的文化，而一味地滥用暴力。只有遵循规律，才能保证长久发展。

可是，为何楚国最后没能抵挡住秦国的铁蹄？楚国最大的失败之处在于没能将吴起变法延续下去。而秦国则延续了商鞅变法的成效，使国力不断增强，最终达到无人可敌的程度。秦王统一六国的成功，可以说成在了法家思想的巨大作用之上。

法家思想是中国历史上研究国家治理方式的一种学派，它明确提出了富国强兵、依法治国的思想。这种学说最早可以追溯到春秋时期。战国时期的李悝、吴起、商鞅等主张变法的人，都是法家思想的代表。到了战国末期，韩非子对这种学说加以整合、总结，集法家之大成。因为法家主张变法，认为一切历史都是向前发展的，后人定会胜过先人，后来的一定是先进的，这种思想正是变法所需要的思想基础。

相对于楚国文化中的道家思想主张无为而治，法家思想主张以法为本。因此可以说法家思想更适应战国时期的局势。因为战国本身就是一个大变革的时代，如果坐以待毙，就只有等着被吞并。法家强调"法治"，将"法"灵活地运用在治国的每一个细节上。为何秦军能够如此英勇善战？因为秦国在军功的奖励上让士兵们拼命去砍下敌人的脑袋，在刑罚上让士兵们时刻规范自己的行为。在弱肉强食的战国，只有这样的军队才能所向披靡。

相反，中原文化更注重礼教，注重规矩。这种文化虽然先进，但更适合和平年代。因此在春秋时期看不出有排斥反应，可是到了战国时代，这种文明只会变成一种桎梏。法家思想，就是这样将已经发展壮大的秦国武装成一部训练有素、铜墙铁壁的战车。它将士兵内心的贪婪与恐惧共同激发出来，并将他们的潜能激发到最大化。这样的人在战场上，就像战斗机器一样无人能挡。在法家文化的教化下，秦国迅速凝聚了所有能够团结的力量，最大限度地提高了秦军的战斗能力。

可是，任何一种思想都存在缺陷甚至弊端。法家文化虽然在战乱中让秦国杀出一条血路，却让秦人过于相信它的神奇作用。因此在统一六国之后，秦王嬴政仍然用法家思想作为治国的方针。他用苛刻的刑法要求刚刚被驯服的六国百姓。更令人发指的是，他下令将众诸侯国的典籍像垃圾一样烧掉，造成了一场无法挽回的文化浩劫。

在嬴政眼中只有两个字，统一。统一六国，统一思想。他不允许有不同的声音，一切以他的指令为准则。可是历史的规律告诉他，滥用蛮力的结果，只能是自取灭亡。

楚国虽然消逝了，但楚文化就凤凰一样，涅槃重生。

公元前202年，楚人刘邦成了汉王朝的第一任皇帝。在政治体制上，汉朝延续秦朝的制度，但在文化上，却延续了楚国的文化。谁又能说，刘邦建立的汉朝，不是楚国的另一种延续呢？

后 记

除了道家思想和法家思想，以孔子为代表的儒家思想也是春秋战国时期文化的重要组成部分。

公元前497年到公元前484年，孔子通过周游列国的方式，传播和实践儒家思想。他先后到过楚国、魏国、宋国等地，通过讲学等方式来宣传自己的主张。他大部分时间居住在陈国，并两次出访楚国。

据史料记载，孔子先是派人到楚国"观其为政"。得到的结果令他非常满意。于是他来到楚国，想要面见当时在位的楚昭王以推行自己的思想。可是时任令尹的子西对孔子一行人并无好感，一再阻止他们与楚昭王见面。因此孔子后来对于子西的评价仅仅是"彼哉彼哉"。

虽然儒家思想的南渐受到了阻碍，但它对于楚国文化的影响却是不可忽视的。在战国楚简中就有大量的儒家文献，这其中包含的思想内容，涵盖了原始儒家思想的各个领域，内容十分丰富，这也成为了人类文化史上一笔宝贵的财富。